Portrait de l'économiste en physiocrate

ISBN : 2-7384-9996-1

Yves CITTON

Portrait de l'économiste en physiocrate

Critique littéraire de l'économie politique

L'Harmattan
5-7, rue de l'École-Polytechnique
75005 Paris
France

L'Harmattan Inc.
55, rue Saint-Jacques
Montréal (Qc) CANADA
H2Y 1K9

L'Harmattan Hongrie
Hargita u. 3
1026 Budapest
HONGRIE

L'Harmattan Italia
Via Bava, 37
10214 Torino
ITALIE

Collection **Questions Contemporaines**
dirigée par J.P. Chagnollaud, A. Forest, P. Muller, B. Péquignot et D. Rolland

Chômage, exclusion, globalisation... Jamais les « questions contemporaines » n'ont été aussi nombreuses et aussi complexes à appréhender. Le pari de la collection « Questions contemporaines » est d'offrir un espace de réflexion et de débat à tous ceux, chercheurs, militants ou praticiens, qui osent penser autrement, exprimer des idées neuves et ouvrir de nouvelles pistes à la réflexion collective.

Dernières parutions

Antoine DELBOND, *Éloge de la fraternité. Pratique des solidarités*, 2000.
Jean GIARD et Daniel HOLLARD, *À la recherche du citoyen*, 2000.
Charles DURIN, *Psychologie et sociologie du fascisme*, 2000.
Olivier LLUANSI, *Du projet européen*, 2000.
Gilles MARIE, *La solution passe par l'erreur,* 2000.
Frédéric MONNEYRON, *La nation aujourd'hui,* 2000.
Bertrand de KERMEL, *Libéralisme et pauvreté,*2000.
Laurent HOTTIAUX et Joanna LIPONSKA-LABEROU, *La politique européenne de défense*, 2000.
Noël CANNAT, *Pour un tissu social vivant. La réduction des distances*, 2000.

A mes parents,

du produit de leurs avances
en toute gratitude

PRELUDE

Il y a quelques tems qu'il arriva dans l'Isle de Bornéo un Marchand très entendu, qui débitoit avec succès un spécifique propre à guérir beaucoup de maux. Quand son magasin fut vuide, il assembla le Peuple, & se mit à faire un beau discours, pour démontrer que la drogue qu'il avoit vendue n'étoit bonne à rien. Le Souverain du pays le fit venir, & selon les règles de la police orientale, il le fit étrangler.

Ce Marchand étoit un Philosophe, qui s'amusoit sur ses vieux jours, à prêcher contre le pouvoir de l'évidence.

Mystérieuse fable que ce *Marchand de mauvaise foi*! Diderot la donne en 1769 au rédacteur des *Ephémérides du Citoyen*[1], le journal officiel des physiocrates, au moment où il finit de corriger les épreuves d'un livre (de Galiani) attaquant les résultats et les fondements de leur doctrine. Le Marchand de Bornéo est-il donc une figure de l'économiste, promettant monts de richesses et merveilles de prospérité, pour ne fournir en réalité qu'un nuage de savoir «bon à rien»? La «foi» que l'on porte à ses prédictions est-elle «mauvaise»? Le remède qu'il propose n'est-il qu'une «drogue» faisant briller un semblant de santé pour mieux nous plonger dans la dépendance? Ses succès apparents, depuis deux cents ans qu'il nous débite de quoi guérir les maux de la rareté, reposent-ils sur une illusion destinée à apparaître seulement lorsqu'il nous en aura vendu le dernier centime, et que son magasin se révélera finalement vide de sens?

---

[1]. *Ephémérides du citoyen*, 1769, tome V, pp. 133-134.

Est-ce pour savoir que le Souverain ne le laissera pas impunément révéler son imposture qu'il se garde bien, en général, de la démystifier?

Ou faut-il plutôt voir en ce Marchand les divers «Philosophes» qui depuis deux cents ans «prêchent contre le pouvoir de l'évidence» économiste? Faut-il se méfier de leurs «beaux discours», dont la rhétorique retorse brouille la clarté mathématique des principes et des démonstrations de la science économique? N'aurait-on pas raison de faire étrangler ces nihilistes qui «s'amusent sur leurs vieux jours» à saper les croyances sur lesquelles repose notre prospérité? Tous ces anti-économistes, qui ne renoncent ni à faire bonne chère au festin de la prospérité, ni à profiter des bienfaits du progrès technique, ne s'amusent-ils pas en fait à scier la branche sur laquelle leur confort est assis? Serait-ce contre *leur* mauvaise foi (de cracheurs-sur-la-soupe) que la fable nous met en garde?

Les pages qui suivent feront probablement osciller le lecteur entre ces deux interprétations. Elles se proposent de revisiter les polémiques qui ont entouré la naissance de l'économie politique dans la France des années 1760 à la lumière des questions que soulève aujourd'hui l'hégémonie du discours économiste dans le débat politique. Démarche ouvertement *anachronique*, donc, basée sur le postulat qu'une certaine conception du social s'est esquissée, il y a deux cents ans, dont nous avons encore à découvrir les conséquences profondes. Davantage que la réalité particulière de l'époque pré-révolutionnaire, c'est cette conception que l'on essaiera d'analyser ici, telle qu'en elle-même l'éternité de deux siècles l'a changée[2]... Démarche largement *aporétique*, aussi : comme

[2]. On trouvera un similaire forçage anachronique, approchant les textes du proto-libéralisme à la lumière des effets du néo-libéralisme, dans Michel BARILLON, "Diderot dans la première bataille du libéralisme économique", présentation de DIDEROT, *Apologies*, Marseille, Agone, 1998, pp. 7-62.

la fable de Diderot, deux siècles de débats entre économistes et anti-économistes produisent davantage de doutes que de solutions, davantage de combats que de victoires. Il s'agira surtout ici de faire rebondir quelques questions sans prétendre les clore.

*

*　　　*

Ce livre a été écrit dans les Etats-Unis des années 1990. A Pittsburgh, plus précisément, cité «post-industrielle» où la fuite des aciéries a causé l'exil d'un quart de la population, mais où, en conséquence, on peut aujourd'hui respirer sainement et se loger à bon marché. A l'image de la ville, les USA ont été récemment bénis par une «prospérité» qui fait l'envie du monde occidental : en juin 1998, après huit années de croissance continue, les taux d'inflation (1,4% annuel) et de chômage (4,3%) sont si bas que le directeur de la Réserve Fédérale se demande publiquement si le pays n'a pas basculé "au-delà de l'Histoire". A Washington comme dans les Etats régionaux, les parlements débattent de la meilleure manière de distribuer des surplus budgétaires que personne n'avait anticipés...

C'est en partie grâce à cette prospérité que ce livre a pu être produit: le très libéral marché américain du travail (académique) m'a fourni un emploi au moment où les universités européennes n'avaient guère de postes à offrir. Diverses institutions, partiellement financées par la logique du marché libre, ont apporté un (modeste) soutien financier à mes recherches[3]. Dans ma vie quotidienne, je profite à chaque instant de toutes les

[3]. Il s'agit du *Center for West-European Studies*, du *Central Research Development Fund*, du *FAS Summer Research Grant* et du *Department of French & Italian* de l'Université de Pittsburgh (Pennsylvanie), auxquels j'exprime ici ma gratitude.

facilités de la vie américaine (grande maison, bas prix des services et des biens assurés par une compétition sans merci, disponibilité plus ou moins absolue de tout et n'importe quoi vingt-quatre heures sur vingt-quatre).

L'euphorie suscitée par ces indicateurs macro-économiques et par les facilités dont jouit le consommateur nord-américain conduit souvent à faire des USA un *modèle de société libérale*, que les autres nations (occidentales) devraient émuler. La «prospérité» actuelle est perçue comme le résultat d'un certain projet politique, (re)lancé dans les années 1980 par des figures comme Ronald Reagan ou Margaret Thatcher, et co-opté aujourd'hui par la quasi-totalité de la classe politique nord-américaine. Pour autant que l'on mette entre parenthèses les gigantesques dépenses militaires qui ont effectivement subventionné tout un pan de l'économie privée, ce projet se traduit par *un triple retrait de l'Etat* : au nom du laissez-faire, on démantèle (a) les mécanismes étatiques chargés de garantir la couverture des besoins essentiels de tous les citoyens, (b) les mécanismes fiscaux visant à redistribuer une part des richesses (matérielles et immatérielles) des groupes les plus privilégiés aux groupes les moins favorisés, et (c) les mécanismes légaux s'efforçant de réglementer les comportements privés de manière à préserver ou améliorer l'état de l'environnement (naturel et culturel). Ce triple retrait, ainsi que le recul parallèle du pouvoir des associations syndicales, serait la condition nécessaire, sinon suffisante, de la «prospérité» nord-américaine.

On connaît certaines des conséquences sociales d'une telle politique, qui font l'envers de cette «prospérité». Pittsburgh est aussi une cité post-industrielle où près d'un adulte sur trois vit dans la pauvreté, où un enfant sur quatre est menacé par la faim, où un adolescent ayant eu la mauvaise fortune de naître (mâle) dans un quartier défavorisé (noir) a seulement une chance sur dix de finir des études supérieures, mais une sur deux d'être chômeur, une sur trois (s'il trouve un emploi) que son salaire soit inférieur au seuil de pauvreté, et une sur quatre de passer par la prison. A l'échelle nationale, les emplois sont certes abondants, mais ils paient souvent des salaires de misère (la moitié de ceux qui vivent en dessous du seuil de pauvreté ont un travail régulier), et n'apportent fréquemment aucune couverture sociale (laissant 43 millions d'individus sans assurance-maladie); la bonne santé des grands agrégats cache mal la stagnation, voire la chute, des salaires réels au bas de l'échelle sociale (-7% entre 1989 et 1995 pour les travailleurs sans diplôme supérieur); la pression compétitive abaisse les coûts de production, mais se traduit à l'intérieur des entreprises par une pressurisation toujours plus étouffante des employés, qui perdent l'essentiel de leur vie en se tuant à la gagner; le système d'éducation supérieure est d'une qualité souvent remarquable, mais généralement proportionnelle aux coûts, parfois faramineux, d'inscription (plus de 20 000 dollars par an dans les meilleurs collèges); le libre jeu du profit immédiat entraîne un gaspillage fantastique des ressources naturelles (les 6% de la population humaine vivant aux USA consomment un quart de l'énergie mondiale), une concentration impressionnante du contrôle financier des moyens de communication de masse, ainsi qu'une uniformisation inouïe des messages et des formes; au conformisme et à la vacuité des média correspond la faillite pathétique des institutions démocratiques, abandonnées elles aussi à la logique des pressions financières.

En écrivant ce livre, j'ai eu tous les jours sous les yeux un «modèle» de société dont la logique produit non seulement des inefficiences, mais des injustices et des mutilations inadmissibles. Inévitables inconvénients d'un monde qui ne connaît rien de parfait? Ou naufrage radical d'un système fondamentalement vicié? La réponse n'a rien d'évident. On essaiera d'y voir plus clair en étudiant la logique de ce système, dans ses formulations originales, au moment où la fraîcheur des idées neuves cherchait encore ses mots. Que tout repose sur une intuition indépassable ou sur un vice fondamental, ou peut-être sur les deux à la fois, le moment où les fondations de l'édifice économiste étaient encore à découvert peut nous l'apprendre mieux que tout autre.

*

* *

Il était une fois une secte d'économistes. Avant d'entrer dans les querelles d'idées, il faut brièvement situer les partis, et les enjeux de leur polémique. Non pour faire oeuvre d'historien, mais pour planter le décor. Un bref survol, à l'accéléré, du déroulement des débats suffira[4].

Il est toujours arbitraire de faire remonter un mouvement de pensée à telle date ou tel auteur, plutôt que tel autre. On peut toutefois suivre plusieurs historiens récents qui situent la «naissance» de l'économie politique libérale en France autour

---

[4]. Plusieurs ouvrages ont bien retracé l'origine de l'économie politique en France : Alain BERAUD & Gilbert FACCARELLO, *Nouvelle histoire de la pensée économique*, Paris, La Découverte, 1992; Louis DUMONT, *Homo Aequalis. Genèse et épanouissement de l'idéologie économique*, Paris, Gallimard, 1985; François FOURQUET, *Richesse et puissance: une généalogie de la valeur, XVIe-XVIIIe siècle*, Paris, La Découverte, 1989; Jean-Yves GRENIER, *L'économie d'Ancien Régime. Un monde de l'échange et de l'incertitude*, Paris, Albin Michel, 1996; Albert O. HIRSCHMAN. *Les Passions et les intérêts, justifications politiques du capitalisme avant son apogée*, Paris, PUF, 1980; Catherine LARRERE, *L'invention de l'économie au XVIIIe siècle. Du droit naturel à la physiocratie,* Paris, PUF «Leviathan», 1992; Francine MARKOVITS, *L'ordre des échanges: philosophie de l'économie et économie du discours au XVIIIe siècle en France*, Paris, PUF, 1986; Jean-Claude PERROT, *Une histoire intellectuelle de l'économie politique (17e-18e siècle)*, Paris, Editions de l'Ecole Pratique des Hautes Etudes en Sciences Sociales, 1992; Pierre ROSANVALLON, *Le libéralisme économique. Histoire de l'idée de marché*, Paris, Seuil, 1989; Paul VIDONNE, *La formation de la pensée économique*, Paris, Economica, 1986.

des moralistes (jansénistes et autres) de l'époque de Louis XIV. Dans un monde coupé de Dieu où les hommes sont «vides de charité par le dérèglement du péché», on observe que leur «cupidité» (leur «amour-propre») suffit à motiver des comportements civils et coopératifs. En émerge l'idée que les passions humaines, rebaptisées «intérêts», s'harmonisent, s'auto-régulent par un endiguement mutuel. C'est Boisguilbert qui, entre 1695 et 1707, traduit ces principes en un raisonnement explicitement économique, alors qu'en Angleterre Mandeville, dans sa *Fable des abeilles*, décrit les «vices privés» comme la source de «bienfaits publics»[5]. Jean-François Melon, Richard Cantillon, dans la première moitié du XVIIIe siècle, ainsi que l'école de pensée réunie autour de Vincent de Gournay entre 1751 et 1759[6], mettent en place une série d'analyses et de principes sur lesquels les physiocrates pourront construire leur système dans la deuxième moitié du siècle. Une chronologie sommaire du développement du mouvement physiocratique établira le cadre du débat d'idées étudié dans les chapitres qui suivent[7].

---

[5]. Sur l'origine janséniste de la pensée économique, cf. G. BERGER, «Les origines du libéralisme : Pierre Nicole», *Commentaire*, 14, 1981, pp. 275-284; Gilbert FACCARELLO, «Quelques réflexions sur l'équilibre économique chez P. de Boisguilbert» in *Aspects de l'économie politique en France au XVIIIe siècle*, Grenoble, Cahier de l'ISMEA, 1984, pp. 35-62; Gilbert FACCARELLO, *Aux origines de l'économie politique libérale : Pierre de Boisguilbert*, Paris, Anthropos, 1986; Jean-Claude PERROT, «La main invisible et le Dieu caché» in *Une Histoire intellectuelle de l'Economie politique*, op. cit., pp. 333-354.

[6]. Sur Gournay et son école, cf. la somme excellente de Simone MEYSSONNIER, *La balance et l'horloge. La genèse de la pensée libérale en France au XVIIIe siècle*, Paris, 1989. Une bonne synthèse est présentée dans son bref article «Aux origines de la science économique française: le libéralisme égalitaire» in Gérard GAYOT & Jean-Pierre HIRSCH (éd.), *La Révolution française et le développement du capitalisme*, Revue du Nord, No 5 hors-série, 1989, pp. 111-124.

[7]. Pour une histoire du mouvement physiocratique lui-même, cf. Elisabeth FOX-GENOVESE, *The Origins of Physiocracy : Economic Revolution*

1756-1758 : François Quesnay, chirurgien devenu médecin du roi en 1749, rédige une série d'articles («Evidence», «Fermiers», «Grains», «Hommes», etc.) pour l'*Encyclopédie* de Diderot et d'Alembert, où il pose les premières bases de son système économique.

1757 : Le marquis de Mirabeau, rendu célèbre par son ouvrage *L'Ami des Hommes* paru l'année précédente, l'un des best-sellers de l'époque, rencontre Quesnay et se déclare «converti» à son système.

1758-1759 : Quesnay élabore un *Tableau économique*, grâce auquel il représente la circulation des richesses à l'échelle de la totalité sociale. C'est Louis XV lui-même qui en imprime la première édition sur une presse-jouet à Versailles. Quesnay raffinera ce premier modèle d'équilibre macroéconomique à plusieurs reprises au cours des années ultérieures.

1760-1763 : Quesnay et Mirabeau collaborent à deux ouvrages fondamentaux de la doctrine physiocratique : la *Théorie de l'impôt* (1760), qui provoque l'arrestation et un bref exil intérieur de Mirabeau, et la *Philosophie rurale* (1763), qui est une longue analyse du Tableau économique et de ses implications.

1763-1766 : une série d'auteurs se regroupent progressivement autour de Quesnay et Mirabeau pour former

---

and Social Order in 18th century France, Ithaca, Cornell UP, 1976; Jacqueline HECHT, «La vie de François Quesnay» in *François Quesnay et la physiocratie*, Paris, INED, 1958, tome I, pp. 211-294; ainsi que la somme classique de Georges WEULERSSE, *Le Mouvement physiocratique en France (de 1756 à 1770)*, 2 vol., Paris, Alcan, 1910; *La physiocratie à la fin du règne de Louis XV, 1770-1774*, Paris, PUF, 1959; *La physiocratie à l'aube de la Révolution, 1781-1792*, Paris, EEHESS, 1985. Pour une excellente présentation de la doctrine physiocratique et de ses enjeux en un volume réduit, cf. Philippe STEINER, *La «Science nouvelle» de l'économie politique*, Paris, PUF, 1998.

une véritable école : Du Pont de Nemours (1763), Le Trosne (1763), Le Mercier de la Rivière (1764), l'abbé Baudeau (1766), l'abbé Roubaud (1768) sont les plus importants d'entre eux.

1763-1764 : Une série d'Edits royaux déréglemente le commerce des blés. Jusqu'alors, le gouvernement royal était responsable d'assurer l'approvisionnement en céréales de la population (selon le modèle paternaliste du roi-chef-de-famille assurant la nourriture à ses enfants). Un ensemble encombrant de lois réglementait la manière dont pouvait s'exercer ce commerce — ensemble où les physiocrates dénonçaient un obstacle majeur au développement des capacités productrices françaises. Même si la libéralisation de 1764 n'est pas totale, elle soumet à la logique du marché libre l'essentiel du commerce des blés, non seulement à l'intérieur du pays mais aussi dans ses rapports avec l'étranger.[8]

1765-1767 : Quesnay fait paraître des articles, en général assez brefs, dans divers périodiques où il examine plus en détails certains points de son système. Du Pont réunit la plupart de ces articles en un recueil publié en 1767 sous le nom de *physiocratie*. Le nom «physiocrates» ne sera toutefois attribué aux disciples de Quesnay qu'au siècle suivant. Le plus souvent, du vivant de l'école, on les appelle simplement *les économistes* — mot créé pour eux.

---

[8]. Sur la déréglementation du commerce des blés et sur les débats qu'elle a suscités dans les années 1760 et 1770, cf. Cynthia BOUTON, *The Flour War: Gender, Class, and Community in Late Ancient Régime French Society*, Pennsylvania State University Press, 1993; Florence GAUTHIER (éd.), *La Guerre du blé au XVIIIe siècle*, Paris, Editions de la Passion, 1989; Vladimir S. LJUBLINSKI, *La guerre des farines. Contribution à l'histoire de la lutte des classes en France à la veille de la Révolution*, Grenoble, Presses Universitaires de Grenoble, 1979; ainsi que la somme impressionnante de Steven Laurence KAPLAN, *Bread, Politics and Political Economy in the Reign of Louis XV*, The Hague, Martinus Nijhoff, 1976 (trad. fr. par M. A. Revellat, *Le pain, le peuple et le roi*, Paris, Perrin, 1986).

1766 : Turgot, qui avait fait partie du groupe réuni autour de Gournay et se considérait comme un «compagnon de route» des physiocrates, rédige des *Réflexions sur la formation et la distribution des richesses* qui à la fois radicalisent, simplifient et dépassent les principes développés par Quesnay.[9]

1767 : Apogée du mouvement physiocratique. Le Mercier de la Rivière publie *L'ordre naturel et essentiel des sociétés politiques*, qui donne sa forme définitive à la doctrine de Quesnay, en un système global articulant les élaborations économiques à une réflexion épistémologique, éthique et politique. (L'année suivante, Du Pont de Nemours synthétisera les leçons essentielles de cet ouvrage dans une brochure intitulée *De l'origine et des progrès d'une science nouvelle*.) L'abbé Baudeau, converti à la doctrine, lui apporte le périodique qu'il avait fondé deux ans plus tôt, les *Ephémérides du citoyen*, désormais organe officiel de l'école. On y fera paraître les articles de fond élaborant le corps de la doctrine, des réponses aux attaques auxquelles elle aura donné lieu, ainsi que les comptes-rendus des nouvelles publications traitant d'économie politique. De plus, tous les mardis, Mirabeau organise des dîners-salons où les étrangers de passage sont invités à venir discuter de sujets économiques avec les membres de l'école. C'est donc une formidable machine de propagande, un véritable *think tank*, qui s'est ainsi mis en place : organisée autour d'un Maître (Quesnay) et de son premier lieutenant (Mirabeau), l'école aura désormais une ligne officielle à défendre; elle imprimera ses prises de position dans une publication régulière et acréditée; elle diffusera ses vues par un enseignement oral, lors des dîners de Mirabeau ainsi que dans des cours de science

9. Sur Turgot, cf. Christian BORDES & Jean MORANGE (éd.), *Turgot, économiste et administrateur*, Paris, PUF, 1981; Claude MORILHAT, *La prise de conscience du capitalisme : économie et philosophie chez Turgot*, Paris, Klincksieck, 1988.

économique (restés toutefois surtout à l'état de projet); des rapports étroits seront maintenus entre les membres de l'école et ceux de la haute administration royale; pour faire pendant aux articles ésotériques destinés aux initiés et à l'approfondissement de la «science», Mirabeau rédigera bientôt une série de «catéchismes» destinés à vulgariser la doctrine dans tous les villages de France (les *Economiques* [1769], les *Leçons Economiques* [1770] et la *Science* [1774]).

1767-1775 : En même temps que l'influence de l'école a grandi, ses adversaires se sont multipliés. La libéralisation du commerce des blés s'est accompagnée d'une hausse considérable des prix, et de disettes que la France n'avait plus connues depuis longtemps. Les physiocrates en imputent la responsabilité à la coïncidence malheureuse de conditions climatiques défavorables produisant des récoltes exceptionnellement mauvaises, ainsi qu'aux quelques poches de réglementations laissées intactes par les Edits de 1763-1764. Leurs adversaires voient au contraire dans les disettes la conséquence prévisible des inévitables «lacunes du marché» auxquelles doit donner lieu la déréglementation d'un commerce dont l'équilibre est trop délicat pour s'établir (et se maintenir) spontanément. Toute une série de polémiques vont dès lors faire rage entre la «secte» des économistes et une nébuleuse de critiques dont les principes, les angles d'attaque et les visées n'ont souvent que très peu en commun. Les principaux auteurs à citer ici sont[10] : Forbonnais, un disciple de Gournay qui attaque

---

[10]. Alors que les physiocrates, et les autres «fondateurs» de l'économie politique moderne, ont fait l'objet de nombreuses études récentes généralement excellentes, on n'a guère analysé, et encore moins tiré les conséquences, des vues proposées par les anti-économistes. Les travaux d'ensemble qui leur ont été consacrés sont rares (et parfois superficiels) : Jean AIRIAU, *L'opposition aux physiocrates à la fin de l'Ancien Régime*, Paris, Pichon & Durand-Auzias, 1965; John West ROGERS, *The Opposition to the Physiocrats: A Study of Economic Thought and Policy in the Ancien Régime, 1750-1780*, Baltimore, 1971; Pierre TEYSSENDIER DE LA SERVE, *Mably et les physiocrates*, New York,

l'épistémologie physiocratique tout en partageant un bon nombre de postulats libéraux (*Principes et observations économiques*, 1767); Graslin, qui, tout en se voulant économiste lui-même, propose une approche radicalement différente des rapports de production et de consommation (*Essai analytique sur la richesse et sur l'impôt*, 1767); Mably, qui dénonce l'a-moralisme et l'inégalitarisme inhérents à la nouvelle science au nom de vertus civiques inspirées de l'antiquité (*Doutes proposés aux philosophes économistes sur l'ordre naturel et essentiel des sociétés politiques*, 1768 & *Du commerce des grains*, 1775); Galiani, qui utilise les problèmes inhérents à la libéralisation du commerce des blés pour critiquer les principes mêmes de l'approche libérale (*Dialogues sur le commerce des blés*, 1770); Grimm, qui ridiculise le jargon, les allures de prophètes, et le sectarisme des disciples de Quesnay (dans la *Correspondance littéraire* des années 1767 à 1770); Linguet, qui dénonce les douloureuses conséquences sociales des réformes libérales sur la masse des manoeuvres agricoles (dans une série de textes dont le plus représentatif est peut-être sa *Réponse aux docteurs modernes*, 1771); Béardé de l'Abbaye, qui critique à la fois les prétentions scientifiques et l'impact social des mesures promues au nom de la nouvelle rationalité économique (*Examen de la nouvelle science*, 1770); Necker, qui voit dans la libéralisation «sauvage» du commerce des blés une guerre des classes où les salariés font tous les frais d'une liberté qui ne profite qu'aux possédants (*Sur la législation et le commerce des grains*, 1775). C'est seulement au prix d'une certaine violence rétrospective

Burt Franklin, (rééd.) 1971. Deux excellentes études récentes proposent un cadre de réflexion riche et pertinent: Gilbert FACCARELLO, «Galiani, Necker and Turgot. A Debate on Economic Reform and Policy in Eighteenth-Century France» dans Gilbert FACCARELLO (éd.), *Studies in the History of French Political Economy*, London, Routledge, 1998, pp. 120-195; et Philippe STEINER, *Sociologie de la connaissance économique. Essai sur les rationalisations de la connaissance économique (1750-1850)*, Paris, PUF, 1998, ch. 2, pp. 69-120.

qu'on peut regrouper cet ensemble très hétéroclite d'auteurs sous le nom d'*anti-économistes*, même si ce nom générique leur était déjà donné à l'époque. Les chapitres qui suivent essaieront toutefois de suggérer que derrière leur disparate évidente, ces critiques offrent en fait un catalogue très large des impasses où aboutit une conception économiciste de l'ordre social.

1770 : Malgré les protestations des physiocrates et de leurs alliés, le gouvernement royal met fin à l'expérience de libéralisation du commerce des blés, qui rencontrait de plus en plus de résistances et causait de plus en plus de souffrances dans la population. Cet échec porte un coup fatal à l'essor de l'école.

1773 : Quesnay, qui a renoncé à traiter de questions économiques depuis 1768 et ne se livre plus qu'aux joies pures des mathématiques, publie des *Recherches philosophiques sur l'évidence des vérités géométriques* où il pense avoir découvert la quadrature du cercle...

1774-1776 : Avec l'accession au pouvoir de Louis XVI, Turgot est nommé contrôleur général des Finances. Il instaure toute une série de réformes libérales, au nombre desquelles figure un retour à la déréglementation du commerce des blés. A nouveau, l'expérience tourne court : la montée des prix entraîne en 1775 une «guerre des farines», précipitant la chute du ministre économiste, qui s'était entouré de nombreux membres de l'école physiocratique désormais moribonde. Après une interruption entre 1772 et 1774, de *Nouvelles Ephémérides du citoyen* réapparaissent sous Turgot, mais ne survivent pas à son ministère.

1776 : Adam Smith, qui avait habité en France entre 1764 et 1766, où il avait rencontré plusieurs économistes, publie la *Richesse des nations*. En un peu plus d'une décennie, ce texte va s'imposer comme *le* modèle de la science économique, rejetant la doctrine physiocratique au rang des erreurs et des curiosités historiques. Bien qu'il critique certains aspects centraux du système de Quesnay, Smith affirme pourtant que celui-ci constitue «de tout ce qu'on a publié sur l'économie politique, ce qui se rapproche le plus de la vérité. (...) En représentant la richesse des nations comme ne consistant pas dans ces richesses non consommables d'or et d'argent, mais dans les biens consommables reproduits annuellement par le travail de la société, et en montrant la plus parfaite liberté comme l'unique moyen de rendre cette reproduction annuelle la plus grande possible, [la doctrine physiocratique] paraît être, à tous égards, aussi juste qu'elle est grande et généreuse»[11].

La période étudiée ici, soit la vingtaine d'années qui vont de 1755 à 1775, correspond non seulement à la montée et à la chute d'une école particulière, mais bien à la naissance d'une discipline. Au delà des textes physiocratiques et anti-physiocratiques, l'époque a connu une explosion spectaculaire de publications identifiables comme relevant de l'«économie politique». Par rapport à la décennie 1740-1750, le nombre d'imprimés traitant de questions économiques se voit multiplié par quatre au cours des années 1750, et par six au cours des années 1760. Alors qu'on ne compte qu'un périodique consacré à l'économie en 1751, il y en a quatre en 1772[12]. Ce qui se

---

[11]. Adam SMITH, , *Recherches sur la nature et les causes de la richesse des nations* (1776), IV,9, trad fr. Garnier, Paris, GF, 1991, tome II, p. 299. Cette étude sera malheureusement limitée à l'économie politique française, même si les échanges, riches et complexes, entre les auteurs français et leurs interlocuteurs étrangers (écossais, anglais, italiens, allemands) bénéficieraient énormément d'une approche multi-nationale.

[12]. Pour un excellent survol de l'édition des textes d'économie politique à cette époque, cf. Jean-Claude PERROT, « Nouveautés: l'économie politique et ses livres» in H.J. Martin et R. Chartier, *Histoire de l'édition française*, Paris, 1984, Vol. II, pp. 240-257, & «Economie politique» in *Une Histoire intellectuelle de l'Economie politique*, op. cit., pp. 63-95; cf. également Christine THERE, «Economic Publishing and Authors 1566-1789», in

profile derrière la secte économiste, c'est donc moins un épisode éphémère de l'histoire des idées qu'un développement riche d'avenir pour la manière dont nos sociétés modernes ont choisi de représenter leur fonctionnement. L'apparition d'un nouveau mot n'est jamais anodine : c'est bien à la naissance d'une figure majeure de notre paysage intellectuel moderne, celle de l'*économiste*, que l'on assiste entre 1755 et 1775.

*

* *

Qui ne croit pas au bon dieu doit se garder de peindre des diables sur les murailles… La naissance de l'«économiste» est une fable sans méchants. Les physiocrates étaient des âmes charitables, de sincères philanthropes et des penseurs remarquablement puissants. La plupart de leurs adversaires partageaient ces qualités. Aucun des systèmes qui s'opposaient alors — et qui continuent de s'affronter aujourd'hui — ne mérite d'être démonisé. Les partisans du marché libre ne sont pas (forcément) des affameurs; les apologistes des réglementations ne sont pas (fatalement) des esprits attardés défenseurs d'intérêts corporatistes. Quoique leurs logiques et leurs conclusions soient en général contradictoires, force est de constater qu'*ils ont souvent raison tous deux à la fois*.

A s'interdire de peindre le diable, on risque toutefois de ne plus pouvoir distinguer le bien du mal, le souhaitable de l'inadmissible. On peut difficilement agir *pour* quelque chose (une société plus juste) sans devoir se battre *contre* les obstacles (et les chiens de garde) qui en barrent l'accès. Or à l'incrédulité envers les grands récits d'émancipation, qui selon certains

---

FACCARELLO, *Studies in the History of French Political Economy*, op. cit., pp. 1-56.

marque notre période historique, correspond une tragique incapacité à identifier un «ennemi», une cause du mal, un (groupe d') agent(s) responsable(s) de l'inadmissible patent de notre ordre social. Pour quiconque refuse de recourir à la logique sacrée et sacrificielle du bouc émissaire, force est de constater qu'il n'y a pas d'ennemi ultime, donc pas de lutte finale, ni de grand soir, ni de lendemain qui chantera. Ni les capitalistes, ni les grandes sociétés multinationales, ni les marchés boursiers, ni les syndicats, ni les salariés, ni l'Etat, ni les organisations internationales, ni les media ne sont vecteurs d'un bien ou d'un mal sans mélange. Toutes ces catégories s'interpénètrent, s'enlacent en des réseaux d'interdépendance dont la complexité rend chacun à la fois condition d'un progrès potentiel et complice d'un inadmissible trop réel.

Aussi est-ce sur le terrain des *structures d'interaction* entre ces différents agents que se situe le vrai débat. Sur quel modèle, selon quelle logique doit-on penser les rapports entre les individus (et les institutions dont ils sont solidaires) de manière à minimiser l'inadmissible? Ici encore toutefois, aucun diable n'est réellement crédible, ni vraiment utile en cette charnière de millénaires. L'utopie communiste ne tente ni n'effraie plus grand monde. Un siècle de dialogue semble avoir brouillé toute limite claire entre un socialisme qui courtise les marchés boursiers et un libéralisme qui tolère de massives interventions étatiques. Dans leurs versions édulcorées actuelles, ces deux approches se chevauchent constamment. Toute la modernité occidentale peut se lire comme le long développement, plein de contradictions et de paradoxes, d'une intuition libérale dont sont issus aussi bien les dictatures du prolétariat que le totalitarisme du marché.

Sans prétendre parvenir à séparer radicalement des approches qui relèvent en fait d'un continuum, on essaiera toutefois de voir plus clair dans cette constellation libérale

— issue précisément de la deuxième moitié du XVIIIe siècle — en y distinguant les pans idéologiques suivants:

On appellera *libéralisme* une vision de la société s'efforçant autant que possible de laisser à l'individu le choix des fins qui doivent diriger son existence, et celui des moyens à employer dans ce but, sans reconnaître aucune transcendance supérieure à ces choix. En ce sens très général (mais remarquablement unique dans l'histoire des sociétés humaines), tous les courants antagonistes de la «modernité» sont seulement des frères ennemis issus d'un même projet d'autonomie, que celui-ci s'exprime en termes de matérialisme, de socialisme, d'individualisme, d'utilitarisme, de pragmatisme, de laïcité, de tolérance, de multi-culturalisme, de nihilisme ou de relativisme. Le recours à la notion de «droits de l'homme» témoigne bien des ambiguïtés et de l'élasticité du libéralisme : en même temps que le caractère «inaliénable» de tels droits réinstaure une transcendance larvée et problématique au coeur de l'édifice, leur extension précise est à l'horizon de tous les débats tenus en Occident depuis deux siècles (du droit de propriété à celui de se nourrir ou de s'exprimer). Terme neutre donc, tant que l'on demeure à l'intérieur du «projet des Lumières», mais porteur d'une ambition à jamais neuve, à jamais problématique et à jamais scandaleuse, pour autant que l'on confronte ce projet lui-même aux modes d'organisation sociale qui lui sont antérieurs ou extérieurs.

On appellera *ultra-libéralisme* une vision de la société qui fait des choix individuels, tels qu'ils sont constatés empiriquement, le critère ultime de légitimation des formes d'interaction sociale. Une telle approche conduit à une sous-estimation systématique du rôle joué par les institutions humaines dans la production des individus et dans celle des circonstances au sein desquelles ils ont à opérer leurs choix. Si c'est bien là une «déviation» particulière de l'ambition libérale, elle est en quelque sorte inévitable. Même si l'on s'efforce de la repousser toujours plus loin, on ne saurait jamais y échapper complètement. On peut bien mettre en lumière toutes les médiations sociales qui déterminent les choix individuels (les valeurs inculquées par l'éducation, l'accès aux informations pertinentes, les rapports de production, la manière dont l'appareil législatif encourage ou dissuade tel type de comportement, l'«habitus», etc.); on peut bien souligner à quel point il est plus «juste», voire plus «efficace», de «corriger» les institutions qui déterminent les choix individuels, plutôt que de «corriger» (au sens de punir) ces choix eux-mêmes; en dernière analyse toutefois, si l'on entend sérieusement se passer de toute transcendance, si l'on situe effectivement dans les individus eux-mêmes la capacité (toujours fragile et faillible) de décider du «Bien», force est d'interrompre cette régression infinie de choix déterminés en choix déterminants. (Telle est précisément la gageure fatalement décevante d'une votation ou d'une élection dans un système démocratique.)

On appellera *socialisme* une vision de la société qui s'efforce au contraire de tirer toutes les conséquences du fait que les choix individuels sont influencés, et largement structurés, par des institutions humaines que la collectivité a le pouvoir (et la responsabilité) de modifier, à travers l'action législative, de manière à minimiser les souffrances et les injustices. Comme on vient de le signaler, un tel projet se condamne à marcher sur le fil d'un couteau. S'il pousse sa logique à l'extrême, il peut en arriver à dénier toute légitimité aux choix individuels donnés empiriquement, sous prétexte que les institutions n'ont pas encore été suffisamment réformées pour permettre des choix «libres». Ce faisant, les promoteurs d'un tel emportement trahiraient toutefois le projet libéral, puisqu'ils s'érigeraient en détenteurs d'un savoir transcendant sur la forme et le contenu d'une «bonne société». A l'opposé de cette dérive autoritariste, le projet socialiste risque constamment de se diluer dans la simple acceptation des choix empiriques donnés, sans pouvoir se doter du temps ni des moyens de modifier les institutions sociales de manière significative. Entre un endurcissement totalitaire et une liquidation libérale, le projet socialiste est condamné à louvoyer sans cesse contre le vent du donné, et de l'inadmissible qu'il souffle à nos visages.

Finalement, on appellera *économisme* une vision de la société qui délègue aux mécanismes spontanés du marché «libre» la régulation des interactions entre individus, qui promeut leurs résultats comme optimaux et légitimes, et qui compte principalement sur la croissance productive pour apporter une solution aux maux sociaux. Cette approche n'est pas non plus sans ses contradictions propres. A commencer par celle qui considère comme «spontanés», pour ne pas dire «naturels», des mécanismes qui reposent en fait sur toute une série d'institutions hautement artificielles : sans un système de poids et de mesures, sans des garanties fiduciaires et un appareil de répression des contrevenants, sans une socialisation préalable des psychés sauvages en vendeurs/acheteurs bien apprivoisés, aucun marché, fût-il le plus primitif, ne saurait fonctionner[13]. Au delà de telles contradictions, le noyau de vérité identifié par l'économisme consiste à isoler un type d'ordre spontané qui, pour reprendre une expression célèbre, «résulte des actions des hommes sans résulter de leurs desseins». Quoique influencé à la fois par la nature physique du monde matériel et par l'action intentionnelle du législateur, ce type d'ordre échappe autant à la

[13]. C'est ce que rappellent obstinément les interventions récentes de Pierre BOURDIEU (*Contre-feux. Pour servir à la résistance contre l'invasion néo-libérale*, Paris, Raisons d'agir, 1998 et surtout *Les structures sociales de l'économie*, Paris, Seuil, 2000), ainsi que la réflexion menée depuis une trentaine d'années par Michel AGLIETTA (cf. en particulier *Régulation et crises du capitalisme*, Paris, Odile Jacob, 1976, ré-édité en 1997 avec une importante postface, et [avec André Orléan] *La violence de la monnaie*, Paris, PUF, 2e éd, 1984).

nécessité de la première qu'au contrôle du second. C'est la découverte de ces mécanismes d'auto-régulation — dont l'exemple principal est bien entendu le marché — qui constitue l'originalité et la force de l'«économie politique» née au XVIIIe siècle. Tant qu'elle les explore pour mieux les comprendre, elle tient sa place au premier rang de ces «sciences humaines» issues du projet des Lumières. Lorsqu'elle érige ces mécanismes d'auto-régulation en un modèle normatif condamnant le législateur à «laisser faire» les forces spontanées du marché, elle passe cependant du domaine du fait à celui du droit, et se transforme en économisme. D'où un statut ambivalent pour quiconque s'aventure en ce domaine : faut-il penser l'économ*iste* sur le modèle du lingu*iste* (avec simplement un autre objet d'étude) ou sur celui du social*iste* (avec une autre conception du bon rapport entre choix individuels et institutions sociales)?

*

* *

Que cela soit clair d'emblée : *L'économiste n'existe pas.* C'est *une fiction*, un «être de raison», artificiellement façonné pour les besoins de ma causerie, que mettent en scène les chapitres qui suivent. Un diable purement imaginaire dont on n'esquissera les contours que pour voir à quoi il pourrait ressembler. En se gardant bien toutefois de croire à son existence.

L'«économiste» n'existe pas, parce que l'on visera sous ce terme un être transhistorique, supposé stable depuis 1755, alors que tout autour de lui a changé. A commencer par cette économie qu'il a pour fonction d'étudier : du royaume agricole où trois quarts de la population vivaient encore des travaux des champs, à nos sociétés post-industrielles où l'exode manufacturier a déjà supplanté l'exode rural, comment l'analyse aurait-elle pu rester inchangée? Comment deux siècles de réflexions, d'observations et de modélisations n'auraient-ils pas raffiné les premières esquisses au point de les rendre incomparables aux tableaux les plus récents?

L'«économiste» n'existe pas, en outre, parce qu'à toute époque il y a eu diverses écoles rivales se réclamant toutes d'une certaine vérité économique. L'homogénéité remarquable des penseurs regroupés autour de Quesnay ne doit pas faire illusion : on a dû les rebaptiser «physiocrates» au siècle suivant pour permettre à d'*autres systèmes* de se placer sous *les mêmes auspices*, devenus rapidement schizophréniques, de la «science» économique. L'histoire de la discipline dépeint une succession de schismes, dont chaque branche survit assez longtemps pour qu'à chaque instant donné il y ait une multiplicité de courants rivaux, de spécialisations concurrentes et d'hétérodoxies qui empêchent tout historien sérieux de parler «des économistes» comme s'ils partageaient un corps de doctrine homogène. Un excellent ouvrage récent nous invite même — très judicieusement — à relire l'histoire de la réflexion économique comme un constant (et fructueux) déchirement entre deux «types de rationalisation», centré sur la question de «savoir jusqu'à quel degré la théorie économique formellement rationnelle peut ignorer les aspects axiologiques dont la rationalisation matérielle de la connaissance économique s'empare pour les introduire au coeur de l'analyse économique». Le dynamisme de la discipline reposerait donc précisément sur l'opposition interne entre une formalisation mathématique toujours plus rigoureuse et un appel incessant à réintégrer à l'intérieur du domaine formalisé des considérations axiologiques, sociologiques, politiques, éthiques, résistant à la quantification formelle[14].

Cela admis, il n'en demeure pas moins que certaines fictions sont plus vraisemblables que d'autres. Celle de l'«économiste» repose sur l'hypothèse d'une continuité entre les principes et postulats majeurs de la pensée physiocratique et ceux de l'économie néoclassique contemporaine. Car la diversité des courants et des écoles rivales au sein de la discipline économique ne doit pas masquer le fait qu'il existe malgré tout un édifice théorique relativement stable que la majorité des économistes tiennent pour globalement acquis, même s'ils s'efforcent d'en raffiner tel ou tel aspect[15]. Un cours d'introduction à la macro-économie, qu'il soit enseigné à Pittsburgh, à Tokyo, à Bombay ou à Genève, présentera probablement une approche, un cadre théorique et des outils conceptuels comparables. Malgré toutes les différences qui, vues de l'intérieur de la profession, distinguent sans doute un diplôme obtenu dans telle ou telle institution académique particulière, l'immense majorité des docteurs en économie partagent un langage, une méthodologie et un certain nombre de postulats communs. En dépit des hétérodoxies qui peuvent se développer ici ou là (et dont l'une deviendra peut-être dominante après-demain), il semble indéniable qu'en notre charnière de siècles la «vulgate» de la science économique «orthodoxe» se rédige, en langue anglaise, dans un nombre assez restreint d'universités situées majoritairement aux USA. Sans même invoquer les économistes «radicaux» qui remettent en question les postulats premiers de la discipline, cette orthodoxie elle-

---

14. Cf. Philippe STEINER, *Sociologie de la connaissance économique. Essai sur les rationalisations de la connaissance économique (1750-1850)*, Paris, PUF, 1998, p. 63.

15. On trouvera une excellent présentation, succinte, accessible et critique, de cet édifice théorique dans Bernard GUERRIEN, *L'économie néo-classique*, Paris, La Découverte, collection «Repères», 1993.

même n'est certes nullement monolithique : on y débat vivement pour savoir, par exemple, si la hausse du salaire minimum entraîne fatalement (ou non) une hausse du taux de chômage, ou encore si la «nouvelle économie» mise en place par l'informatisation et la mondialisation de nos sociétés suspend (ou non) la validité des liens observés jusqu'ici entre inflation, croissance et taux d'intérêts. Il n'en demeure pas moins que les problèmes sont isolés, observés et modélisés à partir de présupposés largement communs. En d'autres termes, comme toute discipline scientifique, l'économie raisonne à l'intérieur de ce que Thomas Kühn a appelé un «paradigme» qui définit et les questions à poser et la manière de leur fournir une réponse.

On ne s'intéressera pas ici à l'aspect «technique» de ces questions et de ces réponses. Ce sont seulement les grands principes sous-jacents au paradigme néoclassique qui se trouveront réfractés à travers les débats du XVIIIe siècle. Ni ma discussion, ni les objets discutés ne relèveront de la «science»: le but de l'exercice est justement d'étudier le point où la «science économique» s'ancre dans une *idéologie* qui lui fournit ses postulats de départ et s'approprie ses conclusions. (Cela dit d'ailleurs sans que ce terme d'idéologie n'ait en soi rien de péjoratif, puisque tout système conceptuel, aussi rigoureux et convaincant soit-il, doit nécessairement trouver en dehors de lui-même la source de sa pertinence et de sa définition.)

Est-il possible, est-il légitime d'isoler *une* idéologie inspirant la recherche économique contemporaine? N'est-ce pas faire violence à la réalité qui connaît aussi bien des économistes «de gauche» que des économistes «de droite»? Il fait peu de doute que l'on puisse retrouver à l'intérieur même de l'orthodoxie, toutes les nuances du spectre politique d'aujourd'hui, des plus ardents avocats des régulations étatiques jusqu'aux partisans du tout-marché.

Si l'économisme n'est qu'une déviation, un «faux pas» *hors de* la science économique, il est toutefois curieux d'observer à quel point il est toléré, voire encouragé, par les institutions régissant la profession. Dans la carrière d'un Friedrich Hayek ou d'un Milton Friedman, où faire passer la limite entre science économique et idéologie économiste dans le continuum qui va de la publication d'articles spécialisés à la rédaction de catéchismes ultra-libéraux? Même si l'attribution des prix Nobel d'économie semble viser à un certain équilibre idéologique, où Myrdal, Arrow, Tobin, Vickery ou Sen contre-balancent Hayek, Friedman, Becker et Lucas, le prestige actuel de l'université de Chicago paraît bien couvrir d'une caution de scientificité l'extrémisme politico-méthodologique qui s'y exprime. Les innovations théoriques ayant reçu le plus de publicité au cours de ces trente dernières années, en attaquant le modèle keynésien, se sont articulées directement (et souvent explicitement) en termes de programme de gouvernement : l'hypothèse d'un «taux naturel de chômage» ou celle d'«anticipations rationnelles» conduisent pratiquement à dénier toute efficacité à l'intervention de l'Etat dans l'équilibre spontané du marché. La nouvelle montagne de formalisations mathématiques accouche d'une vieille souris, celle du *laissez-faire*, que Gournay baptisait dès les années 1750. Pour s'être re-baptisée «micro-» ou «macro-économie», la discipline issue d'Adam Smith n'en reste pas moins une économie *politique*. Le fait que, sur toute la planète, les présidents et les premiers ministres aillent désormais recruter leurs conseillers dans les facultés d'économie (au lieu des facultés de droit qui leur fournissaient jadis leurs contingents principaux de collaborateurs[16]) symptomatise assez bien le rôle hégémonique qu'a pris le discours économiste dans le débat politique.

---

[16]. Cf. John MARKOFF & Veronica MONTECINOS, «The Ubiquitous Rise of Economists», *Journal of Public Policy*, 13:1, janvier 1993, pp. 37-68.

Ma fiction de l'«économiste» sera donc d'autant plus vraisemblable que l'on voudra bien reconnaître l'existence et l'importance de cette zone-frontière où l'idéologie tout à la fois *détermine le cadre* de la recherche économique et *traduit* (*traduttore/traditore*) les démonstrations mathématiques en décisions politiques. Ronald Reagan ne comprenait sans doute pas mieux les théories de Milton Friedman que Louis XV ne saisissait les subtilités du Tableau de Quesnay qu'il imprimait à Versailles. Aux deux époques toutefois, le discours économiste a joué le double rôle d'excuse et de moteur dans une transformation des structures sociales. Pour peu qu'on soit prêt à reconnaître une certaine continuité entre les cours naturels de Turgot, la main invisible d'Adam Smith, l'équilibre général de Walras, la catallaxie de Friedrich Hayek et les anticipations rationnelles de Robert Lucas, l'«économiste» prendra des formes familières dans les chapitres qui suivent[17]. Sans prétendre rendre compte de *tous* les projets de recherche actuels, cette fiction esquissera *un* profil qui, des proto- aux néo-libéraux en passant par les classiques et les néo-classiques, semble susurrer le même message abstentionniste à l'oreille du législateur. Libre à chacun de s'y reconnaître ou de le rejeter.

Reste à se demander rapidement de quel droit un littéraire prétend faire la leçon en un domaine où il ne connaît (presque) rien. Les mauvaises langues diront sans doute que c'est là justement le propre de son état... En esquissant une «anatomie de l'anti-économie», Paul Krugman décrit bien comment, du fait de la difficulté intrinsèque de l'analyse économique, des critiques qui n'y comprennent rien, s'adressant à un public qui

---

[17]. En symptôme discret mais révélateur d'une telle continuité, on pourrait citer la tendance dont font preuve les prix Nobel de l'université de Chicago à évoquer les auteurs du XVIIIe siècle dans leur discours de réception (Friedman concluant le sien avec une phrase de Du Pont de Nemours, tandis que Becker mentionne Malthus et Beccaria, et que Lucas présente sa doctrine à partir de quatre longues citations de Hume).

n'en saisit guère davantage, auront d'autant plus intérêt à dénigrer l'ensemble de la discipline qu'en déniant aux économistes toute autorité, ils croient se mettre à l'abri d'une réfutation qui saute aux yeux de quiconque aura suivi un cours élémentaire de macro-économie[18].

Plutôt que de défendre une approche qui convaincra (ou ne convaincra pas) d'elle-même — et qui vise d'ailleurs moins à prouver une thèse qu'à inviter au doute et au scepticisme — je me contenterai de signaler deux projets intellectuels à l'intersection desquels s'inscrit une telle *critique littéraire de l'économie politique*. En s'efforçant de mettre en question les «évidences» sur lesquelles se fonde l'économie néo-classique, cette étude participe d'un mouvement dont les ancêtres, à travers Polanyi, Marx et Sismondi, ne sont autres que les anti-économistes des années 1760-1770 et qui se voit représentée aujourd'hui par des publications et des entreprises collectives comme *Dollars & Sense*, *Alternatives Economiques*, le M.A.U.S.S. ou *Le Monde diplomatique*.[19] En approchant l'économie comme *un discours* (plutôt que comme un système conceptuel), et en centrant la plupart des chapitres sur l'un ou l'autre des *tropes* qui y jouent un rôle pivotal, ce livre converge également avec certains des travaux développés récemment au titre de «la rhétorique de l'économie»[20]. Dans cette zone-

---

[18]. Paul KRUGMAN, *Pop Internationalism*, Cambridge, MA, MIT Press, 1996, p. 81.

[19]. On trouvera de bonnes introductions à cet ensemble de travaux dans M.A.U.S.S. (mouvement anti-utilitariste dans les sciences sociales), *Pour une autre économie*, Paris, La Découverte, 1994 et dans Serge LATOUCHE (éd.), *L'économie dévoilée*, Paris, «Autrement», 1995. On consultera aussi avec profit cet important jalon historique qu'est le livre de Jacques ATTALI et Marc GUILLAUME, *L'anti-économique* (Paris, PUF, 1974/1990).

[20]. Je pense moins ici à l'ouvrage, devenu classique, mais somme tout assez naïf, de Donald MCCLOSKEY, *The Rhetoric of Economics* (Madison, University of Wisconsin Press, 1985), qu'à une série de parutions ultérieures qui ouvrent des directions de recherche beaucoup plus riches. Cf. par exemple

frontière où les élaborations mathématiques s'articulent à leurs présupposés idéologiques et à leurs conséquences politiques, l'économie doit passer par la médiation du verbe. Comme le Marchand de Bornéo, l'économiste ne peut débiter son élixir (et son critique ne peut en dénoncer l'imposture) que par le truchement d'«un beau discours». Tout, bien sûr, ne s'arrête pas là. Mais tout doit nécessairement y passer. Entre ceux que l'on soigne et ceux que l'on dupe, entre ceux que l'on éclaire et ceux que l'on étrangle, la fable de Diderot dit bien l'ambivalence et l'ambiguïté d'un tel passage.

Comme les «modèles» du scientifique, les «fictions» du littéraire offrent une image simplifiée qui réduit la complexité du réel afin d'y faire déceler des formes et des logiques inaperçues. Si l'«économiste» n'existe pas, il faut donc l'inventer : prendre le temps de le peindre sur la muraille pour voir si on ne le reconnaîtra pas ensuite dans notre paysage politique. Espérons que, bon diable, il ne nous en voudra pas de la mauvaise foi étalée dans les pages qui suivent...[21]

Philip MIROWSKI, *More Heat than Light. Economics as Social Physics, Physics as Nature's Economics*, Cambridge University Press, 1989, et *Natural Images in Economic Thought. "Markets Read in Tooth & Claw"*, Cambridge University Press, 1994, ou Arjo KLAMER, Donald MCCLOSKEY & Robert SOLOW, *The Consequences of Economic Rhetoric*, Cambridge University Press, 1988.

21. Ce travail a bénéficié des conseils, suggestions et critiques d'une série de collègues et d'amis qui ne sont bien entendu aucunement responsables du produit final, mais que j'ai plaisir à remercier ici : Marc Bacchetta, Jacques Berchtold, James Cunningham, Joan DeJean, Ved Gandhi, Frank Giarratani, Pierre-Henri Goutte, Victor Grauer, Alain Grosrichard, Cynthia Koepp, Lars Herlitz, Denis Hollier, Gérard Klotz, Arabinda Kundu, Thierry Leterre, Dennis Looney, John Markoff, Philip Mirowski, Mark Perlman, Marie-France Piguet, Grayden Provance, Marcus Rediker, Claude Reichler, Daniel Russell, Alberta Sbragia, Liana Vardi, André Wakefield, Philip Watts, Frederick Whelan. Les mots manquent pour dire ce que ce livre doit à la compréhension et aux encouragements de ma femme, Marina.

Chapitre 1

LE MYTHE FONDATEUR

Au commencement était le mythe. *Il était une fois des champs à défricher...* Les physiocrates, qui font jouer aux propriétaires terriens un rôle central dans leur système social, sentent parfois le besoin de justifier l'existence de la propriété foncière. En hommes des Lumières, ils conçoivent cette justification théorique à l'aide d'un retour aux origines. Le propriétaire d'aujourd'hui fonde son droit sur (le mythe d') une appropriation primitive, projetée juste avant l'aube de l'ère sociale.

Au cours de ses divers «catéchismes économiques», Mirabeau aime à mettre en scène un interlocuteur s'étonnant naïvement de voir les produits des champs appartenir de droit au propriétaire (potentiellement oisif) plutôt qu'à l'ouvrier ou au fermier qui ont travaillé à la production.

> *Demande* : Sur quoi se fonde votre droit [de propriétaire]?
> *Réponse* : Ne le voyez-vous pas? J'ai épierré ce champ, je l'ai défriché, fossoyé, planté & fait construire des logemens pour le cultivateur & ses domestiques, pour les récoltes, les bestiaux &c.[1]

---

[1]. Victor de Riqueti, Marquis de MIRABEAU, *La Science ou les droits et les devoirs de l'homme* (Lausanne, 1774), Réimpression, Scientia Verlag, 1970,

Il y a donc aujourd'hui des propriétaires fonciers parce qu'il y avait à l'origine des cailloux dans les champs. Les produits m'appartiennent de droit parce que, sans mon défrichement originel, il n'y aurait ni champ ni récolte. En dépit de mon apparente oisiveté, mon droit de propriété est bien fondé sur *un travail*, celui que j'ai investi, jadis, à enlever ces cailloux, à assurer l'irrigation de mon champ, à aménager mon exploitation. La logique de ce raisonnement s'inspire de la manière dont Locke a légitimé l'appropriation individuelle des biens : «Le *travail*, qui est mien, mettant ces choses hors de *l'état commun* où elles étaient, les a fixées et me les a appropriées»[2]. L'effort que m'a coûté la préparation d'une parcelle de terre m'a permis de *m'approprier* cette parcelle, de la faire mienne en y mêlant de ma sueur. En jargon économiste, ce sont les *avances (foncières)*, c'est-à-dire, en dernière analyse, la sueur et le travail originellement investis dans la production des moyens de production, qui garantissent mon droit à revendiquer la propriété des produits cultivés sur mon champ.

Hommes des Lumières aussi en leur dette envers la pensée lockienne, les physiocrates aiment à répéter le rôle central que joue le travail dans leur doctrine. Dans son article fondateur, Quesnay affirme en effet que «le droit naturel de chaque homme se réduit dans la réalité à la portion qu'il peut se procurer par son travail». Il précise plus bas que «dans l'ordre de la justice, [le droit de chacun aux choses propres à sa jouissance] est déterminé par une possession effective de droit naturel, acquise par le travail, sans usurpation sur le droit de possession

---

p. 104. Pour une bonne discussion du rôle de la propriété dans la doctrine physiocratique, cf. Philippe STEINER, «Le projet physiocratique: théorie de la propriété et lien social», *Revue économique*, Novembre 1987, 38 (6), pp. 1111-1128.

2. John LOCKE, *Traité du gouvernement civil* (1690), trad. Mazel, Paris, GF, 1984, § 28, p. 196.

d'autrui».[3] De tous ceux qui lui emboîtent le pas, Mirabeau est peut-être le plus emphatique à ériger le travail en véritable impératif moral : «il ne naît pas un homme dans le monde qui ne naisse avec l'obligation du travail»[4]; «il faut que tous travaillent; car l'homme ne sauroit rien obtenir que par le travail»[5]. L'ensemble de la morale économiste semble articulé sur le couple avances/travail : «partout le droit est fondé sur des avances, & se perpétue par le travail qui est le devoir»[6].

Il n'est donc pas étonnant de voir Le Mercier de la Rivière expliquer la genèse de la propriété foncière en termes de travail et d'avances dans son *Ordre naturel et essentiel des sociétés politiques*. Comme le célèbre chapitre du second *Traité* de Locke, il commence par poser le principe d'une *propriété personnelle*, «la propriété *exclusive* [que chacun a] de sa personne», pour y asseoir le principe de la *propriété mobilière*, «la propriété *exclusive* des choses acquises par ses recherches et ses travaux»[7]. En résulte «naturellement et nécessairement» l'institution de la *propriété foncière* :

> Avant qu'une terre puisse être cultivée, il faut qu'elle soit défrichée, qu'elle soit préparée par une multitude de travaux et de dépenses diverses qui marchent à la suite des

---

[3]. François QUESNAY, «Le droit naturel» (1765) in *Physiocratie* (1767), Paris, Garnier-Flammarion, 1991, p. 73. Un demi-siècle plus tard, Du Pont de Nemours écrira à propos de cet article : «Quesnay, n'eût-il écrit que cette vingtaine de pages qui sont à la tête de la *Physiocratie*, aurait fait et fondé notre science» (Lettre du 22 avril 1815 à Jean Baptiste Say, in Eugène DAIRE (éd.), *Physiocrates*, Paris, Guillaumin, 1846, Première partie, p. 396).

[4]. Victor de Riqueti, Marquis de MIRABEAU, *Les Economiques* (1769), Réimpression Scientia Verlag, 1972, p. 139.

[5]. Victor de Riqueti, Marquis de MIRABEAU, *Théorie de l'Impôt* (1760/1776), Réimpression Scientia Verlag, 1972, Supplément p. 56.

[6]. Ibid., p. 22.

[7]. Pierre François Joachim Henri LE MERCIER DE LA RIVIERE, *L'ordre naturel et essentiel des sociétés politiques* (1767), Paris, Geuthner, 1910, pp. 9-10.

> défrichements; il faut enfin que les bâtiments nécessaires à l'exploitation soient construits, par conséquent que chaque premier Cultivateur commence par avancer à la terre des richesses mobilières dont il a la propriété: or comme ces richesses mobiliaires incorporées, pour ainsi dire dans les terres, ne peuvent plus en être séparées, il est sensible qu'on ne peut se porter à faire ces dépenses, que sous la condition de rester propriétaire de ces terres; sans cela la propriété mobiliaire de toutes les choses ainsi dépensées serait perdue.[8]

Personne ne prendrait la peine de défricher un champ ou d'aménager un domaine s'il était exposé à s'en voir chassé sitôt son travail terminé. A première vue, il n'y a là rien de particulièrement mystificateur. Puisqu'il y a des cailloux dans les champs, il faut bien que la sueur de ceux qui l'épierrent soit récompensée. Tout cela semble remarquablement bien fondé en *nature* et en *nécessité*, comme le revendiquent les physiocrates. Ce n'en est pas moins remarquablement éloigné de la réalité du XVIIIe siècle pour laquelle ils élaborent leur doctrine.

Combien de propriétaires fonciers des années 1760 ont effectivement mêlé leur sueur au défrichement des champs dont ils réclament la propriété? La plupart ont hérité de domaines déjà largement aménagés. Peu importe, répond Le Mercier de la Rivière, la propriété, hier ou aujourd'hui, est à concevoir comme une activité permanente de défrichement :

> Ne croyez pas que toutes ces dépenses premières une fois faites, la propriété foncière se trouve exempte de toutes charges : la situation des propriétaires fonciers n'a nullement changé à cet égard, et c'est une vérité fondamentale qu'on ne peut mettre dans un trop grand jour [...] il est constant que beaucoup de domaines se dégradent de différentes manières; et que pour être rétablis, ils exigent de fréquentes dépenses qui ne peuvent être faites que par des propriétaires fonciers.

---

[8]. Ibid., p. 14.

> D'ailleurs indépendamment du cas forcé de la dégradation, nous avons celui de l'amélioration : il est très peu de terres qu'on ne puisse améliorer par des dépenses qui ne peuvent convenir qu'aux propriétaires fonciers.[9]

On voit qu'on a changé ici de registre. A l'explication par l'origine s'est substituée une justification par la fonction sociale. L'existence d'une classe propriétaire est «nécessaire et naturelle» aujourd'hui parce que, même si les pierres ne reviennent pas d'elles-mêmes dans les champs, les canaux d'irrigation se dégradent, le bois des bâtiments pourrit, les sols s'épuisent. Les «avances primitives» exigées à l'origine doivent en fait être partiellement renouvelées chaque année. Encore une fois : qui s'en chargera, s'il n'a l'espoir d'en recueillir lui-même le profit plus tard?

On sait au reste que le défrichement réel, l'aménagement de la friche en champ, n'était nullement perçu comme une activité antédiluvienne au moment où écrivaient les physiocrates. On connaît la série de textes par lesquels le gouvernement royal tenta de promouvoir la conquête de nouvelles terres arables entre 1761 et 1766. Si les résultats furent apparemment modestes, il est évident toutefois que les défrichements, et plus généralement l'amélioration des terres, étaient à l'ordre du jour. Mirabeau lui-même multipliait les plans coûteux visant à améliorer les divers domaines dont il pensait hériter. Si des champs sont débarrassés de leurs cailloux dans la réalité comme dans le mythe[10], la fonction sociale du propriétaire s'en trouve donc légitimement fondée. Comment son statut apparemment privilégié se justifie-

---

9. Ibid., pp. 176-177.

10. Sur ce point, cf. par exemple Fernand BRAUDEL & Ernest LABROUSSE, *Histoire économique et sociale de la France,* II (1660-1789), Paris, PUF, coll. «Quadrige», 1970, pp. 418-432. La conclusion en est que cet effort de défrichement a été bien plus spectaculaire sur le papier que sur le terrain. La modestie de ses résultats suggère qu'il est à interpréter lui aussi comme relevant d'un mythe destiné à justifier la grande propriété foncière.

t-il? Par le travail qu'il a fourni hier et qu'il continue à fournir aujourd'hui pour assurer l'établissement et le maintien d'exploitations agricoles performantes.

La question ne se laisse pourtant clore qu'en ouvrant une autre béance. Si les économistes m'ont bien éclairé sur la fonction sociale de la classe propriétaire, ils ne m'ont pas dit selon quels critères on peut s'y trouver admis. Qu'il faille des propriétaires-défricheurs, soit; mais pourquoi vous plutôt que moi? S'il s'agissait simplement d'un choix entre deux types de travaux —suer à épierrer, fossoyer, aménager une exploitation d'un côté, ou suer à labourer, semer, arroser, récolter de l'autre— tout le monde voudrait sans doute se faire défricheur, puisque ce type particulier d'activité assure le revenu d'une rente annuelle que l'on continuera à collecter même après avoir fini de travailler. Indépendamment des nécessités structurelles propres au bon fonctionnement d'une société agricole, comment se fait-il donc que *tel individu particulier* se retrouve propriétaire, tandis que tel autre se voit simplement laboureur? C'est précisément la question qu'Antoine, le jeune paysan mis en scène dans le dialogue des *Economiques*, pose au marquis de Mirabeau, représenté ici sous son nom de plume, «L'ami Des Hommes»:

> *Antoine* : Mais vous, Monsieur, qui, sauf le respect, ne travaillez pas, vous vivez pourtant.
>
> *L. D. H.* : Qui t'a dit que je ne faisais rien? Il y a bien des sortes de travail dans le monde.
>
> *A.* : Oh bien! je veux avoir du vôtre qui me fasse aller bien nourri, bien vêtu & me promenant.
>
> *L.* : J'ai du bien moi, j'ai des revenus, & j'en vis; & toi, tu n'en as point. [...]
>
> *A.* Eh bien! où avez-vous pris tout ce bien là que vous en ayez tant de reste, & que je n'en aie point?
>
> *L.* : Mon père l'avoit, & il me l'a laissé.
>
> *A.* : Mon père m'en laissera donc à moi aussi?
>
> *L.* : Tu sais bien qu'il n'en a point.

A. : Mais pourquoi n'en a-t-il point, & que votre père en avoit?

L. : Ecoute, pourquoi la fille que je vois là, va-t-elle nuds pieds, tandis que tu as des bas & des souliers?

A. : C'est que son père est toujours malade, & que cela les ruine.

L. : Eh bien! quelqu'un de tes pères a été malheureux, tandis que les miens ont eu de la fortune et de la santé.[11]

On voit que ce n'est plus ici la sueur défrichante du marquis qui justifie ses titres de propriété. Toute la différence entre lui et Antoine semble venir de ce que *son père* lui a laissé du bien, tandis que le père du garçon ne lui en laissera pas. Et pourquoi cela? Parce que les pères de ces pères ont hérité de la fortune et de la santé d'un côté, du malheur et de la maladie de l'autre. Le travail (personnel) s'avère donc n'être qu'une d'entre deux voies possibles d'accession au statut de propriétaire. C'est ce qu'exprime clairement l'abbé Baudeau en définissant le «titre naturel de l'attribution des propriétés» : «c'est ou le travail qui a mérité le bien dont la jouissance est réclamée ou la transmission du légitime acquéreur»; «le vrai propriétaire, [c'est] celui qui s'est légitimement acquis par son travail le droit de jouir, ou le vrai représentant du premier acquéreur»[12]. Les cailloux du champ originel semblent soudain très lointains.

C'est pourtant bien d'un retour à la problématique de l'origine (contre celle de la fonction) qu'il s'agit ici. Pourquoi êtes-vous bien nourri et bien vêtu sans (apparemment) travailler, tandis que je sue à longueur d'année pour manger du mauvais pain et m'habiller de haillons? A cette question de paysan, le propriétaire ne répond pas en justifiant son rôle dans le présent, mais en faisant recours à l'histoire de son lignage. Le fils fonde

---

11. MIRABEAU, *Les Economiques*, op. cit., pp. 3-4.

12. Nicolas BAUDEAU, *Première introduction à la philosophie économique ou Analyse des états policés* (1771), in Eugène DAIRE, *Physiocrates*, op. cit., tome II, deuxième partie, pp. 674 & 677.

son droit de propriétaire sur le travail du père. Lequel a sans doute fait de même, si bien que l'on remonte de père en père jusqu'à ce «premier Cultivateur» dont Le Mercier de la Rivière voulait protéger les avances. On mesure ici ce que ce Défricheur Primitif a de profondément fabuleux. Il tient à la fois du *mythe fondateur*, puisque c'est sur lui qu'est établie la légitimité de la propriété foncière telle que nous la connaissons aujourd'hui, et du *roman des origines*, puisque chaque propriétaire y est appelé à s'imaginer, derrière la probable improductivité de son père réel, un père idéal épierrant, fossoyant, s'appropriant pouce à pouce le domaine qu'il lèguera à ses descendants.

Même cette filiation imaginaire remontant à l'horizon d'un défricheur originel rencontre pourtant des problèmes. Les économistes savent bien qu'on risque de buter en chemin sur quelque ancêtre qui aura simplement *acheté* la terre dont on dispose actuellement, rompant ainsi le lien mythique au père fondateur. Le Mercier de la Rivière en est bien conscient, aussi prend-il la peine de justifier «la manière dont les hommes parviennent à l'état de propriétaire foncier dans une société formée» :

> Les acquéreurs des terres, il est vrai, achetant ordinairement des terres toutes défrichées, des terres en rapport, n'ont point à faire les mêmes travaux et les mêmes dépenses que les premiers possesseurs ont faites lors des sociétés naissantes; mais aussi ces acquéreurs remboursent-ils ces mêmes dépenses par le prix dont ils payent leurs acquisitions; or, en vertu de ce remboursement, chaque acquéreur entre *nécessairement* en possession de tous les droits que son vendeur avoit sur le produit net des terres vendues; et la filiation des vendeurs forme ainsi une chaîne au moyen de laquelle le dernier acquéreur représente le premier possesseur, et doit en avoir tous les droits en propriété.[13]

[13]. *Ordre naturel et essentiel*, op. cit., p.177.

Au lignage du sang peut se substituer celui de l'argent. La chaîne que forme la «filiation des vendeurs» introduit l'idée d'une «représentation» de la propriété originelle à travers une transaction monétaire. «L'acquéreur est donc le représentant du premier défricheur; il en exerce les droits à titre du remboursement qu'il lui a fait de ses avances, comme l'héritier les exercerait par le privilège de sa naissance, et de la loi qui rend transmissibles les hérédités foncières»[14]. En prenant en compte cette possibilité d'*acheter* les droits créés par le défrichement d'une terre, les économistes rendent remarquablement fluide la classe des «propriétaires» autour de (et pour) laquelle ils bâtissent leur système social. Ils ne font en cela que reconnaître une collusion déjà relevée par Cantillon entre «propriétaires de terres» et «propriétaires d'argent» :

> Si quelqu'Habitant à gros gages ou quelqu'Entrepreneur considérable a épargné du bien ou des richesses [...] il peut même vivre bien mieux que les Propriétaires de petites terres & même acheter la propriété de quelques-unes. [...] Les Propriétaires d'argent [...] deviennent souvent un corps si considérable, qu'ils le disputeraient dans certains cas aux Propriétaires des terres, si ceux-ci n'étaient pas souvent également des Propriétaires d'argent & si les Propriétaires de grandes sommes en argent ne cherchoient toujours aussi à devenir Propriétaires de terres.[15]

Ce qui se met en place à travers une telle collusion, c'est la catégorie du *détenteur de capital*. On a trop souvent présenté les physiocrates comme les théoriciens d'un ordre social révolu, affairés à jeter les plans d'un "Royaume Agricole" au moment où

---

14. Nicolas BAUDEAU, *Explication du tableau économique à Madame de **** (1770), in DAIRE, *Physiocrates*, op. cit., 1848, tome II, deuxième partie, p. 828.

15. Richard CANTILLON, *Essay de la nature du commerce en général* (1755), Tokyo, Kinokuniya, s.d., pp. 69 & 71.

la révolution industrielle commençait déjà à saper les bases des anciennes sociétés agraires. Derrière le folklore pastoral où aiment à se plonger les adeptes de la *Philosophie Rurale*, derrière leur obstination à défendre le dogme de la "stérilité" des activités non agricoles, il n'est toutefois guère difficile de voir s'esquisser dans leur oeuvre la logique d'un système remarquablement adapté aux besoins du capitalisme naissant. Entre Cantillon, qui avant eux a défini la catégorie de l'«entrepreneur», et Turgot, qui les dépassera pour donner une théorisation quasi définitive des flux de capitaux, les physiocrates sont bien à considérer comme les fondateurs de la «science économique». Même si quelques précurseurs leur ont à l'évidence préparé le terrain (Boisguilbert, Melon, etc.), c'est avec eux que l'on passe vraiment de l'administration du ménage (fût-il royal), propre à l'ancienne οἰκονόμικη, à une appréhension globale de la réalité sociale en terme d'utilisation maximisée des ressources productives. C'est bien plus qu'un aléa linguistique qui a transmis le nom d'*économistes*, originellement forgé pour désigner leur école, à tous ceux qui aujourd'hui approfondissent cette «Science» qu'ils étaient si fiers d'avoir donnée au monde. Et ce n'est pas un hasard non plus si le développement de ladite «Science» est précisément contemporain de celui du capitalisme industriel. Au coeur des mécanismes de circulation de biens et de richesses entre les différentes classes dégagées dans l'ensemble social — et même si, au cours des deux siècles qui ont suivi, la définition de ces classes, de ces biens et de ces richesses a pu varier considérablement —, on voit se dessiner la catégorie centrale des *avances* qui anticipe très précisément celle de «capital».

Ici encore, le fait que ces avances soient le plus souvent décrites par les physiocrates en termes de propriété foncière et de travaux agricoles ne doit pas cacher un fait plus important: la logique mise en place dans le cas particulier d'une entreprise agricole peut le plus souvent rendre compte de toute forme de capital et d'investissement. Cette généralisation est même parfois suggérée par les textes eux-mêmes, comme on vient de le voir. L'entrepreneur de Cantillon peut choisir d'investir son argent dans l'achat de domaines; les propriétaires de terres «sont souvent également propriétaires d'argent». Au coeur de la question de l'origine de la propriété foncière, on bute sur celle de *l'origine des avances* — et, au delà, sur l'impensable des «dotations initiales» où le libéralisme rencontre fatalement sa limite. Si l'acquéreur doit être considéré comme «le représentant du premier défricheur», Antoine, le fils de paysan mis en scène par les *Economiques*, pourrait légitimement demander au nom de quel droit (le père de) l'acquéreur a pu accumuler du bien, tandis que son père à lui aura travaillé toute sa vie sans être jamais en mesure de lui laisser quoi que ce soit.

La fable du défrichement s'ouvre donc sur le mystère d'une accumulation primitive. S'il faut des avances (en argent) pour devenir acquéreur des avances (en exploitations déjà aménagées), d'où viennent donc les premières avances? De transaction en transaction, et de père en père, la réponse donnée par la physiocratie nous fait remonter jusqu'à Dieu lui-même, qui joue en quelque sorte le rôle de Capitaliste Originel. Puisqu'il faut bien manger tandis que l'on défriche, le premier épierreur a dû se faire avancer par le bon Dieu, et par sa bienveillante nature, la nourriture qui lui a permis de fonder sa première exploitation. Si ladite nature a eu la triste idée de mettre des cailloux dans les champs, elle s'en est rachetée en produisant spontanément des fruits qu'il suffisait de collecter pour soutenir les travaux de défrichement. Telle est bien la révélation qui a «converti» Mirabeau à la bonne parole prêchée par Quesnay :

> [Il me pria] de luy dire si l'homme en arrivant sur la terre apportoit du pain dans sa poche pour vivre jusques au temps ou la terre préparée, semée, couverte de moissons

> mûres, coupées, battues, &c put le nourrir. J'étois pris, il falloit ou supposer que l'homme avait léché 18 mois sa patte comme l'ours l'hyver dit-on dans sa tannière, ou avouer que ce créateur des fruits en avoit trouvé en arrivant qu'il n'avoit point semés.[16]

Il était une fois une nature généreuse en fruits sauvages (grâce auxquels on a pu enlever les cailloux des champs à cultiver). Si l'on veut remonter encore plus près des vraies sources des avances, la figure de l'ours s'efface devant un autre membre éminent du bestiaire physiocratique. Pour ceux que la fable adamique laisserait sceptique, Mirabeau est en effet amené à suggérer que les capitalistes doivent logiquement descendre d'*une chèvre originelle* : «le premier homme fut créé d'abord avec la force et la grandeur où les enfants parviennent depuis avec l'âge. Sans cela il eût fallu que Dieu l'eût fait allaiter par une chèvre, & cette chèvre lui eût tenu lieu de mère et lui eût fait les avances qu'exigeaient continuellement ses besoins, jusqu'au temps où il aurait pu travailler à les chercher»[17].

En finançant ainsi les travaux des premiers défricheurs, Dieu (ou Sa chèvre) leur a permis de se constituer un capital foncier qu'ils ont transmis depuis à leurs descendants. Lesquels ont parfois choisi de le céder à des acquéreurs qui sont devenus les «représentants des premiers défricheurs». Pour compléter le tableau social, ajoutons que ma famille est portée au bonheur et à la bonne santé, tandis que «quelqu'un de vos pères» a eu la

---

[16]. Lettre de Mirabeau à Rousseau du 30 juillet 1767 in *Correspondance complète de Jean Jacques Rousseau*, éd. Leigh, Oxford, the Voltaire Foundation, 1978, vol 33, pp. 261-2. Sur les enjeux de la correspondance entre les deux hommes et de cette «conversion» de Mirabeau, cf. mon article «Monsieur Jaques chez l'ami des hommes : visite de Rousseau au coeur de l'économisme», Jacques BERCHTOLD & Michel PORRET (éd.), *Rousseau visiteur, Rousseau visité. Les dernières années*, Genève, Droz, 1999, pp. 53-73.

[17]. MIRABEAU, *La Science*, op. cit., pp. 4-5.

mauvaise idée de se trouver malade — et voilà pourquoi moi, marquis, je me promène apparemment oisif, bien habillé et bien nourri, tandis que votre sort, à vous Antoine, est de suer à la culture de mes terres.

Le vrai miracle entourant une telle «Science» — miracle quotidiennement observable dans nos sociétés contemporaines — tient à ce qu'Antoine lui-même finisse par souscrire à la fable. A la fin de son dialogue avec l'économiste déguisé en «ami des hommes», le jeune homme rédige à son tour un *Précis de l'instruction pour la classe productive* où il systématise l'essence des leçons qui l'ont convaincu :

> Il ne naît pas un homme dans le monde qui ne naisse avec l'obligation du travail.
>
> Cette allégation paroît démentie, parce qu'on voit tous les jours un grand nombre d'oisifs, avoir des portions de subsistances, trop fortes même pour n'être pas choquantes au premier coup d'oeil. Mais en examinant de plus près & en étudiant avec discernement la marche de l'ordre naturel, on voit que ce qui paroît choquant dans cette apparence d'inégalité entre les hommes, ne saurait l'être que par des détails relatifs à leur mauvaise conduite, & non pas par l'inégalité même des fortunes, qui est une suite de l'ordre naturel; car il est de l'ordre naturel que chacun jouisse paisiblement du fruit de son travail & de celui du travail de ses pères. Or il est visible qu'une suite de travaux exécutés avec intelligence et avec force, doit rendre la part de ceux qui se sont livrés à ces travaux meilleure que celle des autres, dont le travail a été plus faible et moins bien combiné.[18]

Le destin d'Antoine offre une illustration saisissante de l'efficace propre au mythe économiste. Au départ, il y a un questionnement suscité par l'observation immédiate de l'ordre social : «où avez-vous pris tout ce bien-là, que vous en ayez tant

---

18. MIRABEAU, *Les Economiques*, op. cit., p. 139.

de reste, & que je n'en aie point»? «Sur quoi se fonde votre droit»? A l'arrivée, on a résorbé — *neutralisé* en le *naturalisant* — «ce qui paroît choquant dans cette apparence d'inégalité entre les hommes». La beauté du mythe tient en ce qu'il opère cette neutralisation sans jamais apporter de réponse rationnellement satisfaisante aux questions qui l'ont généré. Comme toutes les cosmogonies à travers lesquelles les sociétés *rendent conte* de l'aporie de leur fondation, il bouche un trou dans l'explication du réel en le recouvrant d'une image protectrice plutôt qu'en parvenant à en remplir l'insoutenable vide.

Où avez-vous pris votre bien? De la friche que j'ai conquise à la sueur de mon front; ou alors de mon père, qui l'a reçu de son père, qui l'aura peut-être acheté de quelqu'un qui, en dernière analyse, l'aura certainement tenu de Dieu (ou d'une chèvre). *Sur quoi se fonde votre droit?* La réponse par *le travail*, du fait qu'elle va visiblement à l'encontre de la réalité observable, exige le recours à trop de médiations pour clore le bec du questionneur — même si c'est cette explication simpliste qu'Antoine finit par reprendre à son conte. Poussé au bout de la logique qui l'anime, le discours économiste vient buter sur trois «raisons» supposées fonder *en droit* l'inégalité des possessions observées dans l'ordre social.

La première de ces raisons est simplement *la vitesse*. Dans son *Discours sur l'origine de l'inégalité*, Rousseau avait déjà fait remonter la division de la société en classes au moment où toutes les terres disponibles ayant été encloses, les «surnuméraires» se sont retrouvés «obligés de recevoir ou de ravir leur subsistance de la main des riches», faute d'avoir songé à s'approprier un lopin à temps.[19] Mirabeau généralise ce type de justification au début d'un de ses dialogues :

---

[19]. Jean Jacques ROUSSEAU, *Discours sur l'origine et les fondemens de l'inégalité parmi les hommes* (1754), éd. Starobinski, Paris, Gallimard, Folio, 1985, p. 105.

> *Demande* : Eh bien! nous recherchions la même chose vous et moi. Vous l'avez trouvée hier, & je la trouve aujourd'hui: vous y aviez droit hier, pourquoi ne l'aurois-je pas aujourd'hui?
> *Réponse* : Elle n'auroit pas été à moi hier, si un autre l'eut trouvée la veille. Elle seroit devenue son droit: mais comme elle n'étoit le droit de personne, elle est devenue le mien, & dès lors elle ne peut plus être celui d'un autre.
> *Demande* : C'est-à-dire que le droit est à qui coura le plus fort?
> *Réponse* : Oui, le droit de vitesse.
> *Demande* : Je veux dire, que selon vous le droit est au premier occupant? [...] pourquoi attribuez-vous un droit sur le hazard d'une trouvaille, de ce qui n'étoit pas plus à vous qu'à un autre?
> *Réponse* : La nature vous le dit, que ce qui vous tombe sous la main est à vous, s'il n'appartenoit à personne avant vous.[20]

On notera au passage à la fois la précarité et la violence potentielle d'un tel «droit de vitesse». S'il n'est souvent fondé que sur «le hazard d'une trouvaille», il ne m'en autorise pas moins à m'attribuer la propriété exclusive de «tout ce qui me tombe sous la main» pour autant que personne n'en ait fait de même préalablement — et cela indépendamment du besoin dont autrui (un voisin, la communauté dans son ensemble) peut avoir un jour de ce que je me serai approprié.

Les deux autres raisons sont illustrées dans les derniers paragraphes que Le Mercier de la Rivière consacre à son chapitre sur la propriété et qui sont à inscrire au long registre des textes répondant directement aux théories de Rousseau :

> Je terminerai ce chapitre par une observation sur l'inégalité des conditions parmi les hommes : ceux qui s'en

---

[20]. MIRABEAU, *La Science*, op. cit., p.13-15.

> plaignent ne voient pas qu'elle est dans l'ordre de la justice par essence : une fois que j'ai acquis la propriété *exclusive* d'une chose, un autre ne peut pas en être propriétaire comme moi et en même temps. [...] Chacun acquiert en raison des facultés qui lui donnent les moyens d'acquérir; or la mesure de ces facultés n'est pas la même chez tous les hommes.
>
> Indépendamment des nuances prodigieuses qui se trouvent entre les facultés nécessaires pour acquérir, il y aura toujours dans le tourbillon des hasards, des rencontres plus heureuses les unes que les autres; ainsi par une double raison, il doit s'introduire de grandes différences dans les états des hommes réunis en société. [...] [L'inégalité des conditions] a sa source dans l'inégalité des pouvoirs physiques et dans une multitude d'événements accidentels dont le cours est indépendant de nos volontés.[21]

C'est donc *le tourbillon des hasards* que l'on invoque comme la seconde «justification» de l'inégalité des conditions. De même que Mirabeau devait attribuer à l'infortune ou à la maladie de «quelqu'un des pères» d'Antoine la différence entre leurs statuts de marquis et de paysan, de même voit-on ici «une multitude d'événements accidentels» servir d'explication, sinon de caution, à l'insertion de tel individu dans telle classe sociale plutôt que dans telle autre. Si ce type d'explication n'est certainement pas dénué de réalisme, il ne peut que laisser sur sa faim quiconque serait en quête de *justice*. Or, il faut le rappeler puisque c'est le propre du mythe économiste que de constamment éluder cette question, il s'agit ici non pas seulement d'*observation* mais de *légitimation* («sur quoi se fonde votre droit?») Entre le droit de vitesse et le droit de loterie, les réponses apportées jusqu'à présent semblent assez peu prometteuses.

---

21. LE MERCIER DE LA RIVIERE, *L'ordre naturel et essentiel*, op. cit., pp. 11-12.

La dernière raison avancée par les économistes pour justifier l'inégalité des conditions réside en ce que Le Mercier de la Rivière appelle *les facultés.* Ce sont elles qui donnent à chacun «les moyens d'acquérir» la part de propriété qui doit lui revenir. Que l'on parle de «pouvoirs physiques» comme dans cette citation ou d'«intelligence» et de «force» comme le faisait Mirabeau tout à l'heure, cette troisième explication se plaît à souligner que les individus diffèrent grandement dans leurs capacités productives. Certains peuvent courir, travailler, comprendre, parler mieux, plus vite, plus longtemps, plus efficacement que d'autres. Ici encore toutefois, si le fait en lui-même est indéniable, ce n'est que par une imposture qu'une telle explication peut vouloir passer pour une «justification». Cette troisième «raison» de l'inégalité sociale a un nom, qui indique assez à quelle distance on se trouve ici du «droit» qu'il s'agissait originellement de fonder en justice : *la raison du plus fort.*

En tout ceci, la Science des économistes est remarquablement réaliste. Il est difficilement contestable que certains individus ont «plus de forces» que d'autres — que les forces en question soient physiques, intellectuelles, psychologiques, technologiques ou financières. Il est non moins indéniable que les accidents de l'existence et de l'histoire favorisent les uns tandis qu'ils brisent les efforts des autres. Aussi vrai que soit tout cela, notre concept de *justice* se définit précisément en ce qu'il s'efforce de résister aux aberrations inhérentes à la raison du plus fort et du plus chanceux. Qu'est-ce que «fonder *un droit*», sinon établir des garde-fous visant à contrecarrer les dérives possibles d'*un fait* régi par le hasard et la force brute?

Si l'économisme participe de la mystification, c'est qu'il prétend faire accepter (aux Antoines de tout poil) comme nécessaire et juste un ordre social qui n'est fondé en réalité que sur la force et le hasard. Au lieu de laisser patent le questionnement éthique qu'ouvrirait une telle réalité si elle était affrontée comme telle, le discours économiste s'efforce au contraire de nous convaincre qu'«elle est dans l'ordre de la justice par essence». Ce faisant, il fonctionne précisément comme *un mythe* : il nous raconte de belles «histoires»[22] destinées à recouvrir d'un vernis de justice la béance morale d'un monde soumis à la loi du plus fort.

---

[22]. Symptomatiquement, les économistes contemporains (de langue anglaise) aiment à présenter leurs théories et leurs modèles comme des «histoires». Donald McCloskey notait déjà cette tendance dans son article fondateur de 1983 : «Les économistes, surtout les théoriciens, sont constamment en train de tisser des "paraboles" et de raconter des "histoires". Le mot "histoire" [*story*] en est même arrivé à avoir une signification technique en économie mathématique, même si on le rencontre plus souvent sous forme orale dans les séminaires que sous forme écrite dans des articles. Il annonce un exemple du raisonnement économique qui sous-tend la formalisation mathématique, souvent une version simplifiée de la situation du monde réel que les mathématiques sont censées caractériser» («The Rhetoric of Economics», *Journal of Economic Literature*, vol XXI, juin 1983, p. 505 — ma traduction).

Chapitre 2

L'ART DE JOUIR

«Penseriez-vous, comme autrefois le vulgaire des lecteurs, que nous avons voulu privilégier la propriété foncière?»[1] Les arguments et les fables des économistes n'ont pas convaincu tout le monde. De nombreux critiques leur ont reproché en particulier de n'avoir conçu leur système que pour protéger et promouvoir les privilèges des (grands) propriétaires terriens. Tandis que certains remettaient en cause le principe même de la propriété privée des terres pour y dénoncer la racine de tous les maux sociaux (Morelly, Mably, Gosselin, Béardé de l'Abbaye), d'autres proposaient leur contre-fable au mythe du défrichement. Linguet, qui deviendra l'un des critiques les plus acerbes et les plus intéressants des économistes, peignait en 1767 un tableau bien différent de l'origine de la propriété foncière. Si l'on y remonte également de père en père, c'est pour aboutir sur autre chose que la sueur d'un premier épierreur :

> Je posséde un bien en Champagne : à quel titre? Mon pere me l'a laissé. Mais mon pere de qui le tenoit-il? Il l'avoit acheté, et le vendeur quel étoit son droit? Une autre vente, ou donation sans doute, faite à lui, ou à quelqu'un de ses prédécesseurs. Mais en remontant ainsi de propriétaire en propriétaire, il faudra bien trouver la

---

[1]. MIRABEAU, *La Science*, op. cit., p. 268.

> tige de toutes ces propriétés successivement transmises. Or on n'en trouvera pas d'autres que la violence du possesseur originaire qui s'en est emparé, et la prescription qui a couvert, consacré cette violence.[2]

Le livre second de son traité illustre une telle violence originelle de manière saisissante. *Il était une fois* des cultivateurs et des éleveurs regroupés en familles, sans besoin de lois ni d'institutions, tandis que dans les forêts alentour, des tribus de chasseurs poursuivaient leur gibier. Un jour pourtant...

> Une de ces meutes féroces que nous avons désignées sous le nom *d'hommes-chasseurs*, passa, après une battue inutile, à la vue des troupeaux apprivoisés, qui environnaient une des familles dont nous venons de parler. [...] Tous ceux qui la composoient fondirent sur ces troupeaux [...] En dévorant leur proie, les levres et les mains encore teintes de sang, en portant à leur bouche ces entrailles palpitantes, ils vinrent à réfléchir sur l'agrément qu'il y auroit à trouver tous les jours une subsistance aussi commode.[...] Après avoir égorgé une partie du troupeau, ils trouvèrent plus simple de s'en approprier le reste. Pour s'épargner tout embarras, ils en laisserent la garde à celui dont l'industrie l'avoit créé. Ils le chargerent de continuer à le nourrir et à le faire multiplier, en lui annonçant seulement qu'ils s'en reservoient la propriété, et en lui permettant d'en tirer aussi sa nourriture, pourvu que sa part ne fit point de tort à la leur. [...] De propriétaire il consentit à devenir

---

2. Simon-Nicolas-Henri LINGUET, *Théories des lois civiles ou principes fondamentaux de la société* (1767), Paris, Fayard, 1984, p. 31. Sur Linguet, cf. Daniel BARUCH, *Simon-Nicolas-Henri Linguet ou l'irrécupérable*, Paris, Julliard, 1991; Darline Gay LEVY, *The Ideas and Careers of Simon-Nicolas-Henri Linguet*, Urbana, University of Illinois Press, 1980; B. PASKOFF, *Linguet, Eighteenth-Century Intellectual Heretic of France*, Smithtown, Exposition Press, 1983; ainsi que le numéro spécial Linguet de la revue *Politeia. Revue du CPU de Reims*, No 1-2, 1998.

> fermier. [...] Son application au travail fut récompensée par l'esclavage.[3]

Les principaux ingrédients de la fable du défrichement sont bien là, mais inversés. En remontant de père en père et d'acheteur en acheteur, on tombe effectivement sur une scène d'appropriation originelle, mais elle se déroule dans le sang et la spoliation. C'est bien le travail qui crée les avances fondatrices de la propriété, mais ce n'est pas le travailleur qui en profite. C'est bien la raison du plus fort qui triomphe au terme de la fable, mais personne ne s'efforce ici de parer cette victoire des couleurs de la justice. Au lieu de résulter «nécessairement» du droit naturel, la possession actuelle de tel ou tel domaine n'est suspendue qu'à une usurpation primordiale recouverte ultérieurement du voile pudique de la prescription. Car la transmission des terres d'une génération à l'autre ne fait que perpétuer l'injustice qui a scellé leur attribution première : «l'hérédité des propriétés étant une fois convenue, celle des privations doit l'être aussi»[4]. L'origine de la propriété n'est pas séparable de celle du dépouillement.

Dans un texte ultérieur, Linguet résumera bien la différence d'attitude et de message qui l'oppose aux économistes :

> Je dis ce qui est, & vous ce qui doit être. Je présente aux malheureux individus qui forment la dernière classe de la société, & qui en portent tout le poids, l'idée consolante que leur état n'est pas naturel, que c'est une usurpation de leurs droits, que si eux ou leur postérité ont le courage un jour de s'en ressaisir, rien ne les en empêchera. [...] Vous au contraire, vous ne parlez que d'affranchissement, & en même tems vous dites à des millions d'hommes, qui gémissent sous le plus réel & le plus affreux esclavage, que leur position est

---

[3]. Ibid., p. 143, 145, 146 & 177.

[4]. Ibid., p. 462.

juste, qu'elle doit être ainsi, qu'elle est ordonnée de toute éternité par une sagesse incréée.[5]

Si tous les critiques des physiocrates ne sont pas aussi radicaux que Linguet, la plupart soulignent toutefois une aberration morale au coeur de leur définition du statut de propriétaire. Quoiqu'il ne vise probablement pas à dénoncer Quesnay et son école, Auxiron ne peut s'empêcher de se demander «comment a pu s'établir la propriété des terres» :

> [Voyons comment il a pu arriver] que les uns menant une vie parfaitement oisive et inutile, eussent acquis le droit de jouir de la plus grande abondance, & d'y faire vivre pour leur service une troupe de gens aussi inutiles qu'eux; tandis que d'autres, sous le poids d'un travail accablant, ne pourroient avoir qu'une quantité insuffisante de denrées les plus grossières, & ne verroient dans l'avenir qu'une vieillesse prématurée que leur attirera l'excès épuisant de leurs maux & que la perspective d'une misère affreuse & décourageante. [...] Il y aura donc des gens qui recueilleront dans les champs qu'ils n'auront pas ensemencés, & qui tireront du cultivateur sans lui rien rendre.[6]

Gosselin de son côté attaque directement le raisonnement des physiocrates sur les avances :

> Quel est donc ce producteur auquel vous vous intéressez si fort? N'est-ce pas ce riche propriétaire qui vend son grain et ses denrées fort cher, qui tranquille

---

[5]. Simon Nicolas Henri LINGUET, *Réponse aux docteurs modernes ou Apologie pour l'auteur de la Théorie des loix et des Lettres sur cette théorie, avec la Réfutation du système des philosophes économistes*, Paris/Londres, 1771, tome I, pp. 116-117.

[6]. Claude François Joseph d'AUXIRON, *Principes de tout gouvernement ou Examen des causes de la splendeur ou de la foiblesse de tout Etat considéré en lui-même & indépendamment des moeurs* (1766), Münich, Kraus-Thomson, 1980, tome I, p. 115 & 123.

> dans sa maison, jouit de tous les agrémens de la société & d'un bien à la production duquel il n'a peut-être pas eu la moindre part?
>
> Il y a beaucoup de part, me direz-vous sans doute, puisque la fécondité de la terre est due aux avances qu'il est en état de faire. Soit; mais ces avances, qui les lui a procurées? N'est-ce pas le travail de ceux que vous regardez comme ses mercenaires? Ainsi ces avances ne lui appartiennent que conditionnellement. Il en est tout au plus l'Econome.[7]

Ce que s'accordent à dénoncer tous ces critiques — et l'on pourrait en citer nombre d'autres allant exactement dans le même sens —, c'est l'aberration d'une oisiveté qui se voit récompensée par le fruit du labeur d'autrui. Les possesseurs de terres, entretenus par les rentes que leur apportent leurs fermiers ou leurs paysans, apparaissent comme une classe purement *parasitaire*. «Pourquoi donc existe-t-il des propriétaires?», demande Graslin. Pourquoi détourner à leur profit «la plus grande partie de la production, sans qu'ils aient donné leur travail»[8]?

Il est logique que dans de tels discours l'image dominante ne soit pas celle du défricheur ou du seigneur veillant à l'entretien de son domaine, mais au contraire celle d'un financier lointain — «portant dans les villes le fardeau de son oisiveté», comme le dit Graslin[9] — qui ne voit dans sa terre qu'une forme d'investissement. Béardé de l'Abbaye montre justement que cette fonction d'investisseur est fondamentalement la même,

---

[7]. Charles Robert GOSSELIN, *Réflexions d'un citoyen adressées aux notables sur la question proposée par un grand roi "En quoi consiste le bonheur des peuples & quels sont les moyens de le procurer"...*, s.l., 1787, p. 68. (Quoique tardif, ce texte exprime souvent des positions centrales dans la critique de la physiocratie.)

[8]. Jean-Joseph-Louis GRASLIN, *Essai analytique sur la richesse et sur l'impôt* (1767), Paris, Geuthner, 1911, p. 80

[9]. Ibid., p. 82.

qu'il soit propriétaire de biens fonciers ou «propriétaire de fabriques» : sa position est celle de quiconque «a placé un capital» dont, dans son cas particulier, «tous les labeurs de l'agriculture ne lui rapportent que l'intérêt»[10]. Dans un tel contexte et dans un univers mental où la notion d'intérêt est encore contaminée des relents de l'usure (et de la condamnation éthico-religieuse qui la frappe), le parasite risque de prendre tous les traits de la sangsue. [11]

Mais *pourquoi donc existe-t-il des propriétaires?* Quelle est la fonction qu'ils remplissent dans nos sociétés où «le droit de subsister est invariablement lié par l'ordre naturel au devoir de travailler», s'il faut en croire Du Pont de Nemours lui-même dans son *Abrégé des principes de l'économie politique*?

> Si l'inégalité des fortunes autorisée et protégée par l'ordre social, et résultante de l'usage même des droits de propriété, paraît dispenser, et dispense en effet quelques hommes du travail manuel, ils ne doivent jamais oublier que
>
> LE DROIT
>
> de jouir de leur richesse, acquise et conservée sous la protection de la société, leur impose
>
> LE DEVOIR
>
> de travailler pour cette même société, à peine de voler, par leur oisiveté, les secours et la protection qu'ils en ont reçus.[12]

---

10. BEARDE DE L'ABBAYE, *Recherches sur les moyens de supprimer les impôts, précédées de l'examen de la nouvelle science*, Amsterdam, Rey, 1770, p. 61.

11. Pour voir comment Adam Smith, et l'économie politique écossaise, redéfinira cette position parasitique, transmutant le «propriétaire» en «riche» puis en «capitaliste», cf. l'excellent article de Istvan HONT & Michael IGNATIEFF, «Needs and justice in the *Wealth of* Nations: an introductory essay» in *Wealth and Virtue : the Shaping of Political Economy in the Scottish Enlightenment*, Cambridge University Press, 1982, pp. 1-44.

12. Pierre Samuel DU PONT DE NEMOURS, *Abrégé des principes de l'économie politique* (1772), in DAIRE, *Physiocrates*, op.cit., 1ère partie, p. 382.

Fort bien, mais quel travail assigner au propriétaire qui ne se salit les mains ni dans la boue des champs, ni dans l'encre des comptes? Les réponses varient. La «fonction naturelle» du propriétaire apparaît d'abord être de veiller à la bonne marche de l'exploitation qu'il a fondée ou dont il a hérité : son «administration privée fait, entretient et perfectionne les avances foncières, les édifices, les préparations de toutes sortes qui précèdent et qui rendent plus fructifiants les travaux de l'*art productif*»[13]. On sent constamment, en lisant les physiocrates, que leur modèle est celui de l'entrepreneur agricole, qui investit non seulement ses fonds mais *ses soins* dans son domaine : «la charge première du propriétaire, c'est le soin de sa propriété»[14]. S'il ne travaille pas lui-même dans les champs, il n'en est pas oisif pour autant : sa tâche spécifique consiste à *faire travailler* ses paysans, que ce soit en leur fournissant les moyens (de production) adéquats ou en dirigeant leur effort de manière à maximiser leur productivité. Les opposants des économistes ont toutefois beau jeu de remarquer que, premièrement, nombre de propriétaires vivent dans les villes sans accorder personnellement le moindre «soin» à leur domaine, ni cesser pour autant d'en prétendre être les légitimes possesseurs, et que, deuxièmement, ces tâches d'administration sont précisément celles que l'on délègue habituellement à son fermier. Si le propriétaire doit avoir une fonction sociale propre, il faut la chercher ailleurs.

Les physiocrates en sont assez conscients pour développer d'autres arguments. Dans un texte essentiel dédié à justifier la transmission héréditaire des biens fonciers, les *Ephémérides du Citoyen* font ainsi appel à ce que l'on pourrait appeler un *souci du long terme*. Les propriétaires servent la société non

---

[13]. BAUDEAU, *Première introduction à la philosophie..*, op. cit., p. 691-2.

[14]. MIRABEAU, *Economiques*, op. cit., I, 285.

seulement en montant et en assurant la conservation d'entreprises productives prospères, mais aussi en se chargeant d'investissements dont les profits s'échelonnent à trop long terme pour être rentables dans l'espace d'une vie humaine. Telle est la justification fondamentale de l'hérédité des possessions, autorisant l'aberration seulement apparente d'un fils oisif profitant du travail de ses pères:

> La grandeur des *avances* qu'exigent ces ouvrages, & le long *espace de tems* que dure leur efficacité ne permettent pas qu'on les *exige*, ni même qu'on les *espere* d'un simple possesseur amovible et transitoire; & plusieurs d'entr'eux sont trop considérables pour qu'un usufruitier *à vie* veuille les entreprendre. [...] le seul moyen efficace est de les rendre *héréditaires* & *commerçables*.[15]

Il existe donc des propriétaires (qui se transmettent leurs biens de père en fils ou de vendeur en acheteur) parce que la société a besoin de certains investissements dont le profit échappe à la logique de la rentabilité immédiate. Ici encore toutefois, l'argument n'est pas imparable: les physiocrates eux-mêmes reconnaissent ailleurs que c'est à l'Etat qu'il appartient de lancer ces travaux de grande ampleur dont les revenus sont différés au-delà des intérêts individuels (tels que l'aménagement de routes ou de canaux).

Ils se tournent alors vers un autre type d'activités susceptibles de justifier l'existence (et les privilèges) des possesseurs de terres, celles que l'abbé Baudeau appelle «les travaux de l'art social». Cet art comporte selon lui trois versants: instruction, protection et administration. Les propriétaires fonciers en sont «naturellement» les experts «parce qu'ils ont

---

15. [BAUDEAU], article «De l'origine et de la nécessité des hérédités foncières», *Ephémérides du Citoyen*, 1967, tome II, p. 97.

plus de loisir, plus d'instruction, plus d'union fixe et immédiate avec les intérêts et les devoirs de la souveraineté»[16]. Quesnay avait relevé que dans son royaume agricole idéal de Chine «les revenus dont jouissent les grands propriétaires ne sont pas destinés à les retenir indignement dans l'oisiveté» :

> Les riches propriétaires sont établis par la providence pour exercer sans rétribution les fonctions publiques les plus honorables, auxquelles la nation doit livrer avec confiance ses intérêts et sa sûreté; ces fonctions précieuses et sacrées ne doivent donc pas être abandonnées à des hommes mercenaires sollicités par le besoin à se procurer des émoluments.[17]

Protection, défense, guerre, justice, magistrature, liées toutes à la propriété foncière : on aura reconnu une association de statuts et de fonctions qui n'a rien d'original, puisque c'est celle-là même qui définit la place de la noblesse dans l'ordre social de l'Ancien Régime[18]. L'abbé Baudeau ne songe même pas à dissimuler la métamorphose du second état d'hier en la première classe de demain : «la nature même de ses fonctions et de ses droits [de la classe propriétaire] la peut faire nommer aussi classe des nobles, et en ce sens, la noblesse, bien loin d'être une chimère, ainsi qu'on le dit quelquefois, est une réalité très utile aux empires civilisés»[19]. De l'administration du domaine à

---

16. BAUDEAU, *Première introduction à la philosophie économique*, op. cit., pp. 669 & 690.

17. François QUESNAY, «Despotisme de la Chine» (1767) in *Oeuvres Economiques et philosophiques*, éd. Onken (Peelman, 1888), Reprint Scientia Verlag, 1965, p. 656.

18. Pour d'excellentes mises au point sur la dimension politique de la pensée physiocratique, cf. Reinhard BACH, «Rousseau et les physiocrates: une cohabitation contradictoire», *Etudes J.-J. Rousseau*, No 11, 1999, pp. 9-82, et Loic CHARLES & Philippe STEINER, «Entre Montesquieu et Rousseau. La Physiocratie parmi les origines de la Révolution française», *ibid.*, pp. 83-160.

19. BAUDEAU, *Première introduction à la philosophie...*, op. cit., p. 669.

celle de la justice, du gouvernement des biens privés au gouvernement tout court, on le voit, le passage est on ne peut plus «naturel». Et ici encore, les physiocrates s'exposent à des réfutations ou à des sarcasmes faciles : leur «Science nouvelle» n'est-elle donc que le dernier rempart des prérogatives obsolètes de la noblesse? Est-ce vraiment pour que les nobles s'assurent la mainmise sur les institutions politiques qu'«il existe des propriétaires»? Les disciples de Quesnay ne portent-ils le masque des Lumières que pour perpétuer les préjugés et les privilèges de l'Ancien Régime?

C'est sous-estimer les économistes que de les croire prisonniers du passé. En même temps qu'ils ressassaient ces justifications bancales, ils en concoctaient une autre singulièrement plus puissante, assez radicalement tournée vers le futur pour faire encore recette en notre fin de vingtième siècle. Ecoutons Mirabeau l'introduire comme dernier terme de la synthèse qu'il offre aux arguments évoqués ci-dessus :

> je crois donc que le devoir du propriétaire se réduit en général à ces trois points : 1° bien entretenir leurs fonds, 2° fournir complettement et fidèlement aux charges publiques, 3° bien & loyalement, honnêtement & utilement dépenser leur revenu.[20]

C'est là le coup de génie central de la doctrine des économistes : la tâche essentielle des propriétaires dans l'ensemble social est de (bien) *dépenser leur revenu*. C'est ultimement en cela surtout qu'ils «travaillent» au bien commun.

Pour goûter cet argument dans toute sa saveur, il faut toutefois commencer par comprendre un des points qui a été le plus contesté dans leur doctrine, et qui la date irrémédiablement aux yeux des historiens (superficiels) de la pensée économique : le dogme de la productivité exclusive de l'agriculture. «*Que le*

---

[20]. MIRABEAU, *Economiques*, op. cit., I, p. 285.

souverain et la nation ne perdent jamais de vue que la terre est l'unique source des richesses, et que c'est l'agriculture qui les multiplie» affirme Quesnay dans sa troisième *Maxime*[21]. Plus précisément : «ce n'est que de la terre [...] qu'on peut obtenir un profit au delà des dépenses : tous les autres travaux ne peuvent rendre que la rétribution qui leur est payée»[22]. Alors que «l'artisan détruit autant en subsistance qu'il produit par son travail»[23], le cultivateur seul produit plus de richesse qu'il n'en consomme. Cette différence n'est pas due aux efforts du paysan; elle est «le résultat physique de la fertilité du sol». Alors que dans toutes les transactions entre humains, la valeur d'un produit se stabilise autour du montant des frais qu'a coûtés sa production, la nature gratifie le cultivateur d'«un pur don» : elle «ne marchande point avec lui pour l'obliger à se contenter du nécessaire absolu. Ce qu'elle donne n'est proportionné ni à son besoin, ni à une évaluation conventionnelle du prix de ses journées». L'agriculteur recueille donc «outre sa subsistance une richesse indépendante et disponible qu'il n'a point achetée et qu'il vend»[24]. Cette «plus-value» est ce que les physiocrates nomment *le produit net* (ou parfois *le revenu).*

On reconnaît ici un avatar de la générosité spontanée de la nature entrevue tout à l'heure à l'origine des sociétés humaines. De même que les premiers défricheurs ont trouvé assez de fruits pour soutenir leurs travaux dans l'attente de la première récolte, et de même qu'Adam aurait pu compter sur une chèvre

---

21. François QUESNAY, *Maximes générales du gouvernement économique d'un royaume agricole* in *Physiocratie*, op. cit., p. 238.

22. Victor de Riqueti, marquis de MIRABEAU, *Philosophie rurale* (1763), Réimpression Scientia Verlag, 1972, tome II, p. 159.

23. François QUESNAY, article «Grains» (1757) in *Oeuvres économiques*, op. cit., p. 234.

24. Anne-Robert Jacques TURGOT, *Réflexions sur la formation et la distribution des richesses* (1766), § 7, in *Ecrits économiques*, Paris, Calmann-Lévy, 1970, pp. 126-127.

nourricière s'il était né enfant — de même, année après année, la fertilité du sol ajoute-t-elle son bonus de «don pur» aux produits qu'en tirent les efforts des hommes. Comme l'explicite Quesnay dans le dialogue qu'il consacre à cette question, les humains peuvent bien *additionner* des richesses (déjà existantes) grâce à leur travail, mais seule la nature peut *créer* des richesses nouvelles[25].

La manière dont est construite cette catégorie du produit net indique assez qui va être «en droit» de s'approprier ce «surcroît de richesses qui forme le revenu des nations»[26]. Puisque ce surplus n'est pas le résultat des efforts *du travailleur* mais un pur don, dû uniquement à la fertilité naturelle de *la terre*, c'est au propriétaire de ladite terre qu'il doit «naturellement» revenir. En ajoutant ses avances propres à celles de la nature, c'est-à-dire en accroissant la fertilité de son fonds, le propriétaire ne fait que consolider ses prétentions naturelles sur cet excédent. Or, comme on l'a vu plus haut, pour les physiocrates, droits et devoirs sont corrélatifs. Et c'est ici que l'on retrouve la troisième fonction sociale de la propriété foncière évoquée tout à l'heure par Mirabeau : si recevoir le produit net est *le droit* naturel du propriétaire, cela ne va pas sans lui imposer un certain *devoir*, en l'occurence celui de «bien & loyalement, honnêtement & utilement dépenser ce revenu».

Au sein de la division sociale du travail, chacun a donc sa tâche : les laboureurs labourent, les cuisiniers cuisinent, les commerçants commercent et les propriétaires dépensent. Avec cette différence (pas forcément négligeable) que les premiers *travaillent* tandis que les derniers *jouissent*. «Les uns font naître [l]es richesses par la culture, les autres les préparent pour la

---

25. François QUESNAY, «Sur les travaux des artisans» (1766) in *Physiocratie*, op. cit., p. 364.

26. François QUESNAY, «Du commerce» (1766) in *Physiocratie*, op. cit., p. 316.

jouissance; ceux qui en jouissent payent les uns et les autres»[27]. *Faire naître* les richesses, les *préparer*, en *jouir* : voilà clairement définies les tâches respectives des trois classes sociales distinguées par les physiocrates. Avec cette nuance que dans leur hiérarchie (en cela très chrétienne), les derniers (en fait) sont devenus les premiers (en droit).

Contrairement aux tâches d'administration et de service politique dont il se dispense parfois, cette fonction de dépense-jouissance est la vraie raison d'être du propriétaire foncier : même s'il se sera «soulagé sur un autre de l'assiduité, des fatigues et des incertitudes de l'exploitation»[28], même s'il aura renoncé aux «travaux de l'art social», on devine qu'il sera toujours disposé à se faire un devoir de dépenser (c'est-à-dire de jouir)...

Pas n'importe comment toutefois. Si l'on «doit» dépenser «bien & utilement», c'est que l'on peut dépenser mal et de façon nuisible. Ne jouit pas (bien) qui veut. Les physiocrates consacrent une part considérable de leur énergie à enseigner à la classe propriétaire quelle doit être «la juste direction des dépenses»[29]. La règle en est simple : plus les dépenses tendent à augmenter le produit net, plus elles sont méritoires. Si vous investissez votre revenu dans l'amélioration de votre domaine, vous êtes un vrai bienfaiteur de l'humanité (tout en augmentant votre revenu de l'an prochain). Si vous dépensez votre argent en «luxe de subsistance», c'est-à-dire en produits de l'agriculture (légumes rares, fruits délicats, etc.), vous faites encore bien, puisque vous permettez à des cultivateurs de cultiver et que vous leur donnez ainsi l'occasion de solliciter le surplus de richesses fourni par la fertilité des terres. Si au contraire vous vous livrez

---

27. QUESNAY, article «Grains», op. cit., p. 234.

28. MIRABEAU, *Théorie de l'impôt*, op. cit., Supplément, p. 13.

29. DU PONT DE NEMOURS, *Abrégé des principes de l'économie politique*, op. cit., p. 379.

au «luxe de décoration», en achetant des objets inutilement coûteux produits par les artisans — ou, pire encore, si vous multipliez le nombre de vos domestiques —, vous dirigez alors vos dépenses sur des voies stériles qui «spolient» la société du produit net qu'eût généré un meilleur emploi. Par où l'on voit que la physiocratie est fondamentalement, pour les propriétaires, *un art de jouir*[30].

Pourquoi existe-t-il des propriétaires?, demandait Graslin. Parce qu'il faut bien que les travaux du cultivateur, de l'artisan et du commerçant soient payés par quelqu'un!, répondent les économistes. Dans le système qu'ils proposent, le propriétaire a une fonction essentiellement *causative*. Peu importe finalement qu'il travaille lui-même à l'administration de son domaine ou de sa nation puisque sa vraie fonction est de *faire travailler* le reste de la société. Qu'il fournisse les avances qui permettent aux laboureurs de labourer (plus efficacement) ou qu'il suscite leurs productions grâce à ses dépenses, dans les deux cas il est présenté comme la cause motrice de la machine sociale. Dans les deux cas, le génie de la causerie économiste consiste à avoir érigé son profit ou sa jouissance en un véritable impératif moral.

---

[30]. Sur ce point, voir l'excellent article de Pierre RETAT, «La jouissance physiocratique» in Gérard KLOTZ, *Ordre, nature, propriété*, Lyon, PUL, 1985, 179-191.

Chapitre 3

DEGOUTTANTE RICHESSE

Dans la division du travail telle que l'envisagent les économistes, la tâche du riche est donc de jouir. Le schéma de circulation que formalise Quesnay dans le fameux zig-zag de son Tableau Economique repose sur une paronomase : parce que les salaires des travailleurs *dépendent* de ce que les propriétaires *dépensent*, il est «naturel» que l'ordre social soit arrangé au profit de ces derniers[1]. Dans la lignée du scandale déclenché par Mandeville et sa *Fable des Abeilles* dès le début du siècle, l'économie politique des Lumières se plaît à renverser le sens commun : non seulement il faut que les uns travaillent pour que les autres puissent (avoir de quoi) jouir, mais il faut également que les seconds jouissent, c'est-à-dire dépensent, pour que les premiers puissent travailler (et en tirer un salaire).

Dans la mesure où l'on se représente l'économie comme une circulation de richesses et de biens, il peut apparaître indifférent de commencer la description en tel point du cercle plutôt qu'en

---

[1]. La contamination des deux termes se manifeste dès l'oeuvre de Cantillon : «Toutes les petites maisons dans une petite ville *dépendent* & subsistent de la *dépense* des grandes maisons; tous les Ordres & Habitans d'un Etat subsistent *aux dépens des* propriétaires des Terres» (*Essai*, op. cit., p. 17 — je souligne.)

tel autre[2]. En toute logique, on finira toujours par se retrouver à son point de départ; en bonne rhétorique, cependant, il y a là matière à mystifications sans nombre. Au premier rang desquelles celle-ci : parce que le riche *fait travailler* autrui (et lui remet un salaire en échange de sa sueur), on peut dire qu'il le *fait vivre*. C'est moi qui cultive votre champ, qui me lève chaque matin à l'aube pour le labourer, l'ensemencer, l'arroser et le moissonner, tandis que vous passez vos journées en robe de chambre à tremper votre brioche dans votre café au lait, mais c'est néanmoins *vous* qui me faites vivre, puisque c'est vous qui, en achetant la brioche, avez payé la farine d'où le meunier tire mon salaire. Que ladite farine soit en fait le produit de mon travail (plutôt que de votre oisiveté) tend à passer inaperçu.

C'est ce renversement logique qu'agence savamment la rhétorique économiste. «Il suffit d'établir [...] que la dépense commence tout ici-bas, qu'elle est la source du travail, celui-ci la source des richesses; les richesses, celle du revenu, qui fournit à la continuation des dépenses». «Ainsi la dépense est le premier objet à considérer dans le développement de l'ordre économique»; «car préalablement à tout, il faut que l'homme dépense journellement pour subsister & travailler à accroître & perpétuer sa subsistance»[3]. On l'a vu, il faut que l'agriculteur ait de quoi soutenir sa consommation pendant le temps qui sépare ses premiers efforts de la récolte des premiers fruits. C'est pourquoi, dans le modèle de circulation physiocratique, le travail ne peut pas être en position originelle. Pour que le travail *soit possible*, il faut qu'une dépense, un capital antérieurs viennent le nourrir. Le roman des origines met Dieu, ou sa nature (ou une

---

[2]. Sur cette question du point où l'on doit faire commencer la circulation des richesses, cf. Ronald L. MEEK, *The Economics of Physiocracy*, Harvard University Press, 1963, pp. 375 sqq. Voir aussi J.-R. BOUDEVILLE, «Les physiocrates et le circuit économique», *Revue d'économie politique*, mai-juin 1954, pp. 456-481.

[3]. MIRABEAU, *Philosophie rurale*, op. cit., tome I, pp. 2 & 22.

chèvre), en cette position de premier pourvoyeur de fonds. La théorie du social traduit cela en une *parthénogenèse des dépenses*. «Nous cherchons quelle est la source des dépenses : ce sont les dépenses elles-mêmes»[4].

Si, comme tous les membres de la société, les possédants ne reçoivent des droits qu'en échange de devoirs, l'impératif adamique de gagner son pain à la sueur de son front s'est considérablement adouci dans leur cas : *tu consommeras!* semble être la traduction moderne de ce qui est passé d'un devoir de travail à un «devoir de distribution»[5]. Comme l'explique en effet Du Pont de Nemours, «ce sont les consommateurs qui servent de chaîne à la société par le revenu qu'ils versent de toutes parts; c'est par le secours de leur dépense que les hommes qui ne possèdent que leurs bras acquièrent la faculté d'acheter du pain, de la viande, & des habits»[6]. Pour bien comprendre la modernité de la *société de consommation* décrite par les physiocrates, il faut toutefois faire un sort à deux accusations d'archaïsme habituellement lancées contre eux par les historiens de la pensée économique.

D'une part, on souligne, à juste titre, qu'ils ont été systématiquement hostiles à la constitution de «fortunes pécuniaires» accusées d'être «des richesses clandestines qui ne connaissent ni roi ni patrie». Ou pour citer d'autres *Maximes* de Quesnay : «Que les propriétaires et ceux qui exercent des professions lucratives ne se livrent pas à des épargnes stériles, qui retrancheraient de la circulation et de la distribution une portion de leurs revenus et de leurs gains»; «que la totalité des sommes du revenu rentre dans la circulation annuelle et la

---

4. Ibid., p. 18.

5. MIRABEAU, *Economiques*, op. cit., I, p. 351.

6. Pierre Samuel DU PONT DE NEMOURS, *De l'exportation et de l'inportation des grains* (1764), in *Oeuvres politiques et économiques*, Nendeln, KTO Press, 1979, vol. I, p. 65.

parcoure dans toute son étendue»[7]. C'est ici le mécanisme fondamental de l'accumulation du capital qui semble découragé. Les physiocrates en seraient restés à un modèle pré-capitaliste basé sur la redistribution immédiate des revenus. On pourrait sans doute multiplier les citations où l'on qualifie de «nuisibles» les «rentiers oisifs» qui «ne dépensent pas leur revenu», voire où on les exhorte carrément à «consommer aussi le capital»[8]. D'où l'impression qu'avec son utopie agreste, la secte décrit un monde aussi pré-capitaliste que pré-industriel, sans grand rapport avec le nôtre.

Une telle accusation est toutefois largement trompeuse. Quesnay et ses disciples ne cessent en effet de réclamer la constitution de «grandes fermes exploitées par de riches laboureurs» (maxime XV). En affirmant que «ce sont moins les hommes que les richesses qu'on doit attirer dans les campagnes» (maxime XII), ils présupposent que les avances à investir dans les activités productives auront dû être préalablement accumulées. Ce qu'ils dénoncent surtout, c'est la stérilité du «bas de laine» ou des réserves immobiles de métaux précieux sur lesquelles les mercantilistes voulaient voir s'asseoir les gouvernements. Ce qu'ils demandent, c'est que les richesses accumulées s'investissent en avances productives ou en consommations reproductrices.

S'ils sont incontestablement plus traditionalistes qu'un Turgot dans leur conception du capital, leur système ne demande que des altérations mineures pour s'adapter à une conception plus fluide des rapports entre fortunes pécuniaires et investissements productifs — comme le prouve assez le fait que Turgot lui-même n'ait pas perçu ses raffinements théoriques

---

7. QUESNAY, *Maximes générales du gouvernement économique d'un royaume agricole*, op. cit., maximes VII, XXI, XXVIII & XXIX.

8. François QUESNAY, article «Hommes», in *François Quesnay et la Physiocratie*, Paris, PUF-INED, 1958, vol. II, p. 562.

comme remettant sérieusement en cause le cadre de pensée physiocratique. Du Pont de Nemours paraîtra certes mettre des bâtons dans les roues de ses innovations conceptuelles en «corrigeant» les déclarations hérétiques des *Réflexions sur la formation et la distribution des richesses* au moment de les publier dans les *Ephémérides*. Il n'en est pas moins vrai que les disciples de Quesnay s'accordent avec lui pour mettre la notion (sinon le terme) de capital au coeur de leur système. Leur insistance à faire des dépenses la source des dépenses a pour pendant une insistance égale et parallèle à faire des richesses la source des richesses[9]: «il faut donc des richesses d'avance pour se procurer successivement d'autres richesses pour subsister»; «il faut des richesses pour produire des richesses»[10]. Comme on l'a vu à travers les images de chèvres originelles et d'ours léchant leur patte, toute leur doctrine à la fois encourage et présuppose la constitution de capitaux qui sont mis à la source ainsi qu'aux commandes du développement économique.

Le second archaïsme qui paraît interdire de voir en eux les pères de nos sociétés de consommation réside en leur condamnation, elle aussi insistante, du luxe. Contre Mandeville, Melon ou Voltaire, ils semblent s'allier aux moralistes rigoristes dans le grand débat qui fait rage à l'époque sur cette question. Ici encore toutefois, si leur position est sans doute «impure» du point de vue de l'idéologie économiste qu'ils ont contribué à établir, elle n'est pas sans lui ouvrir d'ores et déjà d'assez larges portes. Les physiocrates réarticulent en effet la question autour d'une distinction entre un *luxe de subsistance* (expression désignant essentiellement les productions agricoles de

---

9. Sur la complexité et les ambiguités de la notion de «richesse», cf. Jean-Yves GRENIER, «De la richesse à la valeur: les métamorphoses d'une notion au XVIIIe siècle» in Jacques BERCHTOLD et Michel PORRET (éd.), *Etre riche au siècle de Voltaire*, Genève, Droz, 1996, pp. 17-45.

10. Ibid., pp. 537 & 540.

consommation rapide, tels les légumes rares ou fromages de haut prix) et un *luxe de décoration* (les objets durables produits par les artisans, tels les meubles, horloges, tapisseries, bijoux et autres objets d'art). Si Quesnay demande «qu'on ne provoque point le luxe de décoration», c'est parce que celui-ci ne peut se développer qu'«au préjudice des dépenses d'exploitation et d'amélioration de l'agriculture, et des dépenses en consommation de subsistance, qui entretiennent le bon prix des denrées du cru, et la reproduction des revenus de la nation» (maxime XXII). Si le luxe de décoration est nuisible, c'est qu'il détourne vers des arts «stériles» des dépenses qui auraient pu multiplier la richesse du pays si elles s'étaient dirigées vers des produits des champs. Qu'un propriétaire décide d'acheter à haut prix des fruits délicats dont la culture aura coûté des dizaines d'heures de travail, le raffinement de ses papilles sera excusé, voire encouragé, parce qu'il aura contribué par sa consommation à «la reproduction des revenus de la nation»; qu'il décide en revanche de payer une fraction de cette somme pour acquérir un tableau qui pourrait charmer ses yeux, et le voilà condamné pour s'être livré au luxe de décoration. Si telle est bien la logique qu'a en tête Quesnay, on comprend que la position physiocratique dans le débat sur le luxe correspond moins à une condamnation de ce dernier qu'à une apologie infléchie seulement par le dogme de la productivité exclusive de l'agriculture[11]. Une fois que les théoriciens ultérieurs auront débarrassé l'économie politique des implications de ce dogme, la vision physiocratique des dépenses pourra être reprise sans problème majeur.

Quelle est donc cette vision? C'est d'abord celle d'une jouissance *fatalement contagieuse*. «Nous ne pouvons jamais

[11]. Comme le précise Pierre Rétat dans sa bonne et brève synthèse: «Quesnay ne condamne donc pas le luxe, il en fixe seulement la place dans un modèle de croissance harmonieuse, il en détermine les catégories et les conditions justificatives» («Luxe», *Dix-Huitième Siècle*, No 26 "Economie et Politique", 1994, p. 82).

nous proposer de jouir seuls et séparément des autres; il faut nécessairement qu'ils soient associés à l'accroissement de nos jouissances ou que nous renoncions à cet accroissement»[12]. La bonne compréhension de cette fatale contagion a de quoi désamorcer tout discours qui jouerait sur une opposition d'intérêts entre classes :

> les riches sont, il est vrai, dans l'abondance; et d'autant plus dans l'abondance qu'ils jouissent effectivement de leurs richesses; mais ils ne peuvent en jouir qu'à l'aide des autres hommes qui profitent de leurs dépenses, car les hommes ne peuvent faire de dépenses qu'au profit les uns des autres; c'est ce qui forme cette circulation constante de richesses sur laquelle tous les habitants d'un royaume bien gouverné fondent leurs espérances.[13]

On aura reconnu ici l'un des chevaux de bataille favoris de l'ultra-libéralisme contemporain. Sous le nom d'économie de l'offre (*supply-side economics*) ou de ce que l'on pourrait appeler *le principe de richesse dégouttante* — pour rendre le nom vulgaire qu'a pris cette théorie lors des années Reagan aux USA (*trickle-down economics*) — s'est développé tout un corps de doctrine fondé sur des bases remarquablement analogues à la dynamique des dépenses esquissée par les physiocrates. «Il est [...] évident que les productions ne peuvent se multiplier pour ceux qui en sont les premiers propriétaires qu'elles ne se multiplient en même temps pour tous les autres hommes qui travaillent à leur procurer les moyens de varier et d'augmenter leurs jouissances; qu'ainsi l'aisance et le bonheur de ceux-ci s'accroît en raison de l'aisance et du bonheur de ceux-là»[14].

---

[12]. LE MERCIER DE LA RIVIERE, *L'ordre naturel et essentiel*, p. 26.

[13]. François QUESNAY, *Despotisme de la Chine* (1767) in *Oeuvres économiques et philosophiques*, op. cit., p. 635.

[14]. LE MERCIER DE LA RIVIERE, *L'ordre naturel et essentiel*, p. 31.

L'offre en biens pour le commun des travailleurs augmentera pour autant qu'on laisse les détenteurs (de terres ou) de capitaux accroître leur fortune en paix (version *économie de l'offre*). La jouissance des uns fait le bonheur des autres. «Enrichir les salarians, c'est enrichir les salariés»[15]. Aussi excessives qu'elles puissent paraître, les sommes qui s'accumulent entre les mains des possédants finiront par ruisseler sur le plus pauvre manoeuvre au fil des dépenses dont ils irriguent généreusement la société (version *richesse dégouttante*).[16]

Le modèle de la richesse dégouttante met donc en place une structure dans laquelle l'intérêt commun apparaît comme appendu à celui des (gros) possédants. «Il est évident que le plus grand intérêt des classes laborieuses est de voir augmenter les revenus [entendons: *le produit net*], puisqu'ils sont la source où elles puisent le salaire de leur travail»[17]; «il importe donc à toute la société que la classe des cultivateurs [entendons: *des propriétaires*] ait un superflu considérable et ce ne peut être que dans l'abondance de ce superflu que consiste la prospérité publique»[18]. Ou comme le répète à l'envi Du Pont de Nemours : «la prospérité de l'humanité entière est attachée au plus grand

---

15. LE MERCIER DE LA RIVIERE, *L'heureuse nation ou relation du gouvernement des Féliciens*, Paris, 1792, tome II, p. 310.

16. Notons au passage qu'il en résulte une nouvelle estimation de la «valeur» des individus : «Plus les hommes peuvent faire de dépenses, plus ils sont utiles; moins ils peuvent dépenser, plus ils deviennent inutiles; ce qui les conduit à être nuisibles enfin par la pauvreté» (MIRABEAU, *Philosophie rurale*, op. cit., tome III, pp. 314-315). En ceci, les physiocrates parent aux critiques qui, sur leur aile "droite", leur reprochaient de menacer les privilèges ancestraux de la noblesse oisive : «Il faut que dans un Etat, tout soit utile au bien public, mais il n'est pas nécessaire que tout y soit de la même sorte d'utilité. L'*oisiveté* même a la sienne : ce qu'elle consomme est son tribut» (Charles Etienne PESSELIER, *Doutes proposés à l'auteur de la Théorie de l'impôt*, 1761, p. 167).

17. Louis P. ABEILLE, *Principes sur la liberté du commerce des grains*, Amsterdam & Paris, 1768, p. 121.

18. CONDORCET, *Du commerce des bleds*, op. cit., p. 11.

produit net possible, au meilleur état des propriétaires fonciers»[19]. La pleine logique de cet argument est généralisée et développée en termes parfaitement modernes dans le chapitre que Turgot consacre à la «Véritable notion de la circulation de l'argent», qu'il vaut la peine de citer dans son entier malgré sa longueur :

> On voit par ce qui vient d'être dit, comment la culture des terres, les fabriques de tout genre, et toutes les branches de commerce roulent sur une masse de *capitaux* ou de richesses mobilières accumulées qui, ayant été d'abord avancées par les entrepreneurs dans chacune de ces différentes classes de travaux, doivent leur rentrer chaque année avec un profit constant; savoir, le capital pour être reversé et avancé de nouveau dans la continuation des mêmes entreprises, et le profit pour la subsistance plus ou moins aisée des entrepreneurs. C'est cette avance et cette rentrée continuelle des capitaux qui constituent *ce qu'on doit appeler la circulation de l'argent*, cette circulation utile et féconde qui anime tous les travaux de la société, qui entretient le mouvement et la vie dans le corps politique, et qu'on a grande raison de comparer à la circulation du sang dans le corps animal. Car si par un dérangement quelconque dans l'ordre des dépenses des différentes classes de la société, les entrepreneurs cessent de retirer leurs avances avec le profit qu'ils ont droit d'en attendre, il est évident qu'ils seront obligés de diminuer leurs entreprises, que la somme du travail, celle des consommations des fruits de la terre, celle des productions et du revenu, seront d'autant diminuées, que la pauvreté prendra la place de la richesse, et que les simples ouvriers, cessant de trouver de l'emploi, tomberont dans la plus profonde misère.[20]

---

19. Pierre Samuel DU PONT DE NEMOURS, *De l'origine et des progrès d'une science nouvelle* (1768) § IV, in DAIRE, *Physiocrates*, op. cit., Partie I, p. 346.

20. TURGOT, *Réflexions sur la formation et la distribution des richesses*, op. cit., § LXVIII, p. 162

L'«état des propriétaires fonciers» n'apparaît ici clairement que comme un cas particulier de la position où se trouve tout détenteur de «capital» (notion dont Turgot est le premier grand penseur). Qu'il dépense son argent en consommations de luxe ou qu'il l'investisse dans des activités productives, dans les deux cas, la prospérité générale de la société est liée à sa satisfaction particulière : s'il maximise ses jouissances immédiates, il «restitue» ses richesses aux ouvriers qu'il salarie par ses dépenses; s'il place sa fortune dans des investissements à long terme, il «anime les travaux de la société» et «entretient la vie dans le corps politique». Tous ont donc intérêt à le voir prospérer, puisque l'activité de tous a besoin d'être «fécondée» par les richesses qui dégouttent du surplus qu'il aura amassé.

Est-il encore nécessaire de mettre en lumière les biais dont participe une telle logique? C'est «le produit net qui salarie le peuple», dit par exemple Condorcet, «moins de produit net, moins de salaire, et par conséquent moins d'argent dans la bourse de l'homme salarié, par conséquent moins de moyen pour lui de payer le blé à quelque prix qu'il soit»[21]. Si l'on veut pourtant raisonner en termes de *salariants* (les «entrepreneurs») et de *salariés* (les ouvriers de l'agriculture, de l'industrie ou du commerce), il suffit de déplacer légèrement le point de vue adopté pour faire apparaître (1°) que le produit net (redéfini et rebaptisé, moins d'un siècle plus tard, «plus-value») peut tout aussi légitimement apparaître comme un prélèvement opéré sur les fruits du travail des salariés; (2°) qu'en conséquence, moins de produit net soustrait de leur salaire leur laisserait non pas *moins*, mais *plus* de revenu; (3°) que la consommation générale se soutient aussi bien des dépenses (plus modestes) d'une

[21]. Marie Jean Antoine Nicolas Caritat de CONDORCET, *Du commerce des bleds, pour servir à la réfutation de l'Ouvrage sur la Législation et le Commerce des grains*, Paris, 1775, pp. 71-72.

multitude de salariés que de celles (plus fastueuses) d'une minorité de gros possédants; (4°) que même si, à notre époque, on ne va généralement plus jusqu'à remettre en cause *les voies* de la circulation esquissée par ce modèle (c'est-à-dire le fait que la prospérité commune doive passer par un certain profit des investisseurs), la vraie question est de déterminer *le montant* de ce profit que, pour reprendre les termes de Turgot, les entrepreneurs sont «en droit d'attendre» de leurs avances; enfin (5°) que ce qui demande à être analysé aujourd'hui, non moins que les mécanismes économiques eux-mêmes, c'est peut-être surtout la rhétorique déployée par les partisans de la dégouttante richesse, lesquels menacent constamment «les simples ouvriers» de tomber dans «la plus profonde misère» sitôt que l'on envisage de réduire d'un centime le profit des entrepreneurs.

Au reste, il n'est pas besoin d'attendre Marx pour voir cette mystification dénoncée. La résistance à la logique économiste s'est manifestée dès les premières expressions de celle-ci. Le penseur le plus intéressant à cet égard est sans doute Jean-Joseph-Louis Graslin, dont l'*Essai analytique sur la richesse et sur l'impôt* de 1767 représente à la fois une critique des physiocrates et l'esquisse d'une alternative proprement radicale à la vision promue par l'économie politique classique. A partir d'une définition profondément originale de la notion de valeur, il élabore un système qui lui permet de relativiser les prétendues «évidences» des économistes en dénonçant le «point de vue» biaisé sur lequel elles se fondent. Ecoutons-le appliquer sa critique à l'argument de la richesse dégouttante :

> [Les Ecrivains Economistes] pourront dire que [...] dans l'état actuel des choses, il est utile aux pauvres mêmes que le riche propriétaire dépense tout son revenu; puisque c'est cette dépense du riche qui fait vivre le pauvre, et que le superflu du premier est devenu le nécessaire du second.

> Cette maxime paroît si évidente, qu'elle a peut-être été adoptée par tous les hommes qui ont écrit, parlé, ou pensé sur cette matière : ce qui ne vient encore que du point de vue sous lequel elle s'est présentée. Il n'est point de paradoxe qui n'ait son côté vrai; et il ne s'agit que de le restreindre au rapport particulier sous lequel on peut l'admettre.
>
> Si au lieu de s'arrêter aux premières apparences qui font voir une foule d'hommes vivant des dépenses des riches, on eût examiné les résultats généraux de la société [...], on eût pu soupçonner alors que, si les dépenses des riches font vivre un grand nombre d'hommes, il faut que, par leur principe même, elles enlèvent la subsistance d'un plus grand nombre : on eût pu entrevoir que ceux même qui paroissoient tenir leur subsistance de cette dépense, l'eussent trouvée plus facilement sans cela; qu'ainsi, s'il est un sens où on puisse dire que le superflu des riches soit le nécessaire des pauvres, c'est parce que les premiers consomment en superfluités la subsistance de ceux-ci.[22]

Au lieu de se mettre en position d'«examiner les résultats généraux de la société», les économistes construisent leur système en adoptant «le point de vue» particulier du propriétaire (de terres ou de capital). Le biais fondamental qui déforme la vision des physiocrates vient de ce qu'«on a commencé très gratuitement le cercle des échanges par les achats que fait la classe propriétaire, autrement [dit], par la dépense de son revenu»[23]. Or si l'on cherche à se faire une «véritable notion de la circulation de l'argent», il faut remonter plus haut : «celui même qui a reçu cet argent du propriétaire de la denrée du sol ne l'a reçu que comme le produit de sa propre richesse, qu'il a

---

22. GRASLIN, *Essai analytique sur la richesse...*, op. cit., pp. 102-103.

23. Ibid., p. 87. Mirabeau soutiendra précisément que «toute la science consiste à bien discerner le commencement dans ce cercle, l'erreur consiste à s'y méprendre» (*La Science*, op. cit., p. 260).

donnée à ce propriétaire»[24]. Autrement dit: pour peu qu'on les replace dans le circuit général de la circulation des biens et des services, les sommes que le propriétaire dépense ou investit si généreusement apparaissent comme étant le produit du travail antérieur de ses employés. A considérer les choses de cet autre point de vue, les salariants ne font que s'approprier et redistribuer des richesses qui leur viennent en fin de compte toujours des salariés. A l'abbé Baudeau répétant que «la plus grande richesse des Propriétaires est à l'avantage des classes laborieuses», Graslin objecte «que ces Propriétaires ne donnent exactement rien & qu'ils ne font qu'échanger les productions, qui sont le fruit du travail de vingt hommes, contre des objets qui sont le fruit du travail de vingt autres & dont ils jouissent exclusivement»[25]. Graslin est ici rejoint par Linguet selon lequel «la richesse n'est que le superflu qu'un individu entasse autour de lui», superflu qui ne peut «résulter que de la réunion de beaucoup de petites parts enlevées à tous les autres». Dès lors, «sa prétendue générosité n'a pu être qu'une restitution de quelque partie des fruits de leurs travaux qu'il s'était appropriée»[26]. C'est aussi le point de vue qu'a adopté toute sa vie Rousseau, comme en témoignent entre autres les fragments «Sur les richesses» où il exclut toute possibilité pour le riche de *donner* quoi que ce soit (en acte de bienfaisance), puisque sa fortune lui vient nécessairement de ce qu'il aura enlevé à autrui : «comment est-il possible de s'enrichir sans contribuer à appauvrir autrui, et que diroit-on d'un homme charitable qui commenceroit par

---

[24]. Ibid., p. 84.

[25]. Jean-Joseph-Louis GRASLIN, *Correspondance entre M. Graslin et M. l'Abbé Baudeau sur un des principes fondamentaux de la doctrine des soi-disants Philosophes Economistes* (1777), Catania, C.U.E.C.M., 1988, p. 57.

[26]. Simon-Nicolas-Henri LINGUET, *Du pain et du bled*, Londres, 1774, pp. 268-269, & *Théorie des lois civiles*, op. cit., p. 445.

dépouiller tous ses voisins pour avoir ensuite le plaisir de leur faire l'aumône?»[27]

Un tel changement de point de vue a pour conséquence (ou cause) un renversement essentiel : au lieu d'apparaître comme solidaires, la prospérité des salariants et celle des salariés sont ici antagonistes. «Les propriétaires ne font pas seuls la nation. Leur richesse est, le plus souvent, en diminution de celle des autres Citoyens»[28]. L'accumulation de biens ou de pouvoir d'achat dans les mains de certains particuliers ne contribue en rien au bien-être de la société dans son ensemble : «la dépense de ceux qui ne mettent rien à la masse du travail est absolument nulle pour la richesse, [...] il n'en résulte qu'un déplacement dans les jouissances»[29].

---

27. Jean Jacques ROUSSEAU, "Sur les richesses" in *Oeuvres complètes,* tome V, éd. Gagnebin & Raymond, Paris, Gallimard, 1995, p. 472.

28. GRASLIN, *Correspondance entre M. Graslin et M. l'Abbé Baudeau* , op. cit., p. 44.

29. GRASLIN, *Essai analytique*, op. cit., p. 109. Cette idée d'un «déplacement de jouissances» revient, de manière significative, sous la plume de Linguet : «ce que nous appelons opulence n'est dans le fait qu'un déplacement de possession» (*Du pain et du bled*, op. cit., p. 266). Une telle notion ne peut que paraître saugrenue à l'économisme dont la tendance constante est de s'intéresser à la masse agrégée de jouissances sans trop se demander comment celles-ci sont réparties entre les différents membres de la société. Il est significatif par exemple de voir Quesnay, dans son *Tableau économique*, commenter l'hypothèse d'un million de propriétaires se patageant 600 livres de revenu chacun: «Les 600 millions de revenu peuvent être partagés à un plus petit nombre de propriétaires : dans ce cas, moins il y aurait de propriétaires, plus la dépense de leur revenu surpasserait la consommation que chacun d'eux pourrait faire personnellement; mais ils feraient des libéralités, ou rassembleraient d'autres hommes pour consommer avec eux ce que leur revenu fournirait pour leur dépenses : ainsi ces dépenses se trouveraient distribuées à peu près comme s'il y avait un plus grand nombre de propriétaires bornés chacun à une moindre dépense. On doit penser de même de l'inégalité des gains ou des profits des hommes des autres classes [...] la dépense même des riches n'est qu'une transmission distributive de dépenses, qui s'étend à tous les autres citoyens selon l'ordre de leur salaire» («Tableau Economique» in *Physiocratie*, op. cit., pp. 102-103.) En d'autres termes, peu

Ce qui se met en place dans cette divergence entre physiocrates et anti-physiocrates, c'est bien le conflit idéologique majeur qui a scindé toute l'histoire de l'économie politique, et de la modernité qui lui est contemporaine. Deux réseaux de filiations dans le long terme se dégagent entre, d'un côté, Quesnay et ses disciples, Turgot, Smith, Ricardo, les néo-classiques et les prix Nobel de l'université de Chicago, et de l'autre côté Rousseau, Graslin, Linguet, les Robespierristes, Sismondi, Goodwin, l'économie politique marxiste et les dénonciateurs récents de la «pensée unique». On aura l'occasion d'observer, au cours des chapitres ultérieurs, comment ils s'opposent sur les questions (fortement liées entre elles) du rôle à jouer par l'Etat dans la sphère économique, de la définition de la liberté ou de la conception de l'égalité. Il faut commencer ici par comprendre la nature de leur opposition. Il ne s'agit pas d'un conflit entre deux théories rivales — sur le modèle de l'opposition entre les conceptions ptolémaïques et coperniciennes du système solaire — conflit au cours duquel l'une des théories peut espérer «vaincre» et éliminer sa rivale. Les arguments de Rousseau et de Quesnay, les conclusions de Marx et de Ricardo, les raisonnements des néo-libéraux et de leurs critiques contemporains peuvent parfaitement être *à la fois incompatibles*, contradictoires, mutuellement exclusifs, et *également valides*, aussi vrais et irréfutables d'un côté que de l'autre.

On peut évoquer ces images d'Escher où il est également vrai d'affirmer que tel escalier monte ou qu'il descend. On peut s'inspirer de ce que la physique quantique a développé, au titre de la *complémentarité*, pour rendre compte de phénomènes que les observateurs analysent à la fois par une explication en termes d'onde et par une explication en termes de particule — toutes

---

importe comment les richesses *se distribuent* pourvu qu'elles circulent. Une grande artère unique fera aussi bien l'affaire qu'une multitude de capillaires.

deux également convaincantes, quoique incompatibles entre elles[30]. L'important est de comprendre que la grande scission idéologique de la modernité repose sur *un choix de points de vue* conduisant à deux *interprétations* (rivales) des faits économiques entre lesquelles on ne saurait simplement *choisir son camp.* Même si (ou du fait que) ces deux interprétations sont en dernière analyse incompatibles entre elles, la seule attitude constructive consiste à les *mettre en balance* pour éviter, au cas par cas, les conclusions conduisant à des scandales trop patents d'un côté ou de l'autre.

Esquissons brièvement les perspectives complémentaires dans lesquelles ces deux points de vue se situent. Approchée depuis la «droite» — pour reprendre une métaphore spatiale qui a traversé la modernité depuis la révolution française, et à laquelle il ne serait peut-être pas mal venu de rendre un peu d'énergie — l'interaction entre agents économiques apparaît comme *un jeu à somme positive*, une possibilité de création absolue de valeur. Selon le modèle fameux mis en scène par Adam Smith à travers l'exemple de la fabrique d'aiguilles, mais dans la logique duquel opère déjà la pensée physiocratique, la productivité du travail humain peut être (indéfiniment) multipliée par l'introduction de nouveaux développements technologiques générant, globalement, un surplus de biens dont, en principe, chacun est appelé à bénéficier. Or, d'une part, la réalisation de ces développements nécessite la disponibilité de capitaux préalablement accumulés; d'autre part, rien ne semble mieux garantir l'efficacité maximale dans l'investissement de ces capitaux que la liberté accordée à leur détenteur de les placer où son intérêt particulier les pousse. Qu'on laisse donc au

---

30. Sur le concept de complémentarité, voir Niels BOHR, *Physique atomique et connaissance humaine*, Paris, Gonthier, 1961, ainsi que Sven ORTOLI & Jean-Pierre PHARABOD, *Le cantique des quantiques*, Paris, La Découverte, 1985.

capital(iste) la tâche de diriger le développement économique, et tout le monde, ouvriers compris, bénéficiera de la moisson de biens ainsi créés, dont la cause motrice aura été le capital. Il est nécessaire que l'entrepreneur puisse tirer un profit financier des innovations technologiques qu'il aura induites: que ce soit pour récompenser son ingéniosité, ses efforts ou les risques qu'il a pris, ou pour l'inciter à lancer d'autres entreprises similaires, la société a tout intérêt à le laisser profiter du revenu de ses investissements. Quels qu'en soient les bénéfices, personne ne peut les lui envier, puisque sans lui ils n'auraient pas été générés du tout. Ses profits ne spolient nul autre membre de la société, puisqu'il se contente de récolter les fruits que son initiative a créés *ex nihilo*. Même si le résultat ainsi obtenu est le bonheur commun, conçu comme résultant de la multiplication des biens produits, le *point de vue* adopté par la droite pour considérer ce bien commun est celui du *capital(iste)* : la circulation se met en marche au moment où «un homme a des richesses mobiliaires à employer; il commence par examiner quel sera l'emploi le plus utile pour lui...»[31]. *Au commencement étaient les richesses* (fût-ce sous la forme minimale de la chèvre originelle), ou, pour parler avec Turgot, au commencement est un entrepreneur se sentant «en droit d'attendre un profit» des avances qu'il songe à investir — et dont on admet toujours implicitement qu'il les a légitimement accumulées. Que les richesses en question passent en investissements (version proprement *capitaliste*, «économie de l'offre») ou en simples dépenses (version *consumériste*, «trickle down»), dans les deux cas — quoique par des modalités différentes et inégalement bienfaisantes — elles finissent par dégoutter sur la collectivité, au profit de tous, y compris du plus modeste manoeuvre.

Considéré depuis la «gauche», le même phénomène prend une signification toute différente. Le point de vue adopté est ici

[31]. LE MERCIER DE LA RIVIERE, *L'ordre naturel...*, op. cit., p. 178.

celui du travailleur ou, plus précisément peut-être, celui du *travail* (et de la «récompense» financière qu'il «mérite»). Les développements technologiques et le capital n'apparaissent pas ici comme des réalités indépendantes, mais comme les produits d'un travail préalable. Quelle qu'ait été la dotation initiale de l'humanité en fruits spontanés de la nature, l'économie *politique* commence avec la fabrication d'outils. Or ceux-ci, de la faux à la machine à vapeur et à l'ordinateur, sont *le produit d'efforts individuels et collectifs fournis par des travailleurs* (paysans ingénieux, ingénieurs professionnels, métallurgistes, manoeuvres sur une chaîne de montage, etc.). Les gains de productivité assurés par les innovations technologiques peuvent certes se traduire en gains financiers concentrés dans les mains des innovateurs. La source de ce capital est alors à chercher en partie dans le travail qu'ils ont fourni, en partie dans la contingence historique qui leur permet d'obtenir pour ce travail des revenus supérieurs à la moyenne grâce à l'avantage comparatif que leur accorde leur innovation (variante du «droit de vitesse» évoqué au premier chapitre par Mirabeau). Cela *explique* le *fait* de l'accumulation d'un capital en de certaines mains sans toutefois suffire à la *justifier* en *droit.* Car si l'on s'en tient au point de vue *du travail* (et de sa récompense), qui définit la perspective de la gauche, l'accroissement des revenus acquis grâce à l'avantage comparatif est le plus souvent sans proportion avec l'accroissement de l'effort fourni (qu'on mesure celui-ci en termes de temps ou d'intensité). Le capital des «entrepreneurs» s'est constitué à partir de revenus qu'ils ont reçus sans les *mériter.* Une fois que leurs efforts ont été rémunérés dans les marges des taux de salaire communs, ce sont *tous* les membres de la société qui doivent bénéficier des gains de productivité apportés par l'innovation dont ils auront été les vecteurs. Vue depuis la gauche, toute accumulation de richesses dans les mains d'un individu qui serait sans proportion avec le taux moyen de rétribution du travail n'est donc que la somme de «petites parts enlevées à tous les autres» (Linguet). Celui qui en bénéficie «dépouille tous ses voisins» (Rousseau) de ce qui devrait leur revenir de droit. Le jeu est bien à somme positive si l'on considère les deux états de la société dans son ensemble, avant et après l'introduction de l'innovation technologique; mais il est *à somme nulle* si l'on considère la répartition des richesses à l'intérieur de chaque état synchronique donné : ce que l'entrepreneur/capitaliste reçoit au delà de ce que son travail mérite (dans les marges des taux moyens de rémunération) est bien *soustrait* aux rémunérations des autres travailleurs.

On aurait beau jeu de souligner combien, du point de vue de la gauche, l'approche économiste dépeint une réalité qui va à l'envers du sens commun. Dans cette image en effet, c'est le capital qui travaille et les ouvriers qui vivent à ses crochets... Mirabeau dit ne s'être *converti* à la physiocratie qu'en acceptant de renverser le raisonnement qui avait fait de lui l'Ami des Hommes : il avait pensé jusqu'alors «que c'étoient les hommes qui étoient le principe des richesses, & il falloit dire que c'étaient les richesses qui étoient le principe des hommes»[32]. Pour simplifier : on est économiste (ou on ne l'est pas) selon qu'on croit que c'est le capital qui engendre le travail (ou l'inverse). «Les habitants des villes croient ingénûment que ce sont les bras des paysans qui cultivent la terre [...] Ce sont les richesses des *fermiers* qui fertilisent les terres, qui multiplient les bestiaux, qui attirent et fixent les habitants des campagnes et qui font la force et la prospérité de la nation»[33]. Il serait facile de reprocher à une philosophie qui se voulait *rurale* d'avoir mis «la charrue avant les boeufs»[34]...

Il faut pourtant aller au delà de telles attaques, où chaque côté du miroir peut aisément reprocher à l'autre de voir le

---

32. MIRABEAU, *Economiques*, op. cit., I, p. 234.

33. QUESNAY, «Fermiers», art. cit., pp. 188-189.

34. MIRABEAU, *Economiques*, op. cit., I, p. 236.

monde à l'envers. Aussi squelettique que soit cette synthèse des deux points de vue, elle devrait suffire à illustrer la nature de leur rapport, à la fois exclusifs, contradictoires et complémentaires. On peut multiplier les sommes nulles de coupes synchroniques sans jamais rendre compte du gain de croissance observé dans la diachronie; on peut débattre sans fin sur la primauté du capital ou du travail, sans jamais pouvoir déterminer lequel doit (de fait ou de droit) «venir avant l'autre». Du paradoxe de Zénon à la circularité de la poule et de l'oeuf, il s'agit moins de choisir une approche (au nom de laquelle on rejetterait l'autre) que de *trouver des moyens de contourner les impasses* auxquelles on aboutit en essayant de les concilier.

On aura compris que le résumé des positions de «la droite» et de «la gauche» esquissé ci-dessus est — littéralement — *anachronique* (en ce sens qu'il est projeté depuis notre présent sur le passé). Il ne prétend pas refléter *la pensée* des auteurs du XVIIIe siècles cités dans les pages qui précèdent, mais bien *deux logiques* (supra-personnelles) qui ont traversé, au-delà de leurs oeuvres, les deux derniers siècles de l'histoire occidentale. Ni Graslin, ni Linguet, ni même Rousseau ne se seraient reconnus dans le cadre où je viens de réinscrire leurs citations. Si l'oeuvre de Marx a sans doute fait beaucoup pour expliciter le point de vue de la gauche, c'est un des buts de ce livre de montrer — après d'autres — que de nombreux pans de son argumentaire étaient déjà en place dès les années 1760, et cela en grande partie à l'occasion des débats générés en réaction à l'oeuvre des physiocrates. On n'a toutefois pas affaire — ni au XVIIIe siècle, ni probablement plus tard — à deux «écoles» clairement constituées selon des lignes de démarcations théoriques rigoureuses. Cela saute aux yeux du côté des anti-physiocrates qui non seulement se présentent en ordre dispersé et sans aucune coordination, mais qui surtout entrent dans le débat avec des objectifs, et à partir de présupposés, dont l'incompatibilité est patente — du projet démocratique de

Rousseau au cynisme conservateur de Galiani et au plaidoyer esclavagiste de Linguet.

Un certain nombre d'inconsistances sont observables aussi du côté des physiocrates, malgré la remarquable cohérence de leur doctrine. Quoiqu'ils aient mieux réussi que quiconque parmi leurs contemporains à se constituer en une école porteuse d'une voix collective unique et homogène, leur oeuvre n'en est pas moins traversée de nombreuses failles par où la logique de leurs opposants s'infiltre subrepticement. On en prendra pour exemple un passage de l'article «Hommes», qui nous ramène au thème de la richesse dégouttante. Quesnay commence par y poser le raisonnement, maintenant familier, du profit contagieux des dépenses du riche : «tout ce qu'un homme dépense de ses gains, ou de ses revenus, profite à d'autres hommes, et retourne à la source qui l'a produit et la renouvelle [...] Le riche qui jouit ainsi de ses richesses les rend à la société». D'où la conclusion (d'ordre normatif, cette fois) : «On ne doit point gêner les riches dans la jouissance de leurs richesses ou de leurs revenus, car c'est la jouissance des riches qui fait naître et perpétue les richesses [de la société dans son ensemble]». Entre ces deux citations s'est toutefois inséré un long paragraphe qui sape en sous-main les bases du raisonnement et le fait basculer dans la logique opposée :

> Tout homme est profitable à l'Etat par sa consommation : oui, lorsqu'il restitue cette consommation par ses travaux, ou par son utilité en contribuant, directement ou indirectement, à la production de ce qu'il consomme ou de ce qu'il s'approprie, car s'il ne rend pas à la masse des richesses la valeur de ce qu'il en retranche, il faut nécessairement qu'elle diminue; mais s'il paye ce qu'il consomme, ne le restitue-t-il pas par sa dépense? Non s'il ne la gagne pas; car s'il ne paye qu'avec le bien qu'il a en propriété, il rapporte tout au plus à la masse des richesses ce qui en

> est tombé en sa possession; mais il ne sert point par lui-même à la reproduction de ce qu'il consomme, or *les richesses ne renaissent et ne se perpétuent que par les travaux des hommes*: ainsi *tout homme qui ne travaille point au renouvellement des richesses qu'il s'approprie ou qu'il consomme, anéantit sans retour ce qu'il détruit par sa consommation.* Il paraît à la vérité le restituer à la société en lui payant ce qu'il consomme, mais toujours est-il certain que la portion des richesses qu'il détruit par sa consommation sera de moins dans sa reproduction, s'il est vrai qu'il ne contribue point pour sa part, directement ou indirectement, à cette reproduction. [...] Sa consommation est donc en pure perte, [...] elle est prise sur le travail des autres hommes.[35]

Dans sa condamnation des «rentiers oisifs», Quesnay anticipe, presque mot pour mot, la critique que Graslin adressera dix ans plus tard à son école. On pourrait résorber le problème posé par cette étonnante convergence en évoquant le statut éditorial ambigu de l'article «Hommes», que Du Pont de Nemours a fini par ne jamais intégrer à la publication du corps de doctrine légué par le maître. En tenant compte du fait qu'un tel passage n'est toutefois nullement isolé dans l'oeuvre des physiocrates, on pourrait, de manière plus convaincante, soutenir qu'il s'agit là d'une des «impuretés» de leur théorie, d'un des points où leur doctrine, quoique esquissant l'économie politique classique, reste encore prisonnière de modes de pensée pré-capitalistes. J'aimerais suggérer ici une autre interprétation, qui vise au coeur de l'articulation des deux logiques esquissées tout à l'heure.

Si Quesnay peut converger avec Graslin dans la condamnation du «rentier oisif» (dont les richesses apparaissent comme *soustraites* à la masse commune), c'est que la physiocratie se veut *une science morale*, non seulement au sens

[35]. QUESNAY, Article «Hommes», op. cit., p. 561. (Je souligne.)

général que l'adjectif avait encore au XVIIIe siècle (équivalent actuel de nos sciences *sociales*), mais bien au sens où une dimension *éthique* est essentielle aux prétentions de l'école. Leur ambition était de traduire en chiffres les impératifs moraux imposés à chacun par le «droit naturel». On a déjà lu que l'article du même nom rédigé par Quesnay constituait le «fondement» sur lequel leur science devait être édifiée, et on a vu aussi à quel point cette assise éthique reposait sur la notion de *travail* : les *droits* dont jouit l'individu, à commencer par celui de propriété, ne sont que le pendant de *devoirs*, dont «l'obligation du travail» est le plus fondamental. Or le travail — en tant qu'on y fait appel pour justifier la distribution des richesses — est le talon d'Achille de la morale économiste (dans sa version «vulgaire», puisqu'on verra que certains de ses avocats plus conséquents en reconnaissent la faiblesse argumentative). Tant que cette idéologie se contente de décrire la mécanique sociale de circulation et de reproduction des richesses, elle peut *expliquer la nécessité (de fait)* d'une accumulation de biens ou de capitaux en quelques points du circuit. Lorsqu'au contraire elle s'aventure à vouloir *justifier en droit* une telle accumulation, elle s'engage dans une impasse[36]. Les économistes contemporains semblent en avoir pris leur parti lorsqu'ils évoquent un *trade-off* (perçu comme extérieur à leur discipline) entre efficacité productive d'un côté et justice distributive de l'autre. Si la doctrine physiocratique est «impure», c'est donc en ce qu'elle prétend intégrer des soucis de justice dans la description des phénomènes économiques. Et c'est dans la mesure où nos sociétés *résistent* à l'idée d'une approche radicalement *amorale* de la réalité économique que les porte-parole de l'économisme sont contraints de recourir à des

[36]. Les analyses de Jean-Pierre DUPUY offrent une bonne discussion des auteurs qui se sont attaqués à ce type d'impasse, en particulier dans *Libéralisme et justice sociale. Le sacrifice et l'envie*, Paris, Calmann-Lévy/Hachette «Pluriel», 1992/1997.

notions comme le «mérite individuel», basées en dernière analyse sur le travail, pour tenter de justifier en *droit* une accumulation de richesses qui ne s'explique que par le *fait* de rapports de force inégaux[37].

De telles inconsistances et de telles résistances — que l'on pourrait d'ailleurs relever aussi bien dans les discours venant de la «gauche» (socialiste) que dans ceux en provenance de la «droite» (économiste) — ne doivent pas surprendre. Elles résultent du rapport de complémentarité qui articule les deux logiques en présence. Cette complémentarité empêche qu'aucune des deux puisse à elle seule rendre compte de la manière dont nos sociétés génèrent et répartissent les richesses qu'elles produisent (d'où les résistances). Cette même complémentarité impose donc à chacune d'avoir recours localement aux arguments de son adversaire pour masquer les impasses auxquelles elle aboutit à l'intérieur de ses limites propres; mais puisque les deux logiques sont incompatibles, un tel ravaudage multiplie ces impasses au lieu de les effacer (d'où les inconsistances). C'est sans doute parce que les deux logiques en étaient encore à se chercher à l'époque où les physiocrates ont publié leurs oeuvres que les débats qui en ont résulté peuvent aujourd'hui révéler, comme à ciel ouvert, les failles affectant chacune d'elles.

Il vaut la peine, pour conclure ce chapitre, de suivre brièvement l'une de ces impasses, celle où conduit l'argument de la richesse dégouttante en matière de «droit». Cet argument amène en effet à justifier la position de maître-chanteur où se retrouve le détenteur de capital face aux autres agents économiques individuels : *Garantissez-moi jouissances et profits,* peut-il exiger indépendamment de tout «mérite» et de

---

[37]. C'est à un effort pour conceptualiser cette tension à travers une relecture wébérienne de l'histoire de la discipline que se livre Philippe STEINER dans son ouvrage récent *Sociologie de la connaissance économique*, op. cit.

tout «travail» propre, *ou je fais tomber les simples ouvriers dans la plus profonde misère.* Sans qu'on se demande vraiment d'où il tient la fortune qu'il a accumulée, on lui permet de l'utiliser pour agencer les règles du jeu social à l'aune de ses intérêts privés. Songe-t-on à prélever une partie des rétributions qu'il tire de ses investissements pour en nourrir les caisses communes de l'Etat? «Si cette rétribution est diminuée, le capitaliste retirera son argent, et l'entreprise cessera. Cette rétribution doit donc être sacrée et jouir d'une immunité entière parce qu'elle est le prix d'une avance faite à l'entreprise, sans laquelle l'entreprise ne pourrait subsister»[38].

Il est peu douteux que le capitaliste décrit auparavant par Turgot ait en effet les moyens de «faire tomber les ouvriers dans la misère» pour peu qu'il décide de retirer ses avances, et de les réinvestir par exemple vers des pays aux pratiques fiscales plus accommodantes[39]. Le résultat (sinon forcément la visée) de l'argument économiste est — comme on a déjà pu l'observer au sujet de la propriété — d'imposer comme relevant du droit ce

[38]. TURGOT, *Réflexions sur la formation et la distribution des richesses*, op. cit., § XCV, p. 184. La «logique du capital» conceptualisée par les économistes du XVIIIe siècle reste plus que jamais pertinente pour comprendre l'évolution de notre monde contemporain. La principale nouveauté que leurs écrits n'ont pas anticipée est peut-être le rôle croissant joué par les investisseurs institutionnels (fonds de pension, fonds communs de placement) dans la seconde moitié du XXe siècle, brouillant les frontières entre capitalistes et salariés pour conduire à ce que Michel Aglietta nomme un «capitalisme de propriété sociale». Dès lors que salariés et syndicats détiennent (nominalement) une part croissante des investissements, «la question qui se pose est de savoir quelles règles de gestion et quels modes de contrôle sur la rentabilité du capital traduiraient la prise de conscience collective que ce bien est propriété sociale et qu'il ne peut pas fonctionner comme la propriété de capitalistes privés» (Michel AGLIETTA & Olivier MONGIN, «Nouveau régime de croissance et progrès social», *Esprit*, novembre 1998, No 247, p. 156; cf. aussi la Postface de *Régulation et crises du capitalisme*.)

[39]. Adam Smith exprime clairement cette menace de «relocalisation» dans *La Richesse des nations*, livre V, chapitre 2, partie 2, article 2 (ed. cit., vol. II, pp. 483-484).

qui ne ressort que de l'empire du fait. L'argument de la richesse dégouttante ne manque en effet jamais d'articuler une domination économique sur une revendication d'ordre politique : «l'intérêt des hommes chargés des dépenses de la reproduction est un objet si important, si essentiel, qu'on ne peut sans tomber dans une contradiction choquante ne pas le consulter quand il s'agit de pourvoir à celui du peuple, qui ne subsiste que par eux»[40]. Puisque les hommes sont «utiles» à proportion de ce qu'ils «peuvent faire de dépenses», l'utilitarisme économiste apparaît pleinement justifié lorsqu'il se propose de maximiser la prospérité générale en faisant de l'intérêt du capitaliste la boussole des politiques menées au nom du bien commun.

Il est toutefois significatif d'observer les termes par lesquels Quesnay demande au gouvernement de favoriser le statut des fermiers : «ceux qui sont assez riches pour embrasser l'état de *fermier* ont par leurs facultés la facilité de choisir d'autres professions; ainsi le gouvernement ne peut les déterminer que par une protection décidée à se livrer à l'agriculture»[41]. En d'autres termes : *parce qu'un individu a plus de pouvoir* (plus de «richesses», de «facultés», de «facilités de choix»), *l'Etat lui doit plus d'égards*. Telle est bien l'impasse de la pensée économiste en matière de justice : au lieu de protéger le faible, l'institution politique doit veiller à favoriser le puissant (de peur qu'il n'emmène sa puissance ailleurs). Au lieu d'en tempérer les effets, la société ne fait que relayer le (très naturel) droit du plus fort.

---

[40]. Pierre François Joachim Henri LE MERCIER DE LA RIVIERE, *L'intérêt général de l'Etat ou la liberté du commerce des blés*, Amsterdam, 1770, p. 168.

[41]. François QUESNAY, article «Fermiers» de l'*Encyclopédie* (1756), in *Oeuvres économiques et philosophiques*, op. cit., p. 183.

Chapitre 4

FLUX ET CANAUX

La richesse ne peut dégoutter que si on la conçoit comme un liquide. Il n'est pas sans intérêt de suivre dans le détail les méandres d'une telle analogie. S'ils s'étendent jusqu'à informer le vocabulaire que nous utilisons encore aujourd'hui (lorsqu'on parle d'argent «liquide» ou de «flux» financiers, par exemple), ils permettent surtout de reconsidérer les doctrines économistes sous un jour révélateur.

L'économie politique française du XVIIIe siècle regorge de références au liquide. Nombre d'entre elles sont littérales. On relève souvent que les activités commerciales s'établissent d'abord le long des rivières; on propose l'ouverture de nouveaux canaux pour étendre les réseaux de la prospérité à de nouvelles régions; certains auteurs, tel Goyon de la Plombanie, construisent toute une société utopique sur un système hautement élaboré d'irrigation et d'ouvrages hydrauliques[1]; Quesnay lui-même a lancé sa carrière médicale avec des *Observations sur les effets de la saignée, fondées sur les lois de l'hydrostatique* (1730) dans lesquels des expériences employant

---

[1]. Henri GOYON DE LA PLOMBANIE, *La France agricole et marchande* (1762), München, Kraus Reprint, 1980. Sur ce texte, on lira avec profit Jean-Claude PERROT, «Le despotisme de la raison dans l'utopie économique de Goyon de La Plombanie» in *Une histoire intellectuelle de l'économie politique*, op. cit., pp. 287-303.

une machine hydraulique servent à fonder sa théorie de la saignée[2].

La plupart du temps cependant, les liquides apparaissent dans le texte sous un mode figuré. On a déjà vu que pour Mirabeau la dépense est «la source du travail, celui-ci la source des richesses» : sa philosophie rurale s'efforce de nous apprendre «comment doit couler cette source & comment elle doit être dirigée, pour ne jamais tarir ni s'engorger»[3]. Les anti-physiocrates se servent d'images similaires : «la capitale est une mer où tous les ruisseaux, où tous les fleuves de la circulation viennent se précipiter; jamais on n'y éprouve de sécheresse»[4]. Développées pour rendre compte des flux de biens et de capitaux, de telles analogies en arrivent bientôt à s'appliquer aux hommes eux-mêmes. Ainsi Mirabeau se plaît-il à penser l'individu sur le modèle de la goutte d'eau : «quelque vaste que soit la société, elle n'en est pas pour cela plus compliquée. C'est un océan dont les gouttes d'eau sont toutes de même nature, n'ont d'effet que par leur ensemble & sécheroient à l'instant même si chacune se trouvait séparée du tout»[5]; «chaque homme n'est qu'un point [...] marquez-moi dans ce ruisseau quelle est la goutte d'eau qui donne et décide l'impulsion»[6]. Si, à la suite des moralistes du XVIIe siècle, les Philosophes des Lumières ont ancré dans notre esprit l'idée de la *malléabilité* du matériau

---

2. Sur le rôle de la circulation sanguine et de l'hydraulique dans la pensée économique de Quesnay, cf. Paul CHRISTENSEN, «Fire, Motion and Productivity: the proto-energetics of nature and economy in François Quesnay», in MIROWSKI (éd.), *Natural Images in Economic Thought. "Markets Read in Tooth & Claw"*, op.cit., pp. 249-288; V. FOLEY, «An Origin of the *Tableau Economique*», *History of Political Economy*, spring 1973, vol. 5 & B. MASSON, «Circuit et circulation chez Quesnay», *Cahiers d'économie politique*, 1984, 4, pp. 19-38.

3. MIRABEAU, *Philosophie rurale*, op. cit., tome I, pp. 22-23.

4. BEARDE DE L'ABBAYE, *Examen*, op. cit., p. 157.

5. MIRABEAU, *La science*, op. cit., p. 85.

6. MIRABEAU, *Les Economiques*, op. cit., I, p. 320.

humain, les économistes ont aussitôt surenchéri pour caractériser l'homme et les collectivités sociales par leur *fluidité*[7].

Les flux et les courants sont en effet au coeur de la représentation du social promue par le libéralisme économique. Ce que le gouvernement doit «laisser aller», c'est, dans les mots de Turgot, «le cours naturel du commerce»: «ce que doit faire la politique est donc de s'abandonner au cours de la nature et au cours du commerce, non moins nécessaire, non moins irrésistible que le cours de la nature, sans prétendre le diriger»[8]. Le mot *cours* emblématise d'ailleurs bien l'espèce de catachrèse généralisée qui nous fait penser les mécanismes économiques (le cours d'une devise) sur le modèle des fluides (le cours d'une rivière). Comme à l'intérieur d'un système hydrostatique, les différents biens en présence sur un marché tendent à s'égaliser autour de niveaux d'équilibre rendant compte de leurs valeurs respectives. L'abbé Roubaud explique clairement ce mécanisme à propos du marché des blés: «mettez-vous dans la tête que le mouvement, le cours et le niveau des grains sont réglés par les prix; & qu'ainsi il y aura nécessairement flux ou reflux suivant les variations du besoin et de la cherté. [...] Les flots de la denrée se poussent les uns les autres de Province en Province, de canton en canton, de marché en marché, jusqu'à ce que les vuides soient remplis et que l'égalité des prix ramène l'équilibre»[9].

---

[7]. Littéraux ou figurés, les flux et les canaux de l'économie politique française des Lumières ont été déjà discutés dans Pierre DOCKES, *L'espace dans la pensée économique du XVIe au XVIIIe siècle*, Paris, Flammarion, 1969, et Francine MARKOVITS, *L'ordre des échanges. Philosophie de l'économie et économie du discours au XVIIIe siècle en France*, Paris, PUF, 1986.

[8]. Anne Robert Jacques TURGOT, «Lettre au contrôleur général sur la marque des fers» (1773), in *Ecrits économiques*, op. cit., p. 382, & article «Foire» de l'*Encyclopédie* (1757), ibid, p. 65.

[9]. P. J. A. ROUBAUD, *Récréations économiques ou Lettres de l'auteur des Représentations aux Magistrats à M. le chevalier Zanobi*, Amsterdam, 1770, pp. 199-200.

Ce qui séduit les économistes dans l'image des fluides, c'est avant tout le mécanisme d'équilibration spontanée dont ils offrent le modèle. Toujours à propos du prix des grains, Quesnay souligne que cet équilibre se maintient en l'absence même de tout déplacement matériel de marchandise, pour autant que l'information et la liberté de commercer assure une *communication* entre les régions concernées : «ce prix général se forme comme le niveau des lacs et des mers qui se communiquent: si dans différents temps, l'Océan ne reçoit point de l'eau de la Méditerranée et la Méditerranée n'en reçoit pas de l'Océan, le niveau général des eaux de ces mers n'en est pas moins égal; car cette égalité de niveau est toujours assurée par la communication que ces mers ont entre elles. Il en est de même de l'égalité du prix général entre les nations commerçantes, elle s'établit et se maintient continuellement par la communication permanente du commerce réciproque»[10]. Abeille exprime bien l'idéal qui se dessine derrière un tel équilibrage : le libre commerce des blés forme «un fluide dont la surface devient inégale par l'effet d'un ébranlement subit, mais qui reprend bientôt son niveau. Or le niveau fait disparaître le haut et le bas prix. La valeur *juste et vraie* s'établit»[11]. Justice et Vérité : voilà ce dont les *cours* du marché fournissent la garantie.

C'est sans doute Turgot qui a développé avec le plus de force l'analogie entre l'hydrostatique et les phénomènes d'équilibration spontanée offerts par le marché. Sa théorie remarquable des mouvements de capitaux est ainsi explicitement articulée en termes de vases communicants :

---

10. QUESNAY, article «Hommes», op. cit., p. 536.

11. ABEILLE, *Principes sur la liberté du commerce des grains*, op. cit., p. 81. (C'est moi qui souligne.)

> Les différents emplois des capitaux rapportent donc des produits très inégaux; mais cette inégalité n'empêche pas qu'ils n'influencent réciproquement les uns sur les autres, et qu'il ne s'établisse entre eux une espèce d'équilibre, comme entre deux liqueurs inégalement pesantes, et qui communiqueraient ensemble par le bas d'un siphon renversé, dont elles occuperaient les deux branches; elles ne seraient pas de niveau, mais la hauteur de l'une ne pourrait augmenter sans que l'autre ne montât aussi dans la branche opposée.[12]

Derrière de tels siphons où s'équilibrent des fluides à pesanteur inégale, on reconnaît les appareils de mesure développés depuis le XVIIe siècle à la suite des expériences de Pascal et de Torricelli. Il n'est pas étonnant de voir Turgot, dans le paragraphe suivant de son texte, convoquer l'image du *thermomètre* — omniprésente dans tous les textes de l'époque — pour illustrer le rôle de l'«intérêt courant de l'argent» comme instrument de mesure «de l'abondance ou de la rareté des capitaux chez une nation». L'analogie ainsi établie entre les sciences de la nature et La Science (économique) se retrouve dans une autre citation essentielle où Turgot présente aussi le taux d'intérêt en termes de liquide :

> Il n'y a que l'espérance d'un profit plus considérable qui puisse engager le possesseur d'un capital en argent à l'employer dans des entreprises incertaines et laborieuses. Le taux de l'intérêt de l'argent prêté est donc la première mesure donnée, le paramètre (si j'ose ainsi parler) d'après lequel s'établit la valeur vénale des fonds et les profits des avances dans les entreprises de culture, d'industrie et de commerce. [...] C'est le lit du Nil, qui doit nécessairement se remplir avant que l'inondation se répande sur les campagnes et les fertilise. Il ne faut pas

---

12. TURGOT, *Réflexions sur la formation et la distribution des richesses*, op. cit., § 87, p. 178.

> se plaindre que l'eau coule dans ce lit, car la loi de la pesanteur l'y détermine nécessairement. Il faut encore moins se plaindre de ce que les eaux se sont accumulées, car sans cette accumulation les campagnes ne seraient point arrosées.[13]

Ce texte pourrait servir d'emblème aux partis pris qui définissent l'approche économiste. On y retrouve d'abord le point de vue d'où les mécanismes sociaux sont abordés, celui d'un «possesseur qui cherche à employer son capital en argent». On y observe aussi le modèle physique qui structure la manière dont les économistes conçoivent les rapports entre humains. L'équilibre spontané établi par le marché repose sur l'existence d'une «loi de la pesanteur» qui «détermine nécessairement» les agents économiques à adopter un comportement maximisant leur profit apparent. Ce n'est peut-être pas un hasard si une telle formule émerge au moment où l'on discute du taux d'*intérêt* : la gravitation universelle régissant le monde humain n'est autre, à en croire la philosophie nouvelle qui se développe autour de la physiocratie, que le principe de l'intérêt personnel. Tous nos comportements apparaissent déterminés par un *taux d'intérêt* (généralisé) mesurant le niveau de profit (en terme de revenus financiers ou de jouissances plus immédiates) qu'un investissement (en argent ou en effort) doit atteindre pour motiver notre intérêt et notre action. Comme les gouttes d'eau auxquelles aime les assimiler Mirabeau, les individus suivent des inclinations qui sont moins soumises à leurs décisions et à leur libre arbitre qu'à une loi supérieure pré-déterminant leur comportement.[14]

---

13. Anne Robert Jacques TURGOT, «L'impôt indirect. Observations sur les mémoires récompensés par la Société d'Agriculture de Limoges» (1768), in *Ecrits économiques*, op. cit., p. 213.

14. Le texte anonyme des *Observations sur le commerce des grains* (Amsterdam, 1775) offre un riche mélange de mécanisme et de psychologie

Un troisième aspect à relever dans cette citation est la manière dont elle utilise l'analogie hydrostatique pour justifier l'accumulation de richesses : sans l'accumulation des eaux dans le lit du Nil, les campagnes environnantes ne seraient point arrosées. Il fait partie du «cours naturel des choses» que les biens et les richesses se rassemblent en certains points de la société de manière à pouvoir en déborder et fertiliser ainsi les points voisins. Mirabeau a recours à la même image pour répondre aux questions d'Antoine s'étonnant de ce que le propriétaire ait de quoi «payer un cuisinier qui lui fait de bons ragoûts, & des valets, & des chevaux» :

> *Antoine* : Et pourquoi a-t-il tant de reste pour faire toutes ces choses, tandis que ceux qui travaillent en ont si peu?
>
> *L'ami Des Hommes* : Je vais te l'apprendre. Il y a dans le jardin du château un bassin où se rassemble l'eau qui sert à arroser toutes les plantes potageres & toutes les fleurs. Tu sais bien que le bassin en a toujours plus que chacune de ces plantes, & que s'il était à sec, les plantes n'en recevroient point du tout quand la pluie manqueroit. Regarde donc aussi le riche comme un réservoir où les richesses se rassemblent pour être partagées à ceux qui travaillent.[15]

---

pour défendre la dérégulation au nom du rôle de l'intérêt dans les processus économiques : «Le jeu de cette machine qui porte le pain à la bouche de l'affamé, il faudra l'abandonner à lui-même, au cours des lois naturelles (...) C'est l'intérêt qui produit, l'intérêt qui garde ou qui vend, l'intérêt qui achète, l'intérêt qui donne forme, l'intérêt qui voiture, l'intérêt qui prescrit les travaux, l'intérêt qui les exécute, l'intérêt qui consomme. Un seul mobile opère tout d'un pôle à l'autre. Le monde moral ne peut pas plus que le monde physique survivre à la loi qui le soutient. Le mouvement dans celui-ci, l'intérêt dans celui-là président à tous les effets; les chétifs réglements issus de nos foibles têtes ne peuvent rien ni sur l'un ni sur l'autre» (pp. 13-14).

15. MIRABEAU, *Les Economiques*, op. cit., I, p. 11.

On voit en quoi l'argument de la richesse dégouttante est profondément ancré dans la métaphorisation des mécanismes économiques en termes de fluides. Parce que «la loi de la pesanteur détermine nécessairement» les liquides à toujours descendre vers le bas, il est «naturel» de faire commencer la circulation des richesses en son point le plus haut, en cette «source de dépenses» qu'est la bourse du riche. Le support imaginaire du Tableau économique, avec le ruissellement en losange qu'il esquisse d'une classe à l'autre, repose sur les mêmes prémisses[16]. Tout le monde sait bien, avec Le Mercier de la Rivière, que «l'argent ne pleut dans les mains de personne»[17]. Décrire la circulation des eaux de la richesse à partir du mouvement *ascendant* de l'évaporation des gouttelettes à la surface de la mer du peuple irait trop directement contre l'évidence si chère aux physiocrates pour mériter d'être retenu.

Ces images de rivières paisibles, d'inondations bienfaisantes et de bassins fertilisants n'ont pas laissé les anti-économistes sans réponse. C'est en effet autour d'*images* non moins qu'autour d'arguments que s'est développée la polémique entre les deux partis. Et en matière de cours d'eau, on fit rapidement remarquer aux physiocrates que les rivières, abandonnées à leur «cours naturel», sèment aussi bien la destruction que la fécondité. Pour un Nil dont les crues vivifient toute une nation, combien de longs fleuves trop peu tranquilles dont les inondations ne laissent que ruines sur leur passage?

---

16. «C'est à bon droit que l'Inventeur s'est abstenu de compliquer de la sorte son Tableau & s'est contenté de représenter uniquement la source du fleuve & la direction & l'entrelassement de ses grandes branches. (...) Les cataractes de ce grand fleuve une fois connues, la direction & le retour de ses eaux au réservoir commun une fois saisis, il sera aisé de se désaltérer dans son courant, plus haut ou plus bas, selon sa portée» (MIRABEAU, *Philosophie rurale*, op. cit., Tome I, p. 108).

17. Pierre François Joachim Henri LE MERCIER DE LA RIVIERE, *L'heureuse nation ou relation du gouvernement des Féliciens*, Paris, 1792, livre II, p. 240.

Gosselin, entre autres, retourne l'image du liquide contre ses promoteurs : «votre *laissez faire & laissez passer* que vous regardez comme renfermant la loi et les prophètes de la science économique [...] c'est un torrent qui se déborde; qu'on prenne garde de vouloir l'arrêter dans son cours, de lui opposer des digues, de le resserrer dans son lit; cependant sans ces précautions il entraînera nos maisons, emportera nos troupeaux, etc.»[18]. Diderot, dans son *Apologie pour l'abbé Galiani*, adressait déjà un reproche similaire à l'idéal d'écoulement paisible évoqué par Morellet :

> vous n'avez pas la première notion de ce qui se passe dans les temps de disette. Cet écoulement tranquille et proportionné dont vous parlez est une chimère; c'est alors un conflit tumultueux de crainte, d'avidité, de cupidité; les uns demandent quatre fois plus qu'ils n'ont besoin pour le moment, parce qu'ils ne savent ce que sera demain; d'autres enlèvent, achètent à tout prix; d'autres ferment leur grenier et attendent un plus haut prix, (...) le blé pouvant arriver au lieu de la disette d'une infinité de côtés, il ne vient d'aucun parce que chacun craint d'arriver trop tard et d'être ruiné.[19]

Galiani lui-même est sans doute l'auteur qui a dénoncé le plus assidûment la foi placée par les économistes dans ces phénomènes d'équilibration spontanée. Il se plaît à souligner combien le cours naturel des flux de blés peut s'avérer erratique : «toutes les gouttes d'eau ont un égal désir de gravitation, l'inégalité du terrain fait le reste; de même les hommes tous également cherchent à gagner, mais les moyens, les forces, les positions sont inégales. [...] Que l'eau soit pressée de courir à la mer, jamais la rivière ne débordera. Si elle peut s'arrêter, elle

18. GOSSELIN, *Réflexions d'un citoyen,* op. cit., pp. 71-73.

19. Denis DIDEROT, *Apologie de l'abbé Galiani*, in *Oeuvres politiques*, éd. Versini, Paris, Robert Laffont, 1993, pp. 132 & 143.

débordera, elle formera une inondation, des marais, des lacs, et ces lacs priveront la mer des consommateurs de l'aliment nécessaire»[20]. Que toute rivière abandonnée à son mouvement spontané finisse un jour ou l'autre par se jeter dans l'océan, Galiani veut bien en convenir avec Turgot : «le niveau, même dans un fluide parfaitement homogène, ne se rétablit qu'avec le temps, mais il s'établit toujours avec le temps»[21]. Le vrai problème est toutefois de veiller à ce que la rapidité ou la lenteur de son cours n'ait causé ni inondation ni sécheresse en chemin.

A l'évidence physiocratique selon laquelle nul effort humain, quelque bien intentionné qu'il soit, ne saurait «faire refluer les Rivières contre leur propre cours»[22], Linguet répond que le modèle de vases communicants promu par les économistes repose sur un postulat de parfaite réversibilité démenti par l'hydrostatique elle-même : «La Loire qui a emporté [les blés] rapidement dans son cours d'Orléans à Painboeuf remontera-t-elle avec la même impétuosité vers sa source pour les rejeter sur les quais de Briare ou de Montargis?»[23] Galiani, de son côté, souligne que la direction et la rapidité d'un cours d'eau dépendent moins de la rivière elle-même que des inégalités de terrain qui forment son lit. Mirabeau avait déjà reconnu ce fait dans sa *Théorie de l'impôt*: «telle eau destinée à fertiliser et arroser les champs les inonde et ravage lorsqu'elle se réunit et forme un torrent rapide; mais ce n'est pas elle qui se donne la pente et le mouvement qui la rend si nuisible.»[24] La conséquence logique d'une telle remarque semble être que le sol a besoin d'être aménagé, égalisé ou creusé,

---

20. Ferdinand GALIANI, *Dialogues sur le commerce des bleds* (1770), Paris: Fayard, 1984, p. 268.

21. TURGOT, *Lettre à Hume* (1769) in *Ecrits économiques*, op. cit., p. 228.

22. MIRABEAU, *Théorie de l'impôt* op. cit., p. 296.

23. LINGUET, *Du pain & du bled*, London, 1774, p. 151.

24. MIRABEAU, ibid., p. 123.

pour assurer que la loi de la pesanteur pousse les eaux dans une direction favorable aux entreprises humaines. En passant du domaine de l'équilibre hydrostatique à celui des aménagements hydrauliques, on fait toutefois un saut qu'économistes et anti-économistes négocient d'une manière remarquablement différente.

Lorsqu'on se situe *sur le plan littéral*, c'est-à-dire lorsqu'il est question de rivières réelles et non du «cours du commerce», tout le monde est d'accord pour chanter les mérites de l'ingénierie hydraulique. De Mirabeau à Linguet, de Le Trosne à Sébastien Mercier, les deux partis soulignent avec un égal enthousiasme la nécessité de corriger les contours naturels du territoire pour les adapter aux besoins du commerce. Même si Linguet et Du Pont de Nemours échangent quelques insultes à propos du canal du Languedoc[25], tous les auteurs, y compris les partisans les plus dogmatiques du *laissez faire*, s'accordent à demander l'intervention du gouvernement pour (re)lancer la construction de grands canaux. Dans les deux camps aussi on salue ces travaux en des termes similaires : «voulez-vous couvrir de villes votre territoire, semez-y des rivières et des chemins; levez tous les obstacles [...] Brisez, aplanissez ces obstacles, établissez des communications par eau le plus que vous pourrez, attendu qu'elles portent davantage et coutent moins; ne craignez pas de sacrifier à cet objet les plus grandes dépenses dans l'emploi même des revenus; elles vous seront bientôt restituées par le doublement de vos revenus»[26]; «sous le compas [des ingénieurs], le fleuve fougueux devient un canal docile, les rochers tombent et s'aplanissent, les torrents divisés n'ont plus que l'action nécessaire et sont soumis à la loi du

---

25. Voir en particulier Simon Nicolas Henri LINGUET, *Canaux navigables*, Amsterdam, 1769 & *Lettres sur la Théorie des loix civiles*, Amsterdam, 1770 (lettre II).

26. MIRABEAU, *Philosophie rurale*, op. cit., tome II, p. 263.

niveau, l'inégalité des terres obéit à leurs ordres: voilà de quelle manière l'ingénieur habile recompose le sol [...] soit en maîtrisant, soit en corrigeant la nature»[27]. Comme on le voit, ce que les deux partis reconnaissent dans leur louange des canaux, c'est la nécessité d'aménager le territoire, d'enlever les obstacles, d'égaliser le terrain, afin de permettre au commerce d'être aussi bénéfique que possible aux communautés humaines. Le «cours naturel des choses» assurera d'autant mieux la prospérité commune qu'on aura préalablement corrigé la nature du terrain où on choisit de le «laisser aller».

Lorsqu'on passe du plan littéral au *plan figuré*, c'est-à-dire lorsqu'on observe comment les deux camps utilisent les aménagements hydrauliques comme des métaphores pour décrire les mécanismes relevant de l'économie politique, cette rare unanimité fait long feu. Du côté des anti-physiocrates, on évolue sans heurt du littéral au figuré, louant d'une même voix les interventions correctives du gouvernement en matière de topographie et en matière de commerce. En dénonçant «une liberté indéfinie qui ne reçoive de règles et de modifications que de la nature même», Linguet appelle ainsi de ses voeux «un recueil de règlements combinés avec sagesse, d'institutions fondées sur l'expérience & la réflexion, une loi qui régisse la masse des bleds existante dans un royaume, comme on gouverne l'eau qui fait le jeu d'une écluse». Ailleurs, il invite les dérégulateurs à «imiter l'adresse des Fontainiers intelligens, quand ils introduisent pour la première fois l'eau dans un tuyau: ils se gardent bien de l'abandonner tout à coup à la rapidité qu'elle acquiert par sa chute; ils la modèrent, ils l'arrêtent de temps en temps par des mouvements successifs du robinet qui en

[27]. Louis Sébastien MERCIER, *L'an 2440* (1770), Paris: France Adel, 1977, p. 340. Pour un dithyrambe exemplaire à la louange de l'ingénuité humaine dominant la nature en la couvrant de canaux, cf. le Discours Préliminaire de LINGUET, *Canaux navigables*, op. cit, surtout pp. 45-46.

rompent l'impétuosité»[28]. De même Saint-Supplix compare-t-il le royaume de France à une vallée dans laquelle coulerait une rivière:

> L'industrie et le commerce sont les eaux de cette rivière, qui coulent naturellement dans quelques Provinces, même avec trop d'affluence, pendant que d'autres, représentées par les montagnes, languissent, faute de recevoir un petit filet d'eau de la rivière, qui leur procureroit la vivification. Un ingénieur habile arrête par des digues la trop grande affluence d'eaux qui coulent dans la vallée, ces digues sont les prohibitions; il élève des aqueducs qui portent l'eau sur les montagnes, ces aqueducs sont les privilèges exclusifs. Je crois qu'on peut juger par ma comparaison des avantages qu'une oeconomie politique bien combinée peut tirer des privilèges exclusifs et des prohibitions, pour procurer une sorte d'égalité dans les Provinces.[29]

Comme on le voit, les critiques des économistes convoquent toutes les vertus reconnues (par les deux camps) aux ouvrages hydrauliques pour légitimer les politiques interventionnistes qu'ils promeuvent en matière de commerce extérieur et d'approvisionnement en grains. La nature doit être contrôlée et corrigée pour s'adapter aux besoins humains; une «économie politique» bien entendue appelle l'intervention d'un ingénieur qui doit réaménager le cours des flux «naturels» avant qu'une égale coopération ou qu'une juste compétition puisse s'instaurer entre les différents agents (individuels, régionaux ou nationaux).

---

[28]. LINGUET, *Du Pain et du bled*, op. cit., p. 77 & *Lettres sur la Théorie des lois civiles*, Amsterdam, 1770, pp. 177-178.

[29]. Sebastien-Alexandre Coste, Baron de SAINT-SUPPLIX, *Le Consolateur, pour servir de réponse à la Théorie de l'impôt et autres écrits sur l'économie politique*, Bruxelles et Paris, 1763, p. 184-185.

Ici encore, c'est Galiani qui exploite le plus à fond les propriétés de la métaphore liquide pour combattre les politiques de *laisser couler* promues par les économistes. Il propose comme Linguet que, «par le moyen de certains impôts qui ne sont que de véritables écluses politiques, on dirige les niveaux des canaux du commerce» afin de «faire un équilibre qui soit celui de l'art, contraire à la nature»[30]. Davantage qu'un catalogue quasi exhaustif des possibles retournements de l'analogie des fluides contre la doctrine (ultra-)libérale, les *Dialogues* fournissent l'exemple d'une parfaite continuité entre l'emploi littéral et l'emploi figuré des références aux liquides :

> *Le Chevalier* : Si vous avez une terre sur une colline formée en pain de sucre et que vous ayez le bonheur d'avoir une source d'eau précisément sur le sommet, tout au milieu de votre terre, laissez-la courir librement, elle arrosera parfaitement votre champ. [...] Mais si au contraire la fontaine est placée au bas de la colline sur le bord de votre terre, prenez y garde; elle s'écoulera toujours suivant sa pente et jamais elle n'arrosera votre terre. Il vous faudra alors des chaussées, des écluses, des pompes pour corriger, pour forcer la nature et combattre son niveau. De même si vous laissez aller librement le Bled de Picardie, il ira en Flandre, en Holande, en Dannemarck, et partout où il peut aller par eau plutôt que de remonter par un petit espace de transport de terre, puisqu'il n'y a pas de comparaison à faire entre les frais d'un transport maritime et ceux d'un transport par terre. [...]
>
> *Le Marquis* : On vous reconnaît là. Votre comparaison est lumineuse et me fait entendre clairement le fond de la question; mais si l'on creusait un canal?
>
> *Le Chevalier* : Voilà précisément où je vous attendais. Vous voyez donc qu'un seul canal peut

30. GALIANI, *Dialogues*, op. cit., p. 242 & 238.

> changer toute la police des bleds d'une Province ou d'un Royaume entier.[31]

Le discours coule ici naturellement de la source sur la colline métaphorique aux canaux du monde réel. La pesanteur qui attire les corps du monde physique et l'intérêt qui pousse la nature humaine à minimiser ses coûts sont tous deux reconnus, pour être cependant subsumés sous la possibilité de corriger le résultat spontané de ces deux forces grâce à l'intervention d'un *projet humain.* C'est bien une même logique qui fait l'éloge des ouvrages hydrauliques et qui appelle à la régulation des flux économiques.

Du côté des économistes, l'emploi figuré des canaux et des digues n'est pas totalement absent. C'est un lieu commun de leur morale que de vouloir «canaliser les passions» afin de les faire couler dans une direction qui soit productive plutôt que destructrice. Cette analogie est toutefois symptomatique de la méfiance avec laquelle les physiocrates considèrent les ouvrages hydrauliques au niveau figuré. Davantage que la maîtrise de l'homme sur la nature, la comparaison illustre en effet les limites étroites dans lesquelles cette maîtrise est bornée : moins que ce que les digues peuvent accomplir (détourner le flot des passions), l'image sert le plus souvent à souligner ce que les meilleures institutions *ne peuvent pas faire* (arrêter ce flot). Mirabeau en fournit un bon exemple dans *L'ami des hommes* :

31. GALIANI, *Dialogues*, op. cit., p. 21-22. Peut-être Galiani pousse-t-il la finesse jusqu'à laisser transparaître ici en filigranne une comparaison dont Mirabeau lui-même s'était servi dans l'*Ami des hommes* : «une source qui sort à la tête des terres et dans un terrain élevé arrose et féconde ses environs autant que la quantité des eaux peut s'étendre; celle au contraire qui naît dans un bas-fond ne fait qu'un marais, jusqu'à ce qu'elle se soit frayé une route basse pour s'aller perdre dans la première rivière sans aucune utilité pour les champs voisins» (Victor Riqueti, Marquis de MIRABEAU, *L'ami des hommes ou Traité de la population* (1757), Paris, Guillaumin, 1883, p. 81).

> Un habile ingénieur appelé pour garantir un pays des eaux qui le noient, n'imaginera pas de les contenir dans des retenues, ce serait un projet fou; mais il considèrera de quel côté il peut leur donner un débouché facile, et qui débarrasse le pays submergé. Il fera mieux encore : il tâchera de les diriger de façon qu'elles puissent devenir utiles et profitables. Ces eaux sont la cupidité humaine. En vain chercherait-on à les tarir, leur source est dans une portion de la nature indépendante du gouvernement; plus follement encore entreprendrait-on de les contenir, leur volume croît à chaque instant; il faut changer leur cours et les diriger vers l'utilité publique.[32]

Malgré les réserves qu'on vient de signaler, le jeune Mirabeau semble encore croire à la possibilité de diriger activement le cours des passions et des intérêts humains. Après sa conversion à la physiocratie, il se montrera toutefois plus méfiant envers les entreprises visant à intervenir dans le cours naturel des flux économiques. En commentant le circuit des dépenses figuré par le Tableau, et après avoir souligné que «la vertu d'imprimer le mouvement est une faculté divine», il affirme en effet dans la *Philosophie rurale* que «cette circulation a, comme toutes les autres, des règles exactes de flux & reflux». Si de telles règles sont «importantes à connaître», il faut cependant se garder de «porter l'intervention d'une main téméraire dans des conduits dont le jeu naturel dépend uniquement de l'impulsion qui leur est propre, & qui ne souffrent aucuns secours étrangers»[33].

Turgot exprime une méfiance similaire en un passage de l'article «Foire» qu'il écrit pour l'*Encyclopédie*. En préférant les marchés (établis en permanence) aux foires (concentrant artificiellement les activités commerciales sur quelques périodes phares), il est amené à discréditer l'ingénierie hydraulique

32. MIRABEAU, *L'ami des hommes*, op. cit., p. 221-222.

33. MIRABEAU, *Philosophie rurale*, op. cit., tome I, p. 102.

humaine en la comparant aux bienfaits apportés par la circulation naturelle des eaux :

> Les eaux rassemblées artificiellement dans des bassins et des canaux amusent le voyageur par l'étalage d'un luxe frivole; mais les eaux que les pluies répandent plus uniformément sur la surface des campagnes, que la seule pente du terrain dirige et distribue dans tous les vallons pour y former des fontaines, portent partout la richesse et la fécondité.[34]

Les mêmes ouvrages loués sur le plan littéral deviennent un amusement frivole dans le registre métaphorique. Alors que nul ne semblait douter que les coûteux travaux d'ouverture de nouveaux canaux n'entraînent un accroissement réel de la prospérité, on s'entend soudain dire que la loi de la pesanteur et la pente naturelle du terrain peuvent seules avoir des effets véritablement bénéfiques. Les écluses et les conduits artificiels que l'on voulait semer dans les campagnes françaises apparaissent désormais comme l'intervention d'une main téméraire dans un jeu naturel ne souffrant aucun secours étranger.

Cette discrépance entre les deux niveaux du discours économiste pourrait bien être le symptôme d'une incohérence plus profonde. Ce qui se profile en effet derrière les analogies du liquide n'est autre que la question de *l'égalité*. Ce qu'on salue dans le réaménagement du territoire opéré par les bâtisseurs de digues et de canaux, c'est que leur ouvrage «aplanit les obstacles» et «égalise le terrain». Lorsqu'ils regardent les paysages naturels qui les entourent dans le monde réel, les économistes peuvent difficilement ne pas voir que la nature est pleine d'inégalités et d'obstacles, de sécheresses et d'inondations

---

34. Anne Robert Jacques TURGOT, «Foire» (1757), in *Ecrits économiques*, op. cit., p. 67.

qui appellent une intervention correctrice pour minimiser les souffrances et les destructions imposées aux humains. Lorsqu'ils considèrent en revanche le fonctionnement des sociétés, ils parlent souvent comme si l'on pouvait ignorer les différences de niveau, les inégalités de pouvoir, les privilèges de situation qui structurent le donné social. Ou s'ils ne les ignorent pas, c'est pour les traiter comme des fatalités que les meilleures intentions ne sauraient parvenir à réaménager, en quel cas ils se trouvent prêter à la réalité sociale des lois plus inflexibles que celles qu'ils reconnaissent au monde physique. *Tant pis* pour ceux qui sont nés au bas-fond d'un marais et pour ceux qui vivent sur le sommet de montagnes arides; *tant mieux* pour ceux dont la source est heureusement située au milieu de leur colline en pain de sucre... S'il ne s'agit que de réguler la circulation des eaux, on veut bien appeler un ingénieur, mais lorsqu'il est question de justice sociale, l'économiste se croit forcé de tourner le dos ou le regard (loin de la question des dotations initiales). Tant pis pour les enfants des milieux défavorisés que le flux des statistiques entraîne massivement vers la misère et la prison; tant mieux pour ceux qui abordent la vie avec tous les atouts en mains.

Les combats de métaphores de ces années 1760 manifestent deux conceptions rivales de l'égalité qui s'affronteront un quart de siècle plus tard à travers les différentes *Déclarations des droits de l'homme* proposées par les Révolutionnaires. Du côté des économistes (et du système de «liberté naturelle»), l'égalité réside dans le fait que tout le monde soit soumis à la même loi de la pesanteur. Dès lors qu'aucune entrave artificielle ne vient nous empêcher de suivre la pente de nos inclinations, nous pouvons être considérés libres et égaux. Du côté de leurs critiques (et du système de l'«égalité démocratique»), on ne saurait cependant parler d'égalité, ni d'authentique liberté, sans entreprendre de réaménager l'espace social de manière à aplanir (autant que possible) les obstacles qui défavorisent certains membres de la société par rapport à d'autres. Si le parti interventionniste sera vite confronté à des questions proprement «insolubles» (au sens où l'on ne saurait prétendre les avoir «liquidées» une fois pour toutes), cela viendra surtout de ce qu'il accepte de mettre sur la table des problèmes que les partisans du laissez-faire laissent (im)prudemment fermenter dans des tiroirs verrouillés. *Jusqu'où* doit-on essayer (voire souhaiter) d'aplanir les inégalités de position entre individus? *Comment* le faire sans inhiber les initiatives par lesquelles chacun peut contribuer à améliorer le sort commun? Si l'on est forcé de laisser de telles questions béantes, on ne se refuse à les poser qu'au prix d'un déni autrement plus inconfortable et plus dangereux.

En dénonçant les écluses et les digues des règlements politiques que l'intervention d'une main téméraire introduit dans le cours naturel du commerce, un penseur comme Turgot entre dans une double contradiction avec lui-même. D'une part, il renië implicitement la mission qu'il attribue ailleurs aux institutions politiques : «ce que l'Etat doit à chacun de ses membres, c'est *la destruction des obstacles* qui les gêneraient dans leur industrie, ou qui les troubleraient dans la jouissance des produits qui en sont la récompense»[35]. C'est une constante historique du discours ultra-libéral que de faire passer en sous-main ses besoins muets de protection et de réglementation tout en multipliant les gesticulations et les hauts cris poussés contre l'interventionnisme politique. Les milliers de pages d'accords laborieusement rédigés, en notre fin de vingtième siècle, pour «laisser passer» les flots naturels du libre-échange à travers les frontières nationales n'en sont que la manifestation la plus récente : même les partisans les plus rigoureux du laissez-faire ont besoin d'une autorité supérieure qui établisse (et garantisse) les conditions nécessaires à ce que les interactions particulières ne dégénèrent pas en guerre de chacun contre tous.

---

[35]. Anne Robert Jacques TURGOT, article «Fondation» de l'*Encyclopédie* (1757), in *Ecrits économiques*, op. cit., p. 75. C'est moi qui souligne.

D'autre part, lorsque Turgot dénonce «les privilèges exclusifs et les prohibitions» dont le modèle «d'oeconomie politique bien combinée» esquissé par Saint-Supplix se servait «pour procurer une sorte d'égalité» entre les agents économiques, il se révèle moins l'ennemi des privilèges que celui de l'égalité. Il est en effet d'autres formes de prohibitions qu'il est tout prêt à accepter. En mentionnant «la situation avantageuse des villes [...situées...] au débouché des grandes rivières navigables», il avoue qu'«avoir ainsi des avantages locaux, c'est avoir une sorte de privilège exclusif par rapport aux lieux moins heureusement situés». Et d'ajouter que, puisque ce privilège est «naturel», il n'est en conséquence «pas injuste»[36]. Encore une fois, le discours économiste sur les flux métaphoriques du commerce se prend au piège de ce qu'il dit lui-même des rivières réelles. La promotion des canaux visait en effet précisément à *corriger* «la situation désavantageuse de certaines villes», et à leur apporter *artificiellement* «le débouché des grandes rivières» que la nature leur avait refusé. En finançant leur construction, l'Etat remplissait son devoir de «destruction des obstacles qui les gênaient dans leur industrie». Ce travail (artificiel et correctif) d'égalisation est le fondement même de toute institution soucieuse de justice. Rien n'est plus «naturel» que la loi de la jungle. Rien n'est plus contraire à l'idéal d'une société civilisée.

---

[36]. TURGOT, «L'impôt indirect», op. cit., p. 202.

Chapitre 5

DES CHEVAUX ET DES HOMMES

Le discours économiste fait preuve d'une remarquable fluidité lorsqu'il traite de la main-d'oeuvre. Les salariés y sont décrits en des termes qui font constamment osciller leur statut entre le sort des esclaves et celui des chevaux. Suivons ces va-et-vient : derrière les échos de surface transparaît une vision du travailleur qui articule encore largement la manière dont nos sociétés abordent un problème comme le chômage. Commençons par écouter Quesnay raisonner sur les différents systèmes de taxation :

> L'imposition sur les hommes de travail qui vivent de leur salaire n'est, rigoureusement parlant, qu'une imposition sur le travail, qui est payée par ceux qui emploient les ouvriers; de même qu'une imposition sur les chevaux qui labourent la terre ne serait réellement qu'une imposition sur les dépenses de la culture.[1]

---

[1]. QUESNAY, *Maximes générales*, Note sur la maxime V, in *Physiocratie*, op. cit., p. 247. Pour une remarquable étude en profondeur des sujets abordés dans ce chapitre, cf. Yann MOULIER BOUTANG, *De l'esclavage au salariat. Economie historique du salariat bridé*, Paris, PUF, 1998.

Pourquoi tout impôt sur les salariés retombe-t-il entièrement sur les salariants? Parce que les premiers n'ont rien qu'on puisse leur enlever. Dans la logique des économistes, les salaires sont en effet fixés — «de droit naturel» — au niveau du minimum de subsistance. «La main-d'oeuvre doit être considérée comme une marchandise puisqu'elle s'achète & se vend. Elle a un prix plus ou moins fort, en raison du besoin qu'on en a & de la difficulté plus ou moins grande de se la procurer»[2]. Ce prix «résulte de l'accord que [l'ouvrier] fait avec celui qui paye son travail. Celui-ci le paye le moins cher qu'il peut; comme il a le choix entre un grand nombre d'ouvriers, il préfère celui qui travaille au meilleur marché. Les ouvriers sont donc obligés de baisser le prix à l'envi les uns des autres. En tout genre de travail, il doit arriver et il arrive en effet que le salaire de l'ouvrier se borne à ce qui lui est nécessaire pour lui procurer sa subsistance»[3]. Comme les chevaux, les salariés ne reçoivent que ce qui leur permet de reproduire leur force de travail. Tout prélèvement tiré de leur poche sera donc nécessairement relayé sur l'employeur. Pour le cas où le statut du manouvrier n'apparaîtrait pas avec assez de clarté à la lumière de ce qui précède, L'ami Des Hommes prend la peine d'être encore plus explicite dans les leçons économiques qu'il donne à son disciple Antoine : «Quoi! tu es né dans cet état, & tu ne vois pas que ce ne sont que des manoeuvres & que les manoeuvres ne sont que des outils? Qu'un cheval soit chez un riche laboureur ou chez un pauvre, qu'il laboure une bonne terre ou une mauvaise, son entretien, il est vrai sera meilleur chez l'un que chez l'autre; mais au surplus, il n'aura jamais que la vie.

---

2. ABEILLE, *Principes sur la liberté du commerce...*, op. cit., p. 95.

3. TURGOT, *Réflexions sur la formation et la distribution des richesses*, op. cit., § VI, p. 126. Turgot suggère toutefois ailleurs que ce nécessaire peut comprendre (un peu) plus que «ce qu'il faut pour ne pas mourir de faim» (cf. la cinquième *lettre à l'abbé Terray sur le commerce des grains* (1770), in *Ecrits économiques*, op. cit., p. 309, ainsi que la *Lettre à Hume*, op. cit., p. 228).

[...] Dans le meilleur terrein, un outil ne pousse ni branches, ni feuilles, ni fruits, de même un manoeuvre ne sauroit amasser de richesses»[4].

Traiter la main-d'oeuvre comme une marchandise, assimiler l'ouvrier à un outil, tout cela va de pair avec la réduction fondamentale opérée par les économistes, celle qui définit la rétribution du travail humain comme un simple *coût de production*. Du moment que l'on adopte le point de vue de l'entrepreneur, il est logique de ne voir dans le salaire des ouvriers que des *frais*, qu'une somme *négative* à déduire du profit escompté.

> Il faut convenir que, plus cet entrepreneur donne de gages à ses charretiers, plus il paie cher la journée des moissonneurs et autres journaliers qu'il emploie, plus il dépense en frais, et que cette dépense est toujours en déduction du produit net. Qu'en conclure? Cela n'est-il pas vrai dans tous les systèmes? Y a-t-il un genre de travaux où les profits ne soient diminués par la cherté de la main d'oeuvre? Et y a-t-il de l'inhumanité à convenir d'une vérité qui n'a besoin que d'être énoncée pour être évidente?[5]

Ici encore, Graslin montre bien à quel point une telle «évidence» résulte du point de vue adopté par l'observateur. «Le mot de frais ne peut (...) avoir de rapport qu'à un homme ou, si l'on veut, à une classe d'hommes; et il exprime dans un objet déterminé, toute partie de richesse que cet homme, ou cette classe, doit distraire avant d'avoir la sienne. Mais *pris absolument, et dans la considération de la masse des richesses, le mot de frais n'a aucun sens, puisque ce qui est frais pour les uns est richesse pour les autres.*»[6] Autrement dit:

---

4. MIRABEAU, *Economiques*, op. cit., I, p. 81.

5. TURGOT, *L'impôt indirect*, op. cit., p. 197-198.

6. GRASLIN, *Essai analytique*, op. cit., pp. 89-90.

l'«inhumanité» de l'évidence brandie par les économistes tient moins aux conclusions qu'aux prémisses de leur raisonnement. Il vaut toutefois la peine d'observer sur quelles voies ces conclusions les emmènent.

Tant qu'à comparer de simples *frais*, les salaires des travailleurs entrent en équivalence avec les coûts impliqués par l'entretien de cette autre force de travail que sont les chevaux. Les *Ephémérides du citoyen* offrent un calcul éclairant : «il est d'expérience qu'un cheval fait au moins le quadruple de l'ouvrage d'un homme & coute moitié moins; ce qui constitue un profit octuple»[7]. S'opposant (déjà!) aux mécréants qui demandent à l'Etat de soutenir telle manufacture ou telle branche du commerce «parce qu'elles nourrissent beaucoup d'hommes» et «parce qu'elles en emploient beaucoup», Isnard réaffirme le dogme de la nécessité absolue de diminuer les frais de production :

> Si deux chevaux produisent plus dans une entreprise que dix hommes, le producteur choisira les chevaux pour agents de sa production. [...] Dans les dépenses nécessaires à la production, les animaux sont préférés aux hommes lorsqu'ils diminuent les frais relativement au produit disponible, par la même raison qu'on emploie des machines, des outils et des instruments pour exécuter, avec peu de frais, ce qui ne pourrait l'être qu'à force de bras & à grands frais si l'on avoit pour principe contraire à l'économie d'employer des hommes préférablement à d'autres agens.[8]

Avec la distance que nous ont donnée deux siècles de révolution industrielle, d'automatisation des chaînes de production et de reconversion de la main-d'oeuvre,

---

7. *Ephémérides du citoyen*, 1771, vol. VII, p. 59.

8. ISNARD, *Traité des richesses*, Londres & Lausanne, 1781, tome I, pp. 82 & 89.

l'équivalence établie par Isnard entre travailleurs, chevaux et machines n'a rien de vraiment choquant. Il est difficile de ne pas être d'accord avec lui lorsqu'il fait remarquer qu'à suivre la logique de ses adversaires, on devrait choisir d'«atteler vingt huit hommes à la charrue des laboureurs préférablement à quatre chevaux»[9]. Le culte de la productivité a donné naissance à des développements technologiques suffisamment séduisants pour convaincre la majorité d'entre nous du bien-fondé de leur dynamique. Au XVIIIe siècle, cependant, le raisonnement promu par les économistes se heurtait encore à de fortes résistances.

D'une part, les accroissements de productivité appelés par les physiocrates pouvaient sembler aller à l'encontre du populationnisme qui guidait la plupart des penseurs de l'époque. Durant toute la première moitié du siècle en tous cas, la force d'une nation se mesure au nombre de ses habitants. Tout ce qui risque d'entraîner une diminution de ce nombre est considéré avec suspicion. Si l'entrepreneur mis en scène par Isnard choisit d'employer deux chevaux plutôt que dix hommes, ce sont, aux yeux (largement myopes) des populationnistes, dix hommes dont la force du royaume se verra privée. Même si les physiocrates s'époumonent à montrer que ces dix travailleurs ne seront pas perdus, mais pourront être employés à d'autres tâches, à défricher de nouvelles terres, par exemple, qui permettront de nourrir davantage de citoyens, ils sont loin de convaincre tout le monde. Leurs théories sont en effet sur ce point en rupture radicale avec les conceptions antérieures. Ils renversent la perspective en prenant pour objectif central de maximiser non plus la population, mais le *produit net*. Avec cette conséquence que le capital est désormais plus important que les hommes : «ce sont moins les hommes que les richesses qu'il faut attirer dans les campagnes; car plus on emploie de richesses à la

---

[9]. Ibid., tome I, p. 171.

culture des grains, moins on emploie d'hommes, plus elle prospère, et plus elle donne de profit net»[10]. On imagine ce que la proportion inverse ainsi posée entre prospérité et nombre d'hommes a pu avoir d'inquiétant pour les esprits attachés au populationnisme.

Ici encore, les chevaux ont joué un rôle central dans le renversement opéré par les économistes, et ici encore la conversion de Mirabeau a valeur d'emblème. Dans le texte qui devait le rendre célèbre et fixer son nom public, le jeune marquis appelait de ses voeux une politique économique axée exclusivement sur l'augmentation de la population. Cela l'entraînait à de nombreuses remarques désobligeantes sur la race équestre : «je vais diminuer le nombre des chevaux et des équipages, et mettre leur augmentation au niveau de l'incendie et du parricide»; «si vous mettez un cheval de plus dans l'Etat, toutes autres choses demeurant égales, vous êtes certains d'y tuer quatre hommes au moins». Si ces attaques visaient surtout le cheval comme objet de luxe (urbain), l'auteur avait des doutes également sur sa valeur en tant que moyen de production (agricole), puisqu'il le décrivait alors comme «le moins rapportant de tous les animaux domestiques à la campagne»[11]. Sur ce plan, sa conversion à l'économisme aura moins consisté, comme il le dit lui-même, à remettre «les boeufs avant la charrue», qu'à apprendre à estimer le cheval au dessus des boeufs. Depuis son article «Fermier» et tout au long de ses écrits, Quesnay a constamment fait du cheval l'instrument privilégié de la grande culture capitaliste qu'il cherchait à promouvoir. Un exemple parmi tant d'autres, qui apparaît dans la note soutenant le renversement de perspective cité plus haut :

---

[10]. François QUESNAY, «Tableau Economique» (1758) in *Physiocratie*, op. cit., remarque 9°, p. 109.

[11]. MIRABEAU, *L'ami des hommes*, op. cit., Avertissement, p. LXX & chapitre 2, p. 19.

«dans la grande culture, un homme seul conduit une charrue tirée par des chevaux, qui fait autant de travail que trois charrues tirées par des boeufs, et conduites par six hommes»[12]. Son compte apparaît presque aussi défavorable à la population que celui de L'ami Des Hommes, mais il est loué comme un progrès. On conçoit que Mirabeau ait commencé par regarder son futur maître «comme un fol» à la bouche pleine de «blasphèmes», et qu'il lui ait fallu surmonter plus d'une aversion pour se rallier à la nouvelle doctrine.[13]

Tout le monde ne s'est cependant pas converti d'une manière aussi spectaculaire que L'ami Des Hommes. En marge de la position populationniste, Graslin a développé dans sa correspondance avec l'abbé Baudeau une critique fondamentale de l'équivalence posée par les économistes entre main-d'oeuvre humaine et animale. Il part pour ce faire d'un exemple donné par Le Mercier de la Rivière : «un tisserand achète pour 150 livres de subsistances et de vêtements, & pour 50 livres de lin qu'il revend en toile 200 livres, somme égale à celle de sa dépense»[14]. C'est là pour les physiocrates l'exemple même des activités auxquelles est vouée la classe *stérile* (entendons: les artisans). Le travailleur ne fait que donner à une richesse préexistante (le lin brut et les objets de sa consommation personnelle) une forme nouvelle (la toile) sans *créer* aucune richesse supplémentaire. Du point de vue du produit net, c'est-à-dire d'un surplus de richesse suscité par le travail humain, l'opération est à leurs yeux *nulle*. Cet exemple intervient par ailleurs dans le cadre d'un débat sur les protections qu'il convient (ou ne convient pas) d'accorder aux manufactures nationales contre leurs concurrents

---

[12]. QUESNAY, «Tableau Economique», op. cit., note a, p. 109.

[13]. Cf. la lettre du 30 juillet 1767 de Mirabeau à Rousseau, op. cit., pp. 261-262.

[14]. GRASLIN, *Correspondance entre M. Graslin et M. l'abbé Baudeau*, op. cit., p. 4.

étrangers : pour les physiocrates, puisque aucune richesse n'est créée, il est indifférent que la nation salarie les tisserands indigènes et exporte pour 200 livres de toile, ou qu'elle exporte directement pour 200 livres de matières brutes (le lin et le blé) et laisse des artisans étrangers modifier la forme de cette richesse stérile.

Graslin attaque d'abord ce raisonnement par une question: «les productions qui ont été consommées par le Tisserand n'ont-elles pas rempli leur fonction naturelle & unique, puisqu'elles ont été employées à la subsistance d'un homme, d'un citoyen & d'un citoyen utile?»[15] Il montre ensuite en quoi l'équivalence du travailleur et du cheval est limitée et leurrante :

> si au lieu du travail du Tisserand on avoit pu employer celui d'un cheval qui eût consommé pour 150 livres de foin (ou de denrées plus exportables), il seroit juste de ne voir dans l'excédent de valeur qu'auroit acquis le lin converti en toile, que la valeur des subsistances consommées par le cheval, parce que la subsistance du cheval n'est rien par elle-même dans l'ordre des richesses; & dans ce cas, il est permis de dire que l'Etat gagneroit autant à exporter le lin brut et le foin, en vendant ces denrées du sol 200 livres, que d'exporter la toile fabriquée pour la vendre le même prix de 200 livres. Tout ce qui en arriveroit seroit que le cheval manqueroit de subsistance; ce qui est indifférent à la richesse des hommes, dès que ce cheval ne leur servoit, dans notre hypothèse, qu'à la fabrication de la toile [...] Je vous soutiens, Monsieur que pour être conséquent, M. de la Rivière doit appliquer au Tisserand le raisonnement que je viens de faire à l'égard du cheval. Il dira donc que la subsistance de cet Ouvrier ne fait rien à la richesse de la Nation.[16]

---

[15]. Ibid., p. 5.

[16]. Ibid., pp. 26-27.

L'exemple implique des phénomènes complexes, et l'argument de Graslin semble au moins en partie fondé sur des présupposés populationnistes, voire sur un protectionnisme à l'esprit assez étroit (et assez facilement réfutable). Une objection plus profonde s'esquisse pourtant derrière sa critique de Le Mercier de La Rivière. A quoi servent donc les richesses, le produit net ou le PIB? A quoi, sinon à assurer la subsistance, et si possible le bonheur, des hommes. A force de traiter la main-d'oeuvre comme une marchandise, à force de ne voir dans les salaires que des frais de production, les économistes en arrivent à oublier que l'être humain appartient au royaume des fins en soi. Si la subsistance du cheval ou l'existence d'une machine «ne sont rien par elles-mêmes dans l'ordre des richesses», il n'en va pas de même de l'existence d'un homme. Qu'un ouvrier puisse apparaître d'un certain point de vue — celui de l'entrepreneur relayé par celui de l'économiste — comme un moyen dans la génération du profit ne doit pas obscurcir le fait fondamental qu'il ne saurait *se réduire* à ce statut de moyen. «Ces Ouvriers ne sont ni des moutons, ni des chevaux, mais des hommes aussi bien que vous. Voilà une majeure qu'il faut absolument que vous niiez pour avoir raison, ou du moins pour être conséquent»[17].

Cette négation par les économistes de l'«humanité» (et des droits qui y sont attachés) en la personne du salarié a été relevée par plus d'un auteur. Elle se voit dénoncée de manière récurrente à travers une série d'assimilations où la figure de l'*esclave* sert de moyen terme entre celles de l'ouvrier et du cheval. Linguet a construit les pages les plus puissantes de son oeuvre sur la comparaison systématique des statuts du manoeuvre et de l'esclave. Tous deux impliquent à ses yeux «la destruction de tous les droits de l'humanité» : «ce n'est plus un homme, c'est suivant les occurrences un instrument insensible,

---

17. Ibid., p. 50.

ou une bête de charge agissante. [...] Excepté qu'il ne marche encore que sur deux pieds : excepté qu'il ne sait ni mugir, ni hennir, et qu'à sa mort on ne tire parti ni de sa chair, ni de sa peau, il n'y a plus aucune sorte de différence entre lui et un boeuf, ou un cheval»[18].

Dans la mesure où ce fantôme de l'esclavage hante la représentation de la main-d'oeuvre dans les débats de l'époque, il vaut la peine de s'y arrêter brièvement, et de recenser quelques-unes des prises de position auxquelles il a donné lieu. La plupart des auteurs, économistes et anti-économistes confondus, condamnent fermement la pratique de l'esclavage. Les références constantes à la notion de droit naturel, et la capacité d'intégrer les peuples d'Afrique et d'Amérique dans une définition englobante de l'«humanité» — ce qui est loin d'aller de soi à l'époque[19] — permettent à la plupart des écrivains de dénoncer les «crimes», l'«abjection», l'«expédient dénaturé», le «brigandage», l'«abominable coutume», le «spectacle affreux» offerts par les pratiques coloniales du temps. Pour être le plus souvent ferme, une telle condamnation n'en est pas pour autant toujours dépourvue d'ambiguïté. Au nom de quoi est-elle en effet portée? Parfois en termes très clairs d'«humanité» et de «justice», comme c'est le cas chez Condorcet qui deviendra, on le sait, un des militants les plus actifs de la cause abolitionniste et qui prend bien garde de placer la question sur le terrain de la morale: «la prospérité du commerce, la richesse nationale, ne

---

18. LINGUET, *Théorie des lois civiles*, op. cit., pp. 438-439.

19. On sait que le mouvement abolitionniste ne connaîtra son plein essort qu'après le déclin de l'école physiocratique. Le spectre des différentes positions à prendre sur ce sujet était cependant déjà assez largement déployé; l'*Histoire philosophique et politique des deux Indes* de Raynal voit sa première édition paraître en 1772. Pour situer la question dans des documents d'époque, cf. Isabelle & Jean Louis VISSIERE, *La traite des Noirs au siècle des Lumières. Témoignages de négriers*, Paris, A.M. Métaillé, 1982.

peuvent être mises en balance avec la justice»[20]. Chez nombre d'auteurs toutefois, on ne sait pas vraiment si l'esclavage est condamné pour son injustice (éthique) ou pour son inefficacité (économique). Du Pont de Nemours entremêle les deux approches, chiffrant et comparant au passage le «coût» d'un esclave et celui d'un travailleur libre, dans le sixième volume des *Ephémérides du Citoyen* de 1771. Il ne s'agit pas ici d'attribuer de bonnes ou de mauvaises notes de moralité aux penseurs du XVIIIe siècles. (Qui sommes-nous donc pour les juger, tandis que nous gaspillons sans honte apparente les ressources d'un monde où un sixième de l'humanité souffre de la faim?) Si le traitement de l'esclavage par les économistes m'intéresse ici, c'est que, quel que soit son résultat immédiat (condamnation ou approbation), il met à jour un danger intrinsèque à leur approche : celui de croire pouvoir résoudre des problèmes de justice en termes de productivité.

Ici ou là en effet, l'esclavage fait surface dans les textes des économistes autrement que pour faire l'objet d'une condamnation. A titre de possibilité théorique, il autorise des calculs plus «purs», puisqu'il permet une réduction maximale des frais de main-d'oeuvre. Ainsi Cantillon se sert-il de cette hypothèse pour déterminer le «rapport de la terre à la valeur du travail» sur lequel repose son système. Pour lui comme pour bien d'autres, l'esclave constitue une forme de main-d'oeuvre *idéale*, non seulement en ce qu'il offre un cas limite à partir duquel un modèle abstrait pourra être élaboré, mais aussi en ce qu'il présente une situation dont tout propriétaire pourrait rêver : «il seroit toujours plus avantageux au Propriétaire d'entretenir des Esclaves que des Païsans libres, attendu que lorsqu'il en aura élevé un trop grand nombre pour son travail, il pourra vendre les

---

[20]. Jean Antoine Nicolas de Caritat, marquis de CONDORCET, *Réflexions sur l'esclavage des nègres* (1781) in Eugène DAIRE, *Mélanges d'Economie Politique*, tome XIV, 1ère partie, Paris, Guillaumin, 1848, p. 511.

Surnuméraires comme ses bestiaux, & qu'il en pourra tirer un prix proportionné à la dépense qu'il aura faite pour les élever jusqu'à l'âge de virilité ou de travail»[21]. On sait que d'autres économistes récuseront ce raisonnement et s'efforceront de démontrer qu'en dépit des apparences la main-d'oeuvre servile est plus coûteuse que celle des travailleurs libres[22]. Ici encore toutefois, le résultat du calcul est moins révélateur que sa possibilité même. En considérant l'esclavage du point de vue de la richesse nationale et de la prospérité du commerce, on tend de fait à donner à ces dernières un poids qui finira par être «mis en balance avec la justice».

Le pas suivant est franchi par Le Trosne lorsqu'il en arrive à mettre explicitement entre parenthèses la dimension éthique de la question. Sa ferveur à défendre la «liberté» du commerce l'amène en effet à ne «considérer les nègres que comme des animaux servant à la culture». «Il en est bien d'autres qui ne les considèrent pas autrement», ajoute-t-il, comme si cela suffisait à le justifier. Un tel point de vue s'abrite derrière la suspension de jugement qui ouvre le chapitre:

> Je n'examine point ici dans le point de droit la nature de ce commerce. Est-il permis d'acheter des hommes pour les réduire à l'esclavage? Est-il permis de favoriser et d'entretenir par ce commerce tous les crimes auxquels se portent ces nations barbares, et les guerres

---

21. CANTILLON, *Essay de la nature du commerce,* op. cit., pp. 39 & 43.

22. Cf. en particulier l'article de DU PONT DE NEMOURS mentionné plus haut, *Ephémérides du Citoyen* 1771, tome VI, pp. 163-246, & Adam SMITH, *Recherches sur la nature et les causes de la richesse des nations* (1776), livre I, chapitre VIII, trad fr. Garnier, Paris, GF, 1991, tome I, p. 153 : «l'expérience de tous les temps et de tous les pays s'accorde, je crois, pour démontrer que l'ouvrage fait par des mains libres revient définitivement à meilleur compte que celui qui est fait par des esclaves». Sur cette question, voir aussi le chapitre «L'antiesclavagisme des physiocrates et des philanthropes» de Michèle DUCHET, *Anthropologie et Histoire au siècle des Lumières*, Paris, Flammarion, 1971/1977, pp. 136-143.

> qu'elles se font continuellement pour y fournir? Les Européens voudraient-ils qu'on les traitât de même? [...] Tout cela n'est pas de mon sujet.[23]

Accepter de dissocier les droits de l'humanité du calcul des intérêts économiques en situant les premiers «hors de son sujet», c'est déjà — malgré les précautions oratoires — prendre parti dans le débat éthique en affirmant que les deux aspects peuvent être considérés indépendamment. Les autres questions que Le Trosne choisit de mentionner sans oser leur donner de réponse explicite sont à cet égard révélatrices : «la justice est-elle applicable aux relations entre les Européens et les Africains; ou bien la différence du blanc et du noir exige-t-elle d'autres principes et une autre morale?» Si l'on décide de ne pas examiner ce commerce du point de vue du droit, c'est que l'idée de justice, telle qu'elle s'applique aux Français, n'est ici guère pertinente. Mais même si Le Trosne ne tranche pas la question au moment où il fait mine de (ne pas) la poser, l'important est ailleurs. Le but de son chapitre est de défendre le «libre» échange des esclaves. «L'intérêt des colonies qui emploient ces animaux est de les acheter au moindre prix possible»; or les privilèges et prohibitions qui enfreignent le cours naturel du commerce maintiennent ce prix à un niveau artificiellement haut; avec cette conséquence familière :

> ce renchérissement des instruments renchérit les frais de culture, diminue le produit net, et la part que l'Etat devrait y avoir: il renchérit en même temps les productions qui sont les fruits de cette culture. Il est donc aussi contraire aux intérêts de la métropole qu'à celui des colonies: il produit le même effet que si, par le

[23]. Guillaume François LE TROSNE, *De l'intérêt social* (1777), in DAIRE, *Physiocrates*, op. cit., tome II, deuxième partie, p. 1021.

> moyen d'une exclusion, les laboureurs voyaient les chevaux renchéris de 50 ou 100 livres.[24]

Tout en prétendant suspendre son jugement, Le Trosne parvient à vanter les mérites du *marché libre* à propos du commerce *des esclaves* — mouvement assez symptomatique quant à la nature profonde de l'ultra-libéralisme[25]. En prouvant que l'intérêt de la métropole et celui des colonies convergent sur cette liberté, il résout de fait la question de la justice et du droit qu'il avait garde de poser explicitement. Toute son oeuvre a en effet pour mission de prouver que «le véritable intérêt est inséparable de la justice : le juste et l'utile sont unis par des liens indissolubles»[26]. D'où il résulte qu'il est juste que les nègres, comme les chevaux, soient vendus au plus bas prix qu'instaurera une honnête concurrence...

Avançons encore d'un pas. Melon, un des précurseurs de l'économie politique française, consacre un chapitre de son *Essai politique sur le commerce* à la question de l'esclavage. Contrairement à Le Trosne, il ne s'embarrasse guère de

---

24. Ibid. Lorsqu'il ne s'efforce pas de calculer précisément le «produit net du nègre», Le Mercier de la Rivière discute le même type de questions, en y apportant des réponses différentes, dans les rapports qu'il rédige en tant qu'Intendant de la Martinique en 1762-1763, publiés par L. Ph. May sous le titre *Mémoires et textes inédits sur le gouvernement économique des Antilles*, édités par Louis Philippe May, Paris, CNRS, 1978.

25. Sieyès opère un mouvement similaire en justifiant sa proposition de réintroduire l'esclavage au nom même de la liberté naturelle que doit avoir chacun de faire ce qu'il veut de sa propre personne : «La dernière classe, composée des hommes qui n'ont que leurs bras, peut avoir besoin de *l'esclavage* de la loi pour échapper à l'*esclavage du besoin.* Pourquoi restreindre la liberté naturelle? Je veux vendre mon temps et mes services de toute espèce (je ne dis pas ma vie) pour un *an*, deux *ans*, etc., comme cela se pratique dans l'Amérique anglaise. La loi [se] tait à ce sujet, elle ne doit parler que pour empêcher les abus de cet exercice dangereux de la liberté» (Emmanuel-Joseph SIEYES, article «Esclavage» des *Notes et fragments inédits*, in *Ecrits politiques*, Paris, Edition des Archives contemporaines, 1985, p. 76).

26. LE TROSNE, *De l'intérêt social*, op. cit., p. 1013.

précautions oratoires : «l'usage des esclaves, autorisé dans nos colonies, nous apprend que l'esclavage n'est contraire ni à la religion ni à la morale. Ainsi nous pouvons examiner librement s'il serait plus utile de l'étendre partout»[27]. Au lieu de dresser la liste des moyens qu'imagine l'auteur pour «blanchir» la servitude de toute connotation barbare — terme à entendre littéralement puisqu'il va jusqu'à exclure les «nègres» dont la «difformité» serait dangereuse, et réserver le statut servile aux membres des nations voisines de la France — on se contentera de relever deux aspects de ce chapitre qui anticipent un type d'argumentation appelé à devenir commun chez les économistes de la génération ultérieure. Notons d'abord que c'est au nom du bien commun que Melon propose de réintroduire l'esclavage sous nos climats. «En partant du principe que le désavantage de l'un est compensé par l'avantage de l'autre», il fonde son raisonnement sur une logique que l'on pourrait qualifier d'optimisme proto-utilitariste :

> Que dans une opération générale, dont le législateur prévoit un bien à sa nation, il s'ensuive le dommage de quelque particulier, alors ce dommage a une compensation si grande qu'il doit être nul devant le législateur, qui n'a pu faire entrer dans son plan les intérêts de détail. [...] Et s'il était permis d'élever la comparaison jusqu'à l'Etre-Suprême, c'est ainsi que les perfections de l'univers sont accompagnées de quelque mal physique et moral, sujet de scandale pour les esprits qui n'embrassent pas la totalité[28].

Si la somme totale de bonheur doit augmenter grâce à l'introduction de l'esclavage, si la richesse agrégée de la nation doit s'en trouver accrue, pourquoi se laisser arrêter par le

---

27. Jean François MELON, *Essai politique sur le commerce* (1734), chapitre V, in DAIRE, *Economistes financiers du XVIIIe siècle*, Paris, Guillaumin, 1846, p. 724.

28. Ibid.

dommage infligé à quelques particuliers. L'omelette de la prospérité vaut bien quelques oeufs de cassés. Surtout lorsque ceux-ci sont de toute façon voués à croupir dans les bas-fonds de la société. Car après tout — deuxième argument, lié au précédent — «l'égalité chez les hommes est une chimère». Si l'on voulait consulter le sentiment de tous les damnés de la terre avant d'édicter une loi, aucun ordre social ne subsisterait:

> C'est avoir peu examiné la police générale, de dire qu'il faudrait laisser juger la question de l'esclavage aux esclaves, et non aux maîtres. Proposez la question s'il doit y avoir des laboureurs, des valets, des soldats de milice, et faites-la-leur juger: ils proposeront tous l'égalité; mais comme le législateur sait l'impossibilité de cette égalité, c'est à lui d'examiner et de juger quelles subordinations assurent mieux la tranquillité et le bien-être du total de sa nation.[29]

On est ici à la fois très proche et très loin du discours économiste. Très loin, parce que l'idée d'un législateur agençant le social d'en haut sera remplacée par celui de flux naturels organisant spontanément les interactions entre individus; très loin aussi, parce que l'idée même d'asservir les membres des nations voisines présuppose un état de guerre (militaire ou commerciale) propre au cadre mercantiliste dans lequel Melon situe sa pensée, mais que récuseront radicalement ses successeurs; très loin enfin, parce que l'auteur de l'*Essai* ne place visiblement pas le «droit naturel» de chaque individu au coeur de sa doctrine. Et pourtant...

On a vu que la passion de maximiser le produit net chez un physiocrate comme Le Trosne pouvait conduire à des conclusions dangereusement proches de celles menées ici au

---

[29]. Ibid., p. 725.

nom du «bien-être du total de la nation»[30]. On pourrait, plus fondamentalement, trouver des échos du type de raisonnement évoqué par Melon jusqu'au coeur de l'article que Quesnay consacre à ce qui semble fournir le meilleur rempart à ce type de dérive, le «droit naturel». On y voit en effet revenir l'association établie par Melon entre un optimisme de la totalité, une inégalité présentée comme indépassable et la fatalité de certains dommages frappant les particuliers (mis sous les auspices de l'Etre Suprême).

> En considérant les facultés corporelles et intellectuelles, et les autres moyens de chaque homme en particulier, nous y trouverons encore une grande inégalité relativement à la jouissance du droit naturel des hommes. Cette inégalité n'admet ni juste ni injuste dans son principe; elle résulte de la combinaison des lois de la nature; et les hommes ne pouvant pénétrer dans les desseins de l'Etre Suprême dans la construction de l'univers, ne peuvent s'élever jusqu'à la destination des règles immuables qu'il a instituées pour la formation de son ouvrage. Cependant, si on examine ces règles avec attention, on apercevra au moins que les causes *physiques* du mal *physique* sont elles-mêmes les causes des biens *physiques*, que la pluie qui incommode le voyageur, fertilise les terres; que le mal qu'elles causent

---

30. Mirabeau a bien senti cette dérive possible du traitement physiocratique de la main-d'oeuvre vers des conséquences esclavagistes, puisqu'il en inscrit la perspective dans un de ses dialogues, pour la dénoncer avec force: «*Demande* : Quoi! mon intérêt physique ne seroit pas de payer le travailleur le moins possible? Ce seroit autant d'épargné sur les frais & d'accru sur le *produit net*, qui est l'intérêt de tous. *Réponse* : Ce désir supposeroit un esclave & comme l'intérêt de l'esclave n'est pas d'être esclave, voilà un chaînon de rompu dans la grande chaîne des intérêts humains respectifs, qui lui seul rompt tout le cercle, contredit la loi de la nature, & détruit tout le bien général & particulier» (Victor Riqueti, marquis de MIRABEAU, *Leçons économiques*, Amsterdam, 1770, p. 191).

> incidemment résulte nécessairement de l'essence même des propriétés par lesquelles elles opèrent le bien.[31]

Comme la pluie qui incommode le voyageur mais fertilise les terres, si l'inégalité des conditions impose quelques désagréments aux membres des classes inférieures, il ne faut y voir qu'un inconvénient marginal, inséparable du «bien-être total» qu'elle assure par ailleurs. Demandez au manouvrier ce qu'il en pense, il sera probablement assez myope pour vouloir que les conditions s'égalisent. Pour peu qu'on lui inflige le cours de ré-éducation économiste auquel L'ami Des Hommes soumet Antoine, il découvrira pourtant les surprenantes merveilles des règles immuables qui ont dirigé les desseins de l'être suprême dans la construction de l'univers. Certains individus sont faits pour «essuyer la sueur du travail manuel», selon la belle expression de Du Pont de Nemours, tandis que d'autres ont pour «charge» l'importante tâche de (bien) distribuer les richesses. Cette subordination sociale ne saurait être «sujet de scandale» que pour «les esprits qui n'embrassent pas la totalité».

Que cette «inégalité du droit naturel des hommes» — titre du chapitre de Quesnay — implique pour les plus défavorisés la condition d'esclaves ou de salariés ne relève en fin de compte que d'un détail assez marginal. Nombre d'auteurs, du côté des anti-économistes cette fois, dénoncent en effet comme illusoire la distinction entre les deux statuts. «La servitude est selon moi le dernier degré de l'avilissement de l'espèce humaine [...] Mais ce que je prétends c'est que la liberté dont jouissent la plupart des hommes ne vaut rien; parce qu'étant libres personnellement en apparence, ils sont réellement esclaves par leurs besoins»[32]; «quoique cette condition si contraire à la liberté naturelle de

---

31. QUESNAY, «Droit naturel» in *Physiocratie*, op. cit., p. 75.

32. GOSSELIN, *Réflexions d'un citoyen*, op. cit., p. 13.

l'homme n'existe presque plus aujourd'hui, il y en a cependant qui approchent plus ou moins de l'esclavage. Telle est celle des laboureurs des terres d'autrui qui, par la nécessité de leur condition, sont placés dans une trop vile dépendance de leurs propriétaires»[33].

Le promoteur le plus insistant, et la référence obligée, de ce type d'argument est Linguet, dont l'apport est aussi complexe qu'essentiel. Sa *Théorie des lois civiles* avait fait scandale en réitérant des conclusions qui chez Melon étaient passées plus ou moins inaperçues. Si plusieurs écrivains ont cru devoir dénoncer les «paradoxes de M. Melon» sur la question du luxe, ils semblent n'avoir pas été particulièrement outrés par son chapitre sur l'esclavage. Linguet déchaîne en revanche des tempêtes d'indignation lorsque, quelques décennies plus tard, il appelle lui aussi de ses voeux un retour à cette pratique. C'est que les deux penseurs arrivent à la même conclusion au fil de logiques sensiblement différentes.

Linguet fonde son raisonnement sur la dénonciation des conditions de vie inacceptables auxquelles est soumise la classe la plus défavorisée par l'ordre social de son temps, celle des manoeuvres payés à la journée. Leur sort est si pitoyable que celui des esclaves de l'antiquité apparaît enviable, et ce pour une raison qui nous permet de revenir à nos chevaux :

> l'esclave étoit nourri, lors même qu'il ne travailloit pas, comme nos chevaux ont du foin les jours de fête. [...] L'esclave étoit précieux à son maître en raison de l'argent qu'il lui avoit coûté. Mais le manouvrier ne coûte rien au riche voluptueux qui l'occupe. Du tems de la servitude le sang des hommes avoit quelque prix. Ils valoient du moins la somme qu'on les vendoit au marché. Depuis qu'on ne les vend plus, ils n'ont réellement aucune

33. *La Félicité publique considérée dans les paysans cultivateurs de leurs propres terres*, Lausanne, 1770, pp. 9-10.

> valeur intrinsèque. [...] Le manouvrier libre qui est souvent mal payé lorsqu'il travaille, que devient-il lorsqu'il ne travaille pas? Qui est-ce qui s'inquiète de son sort? A qui en coûte-t-il quelque chose, quand il vient à périr de langueur et de misère? Qui est-ce qui est par conséquent intéressé à l'empêcher de périr? Il est libre, dites vous! Eh! Voilà son malheur. Il ne tient à personne: mais aussi personne ne tient à lui. Quand on en a besoin, on le loue au meilleur marché que l'on peut.[34]

Linguet n'en est réduit à faire l'apologie de l'esclavage que parce qu'il tire rigoureusement les conséquences de la logique économiste qui réduit la main-d'oeuvre à l'état de marchandise. Dans un monde où la «valeur intrinsèque» se mesure au prix du marché et où c'est l'intérêt du détenteur de richesse qui détermine la marche de l'économie, le statut de l'ouvrier non qualifié est des plus précaires : le «manouvrier envers qui l'on se croit quitte dès qu'on l'a payé»[35] pour ses services temporaires peut mourir dans l'indifférence générale. Il n'est dans l'intérêt de personne de le maintenir en vie, pour autant qu'assez de ses pairs soient prêts à proposer leur bras la prochaine fois qu'on aura besoin d'eux. C'est une face cachée de l'analogie chère à Mirabeau entre individus et gouttes d'eau que la *Théorie des lois civiles* fait apparaître ainsi: «On perd sans regret une goutte d'eau dans une grande rivière, parce qu'il en survient sans cesse de nouveaux flots. Il en est de même des manouvriers; la facilité de les remplacer nourrit l'insensibilité du riche à leur égard»[36]. La main-d'oeuvre-marchandise est une notion supra-individuelle : elle se mesure en flux (en énergie et en temps de

---

[34]. LINGUET, *Théorie des lois civiles*, op. cit., pp. 583-584. Notons que Melon incluait déjà cette sécurité de la pitance dans sa liste des avantages présentés par l'esclavage (*Essai politique*, op. cit., p. 726).

[35]. LINGUET, *Du pain et du bled,* op. cit., p. 129.

[36]. LINGUET, *Théorie des lois civiles*, op. cit., p. 584.

travail) indépendants des êtres particuliers (Pierre ou Paul) qui la réalisent chaque jour (ou chaque mois). L'esclave au contraire, parce qu'il a fait l'objet d'un investissement attaché à sa personne singulière, représente un capital individualisé que la logique économique pousse à maintenir en vie. D'où la conclusion que la servitude personnelle «est le seul moyen d'assurer, je ne dis pas le bonheur, mais au moins la subsistance de cette partie du genre humain destinée à gagner par un travail journalier et méchanique sa nourriture journalière»[37].

Linguet fera rebondir ses théories scandaleuses à l'occasion de la hausse des prix du grain que lui offrira l'actualité de la fin des années 1760. Ce sera alors non seulement le sort des esclaves que pourront envier les journaliers, mais jusqu'à celui des chevaux : «dans nos villes de l'Europe, dans ces retraites de la liberté, des lumières, de la police, les hommes sont traités bien plus mal que les chevaux et les chiens [...] On n'a jamais vu de chevaux mourir de faim par le renchérissement du prix de l'avoine. Ceux qui les gardent les nourrissent à quelque prix que ce soit, parce qu'ils sont nécessaires à leurs plaisirs ou à leur subsistance»[38]. Dans le monde à l'envers de la logique économiste, *on nourrit bien les chevaux*, même si on laisse à la misère le soin d'*achever les hommes*...

Le scandale produit par les thèses de Linguet tient sans doute moins à la logique menaçante révélée par son texte qu'à l'attitude de résignation sur laquelle cette dénonciation débouche. Au lieu d'appeler, comme les Philosophes, à corriger les injustices de l'ordre social, il convie en effet les victimes à s'y soumettre sans broncher. «[Les Encyclopédistes] disent hautement que le droit d'esclavage est en général un droit injuste: il y a plus, ils le prouvent; à cet égard je pense comme eux, je l'ai déjà dit. Mais entre eux et moi il y a cette différence,

---

37. LINGUET, *Du pain et du bled*, op. cit., p. 130.

38. Ibid., pp. 129-131.

qu'ils croient cette injustice nuisible, et que je la crois nécessaire. [...] Ainsi la servitude, ou si l'on veut, la subordination sociale, quoique gênante, quoique préjudiciable au plus grand nombre des membres de la société, est un joug légitime, qu'ils ne sauroient secouer»[39]. On voit ce que sa position a d'inacceptable : elle révèle au fondement des sociétés humaines une injustice radicale mais néanmoins insurmontable. Comme Melon et comme Quesnay, il fait bien de l'inégalité des conditions une fatalité indépassable, mais contrairement à eux, il se refuse à lui donner les couleurs d'une justice supérieure, ancrée au fond obscur des impénétrables voies du Seigneur. Il s'applique au contraire à la faire apparaître comme une oppression parfaitement injustifiée, assise uniquement sur le privilège qu'a le plus fort d'abuser de son droit. Le message qu'il apporte aux victimes est «terrible, mais sincère» : «souffre et meurs enchaîné, c'est là ton destin [...] et lors même que le monstre dont tu dois être la pâture te dévore, subis ton sort avec résignation, puisqu'il n'est pas possible de le changer»[40]. Message somme tout assez proche de celui martelé de nos jours aux divers exclus de la «prospérité»... Les pages économiques de nos quotidiens semblent en effet avoir cyniquement tiré la leçon des critiques que la *Théorie des lois civiles* adressait aux bons sentiments et aux «contes de fées politiques» des Philosophes:

> Vous, Philosophe opulent, qui, dans votre cabinet, auprès d'un bon feu, faites si fort à l'aise des rêves sur la liberté, réalisez-les donc en partageant avec ce misérable le superflu dont vous ne jouissez que parce qu'il en est privé. Puisque vous êtes si scrupuleux, rendez-lui ce que vous lui avez pris. Donnez au monde dans la pratique l'exemple d'une restitution si honorable, dont vous vous

---

39. LINGUET, *Théorie des lois civiles*, op. cit., pp. 471 & 513.
40. Ibid., p. 614.

> attachez à démontrer la justice: ou si cette idée vous fait peur, si dans le fait vous tenez plus à l'amour de vous, qu'à celui de l'humanité que vous étalez si magnifiquement dans vos livres, ne parlez plus de restitution. Laissez le monde comme il est. [...] La société fait du monde entier un vaste cachot, où il n'y a de libres que les gardiens des prisonniers. Sied-il à ceux d'entre ces gardiens qui ont de la voix, d'affecter de prendre pour sujets de leurs chansons les louanges de la liberté? Leur sied-il de se réjouir sur le seuil de la prison, à faire semblant d'en briser la porte, tandis qu'ils s'occupent soigneusement à en fortifier les verrous? N'est-ce pas outrager les malheureux captifs, que d'afficher des descriptions touchantes du bonheur dont ils jouiroient s'ils étoient libres, sur la grille même qui les tient renfermés?[41]

Il est une dernière image, mettant elle aussi en scène des chevaux, que propose Linguet pour rendre compte des abus qui sont «une suite inévitable de la société». Si l'on nourrit ces animaux, c'est en effet pour leur faire tirer non seulement des charrues, mais aussi bien des carrosses. Cette image vient renouer toute une série de fils que les pages précédentes ont laissés épars. Le mal que notre époque appelle «l'exclusion» est «la poussière que fait voler un carrosse en courant dans un chemin sablonneux : elle n'incommode guere que les passans qui n'ont aucune part aux avantages de la voiture. Le vent qui la leur porte dans les yeux en garantit ceux qui la font élever. De même la société entraîne avec elle ces barbaries indispensables, qui ne deviennent funestes qu'à ceux qui se ressentent le moins de ses douceurs»[42]. Contrairement à la pluie de Quesnay qui importunait le voyageur mais contribuait en retour à assurer sa subsistance, la poussière du fiacre distribue ses bienfaits et ses maux à des individus distincts. C'est bien *une société à deux*

---

41. Ibid., pp. 473 & 613.
42. Ibid., p. 524.

vitesses qui s'esquisse à travers l'image récurrente du carrosse: «dans un temps de calamité, les carrosses des oisifs continuent à rouler, tandis que le pain manque chez ceux qui travaillent»[43]. Piétons et voiturés appartiennent à deux mondes différents, régis par des règles distinctes et soumis à des échelles de valeurs incompatibles. Non pourtant qu'ils soient indépendants : «à Versailles il y a des porteurs de chaises qui portent des hommes dans les différens quartiers de la ville : ne te paroît-il pas bien étrange qu'un homme qui a de bonnes jambes se fasse porter par d'autres hommes? Cesse d'y trouver à redire; car les porteurs de chaises murmurent bien fort quand ils voient un riche aller à pied [...] Ne te plains donc pas de ce que les riches dépensent, puisque les pauvres profitent de cette dépense»[44]. Sur la sueur reconnaissante des *marcheurs*, que s'élève donc une bonne société de *marchés*!

Les économistes, logiquement, se situent du côté des marchés. Et certains de leurs critiques ne se privent pas de leur en faire grief :

> Ah! M. descendez de votre voiture (car à votre ton tranchant & décisif j'ai peine à croire que vous ne soyez qu'un vil piéton de la société), descendez de votre voiture et instruisez-vous: les gens à carrosse passent trop vite pour apercevoir jusqu'où va la misère publique et pour en entendre le cri. Vous verrez, étant à pied, que la misère est à son comble, & que le cri contre la cherté du pain est général. Vous verrez enfin quels sont les effets de la liberté du commerce des grains.[45]

Nous voilà donc en mesure d'épingler le point de vue biaisé que Graslin dénonçait au coeur de l'approche physiocratique : *la*

---

43. BEARDE DE L'ABBAYE, *Recherches sur les moyens*, op. cit., p. 191.

44. MIRABEAU, *Les économiques*, op. cit., p. 12

45. *Lettre à l'auteur des Observations sur le commerce des grains*, Amsterdam, 1775, p. 16. (Cet écrit est parfois attribué à Linguet.)

Science des économistes est une doctrine de gens à carrosse. Cela la condamne à *une double cécité* : d'une part, elle ne sait pas prendre la vraie mesure de la «misère publique». Si elle écoute poliment les récriminations des autres passagers, elle passe trop vite dans les quartiers pauvres de la société pour entendre les cris et les plaintes qui en émanent. Compatir avec la misère des exclus implique qu'on leur «prête» (sans intérêt) une oreille dont on sait jamais comment ils nous la rendront : «J'avoue qu'il est plus commode encore d'être dans un bon carrosse bien roulant qui pour toute réponse couvre de boue le visage du pauvre»[46].

D'autre part, la Science des économistes fait mine de ne pas voir la poussière qu'elle soulève sur son passage. Elle ne parcourt pas l'espace social sans y laisser des traces ni y causer des perturbations. Or les tourbillons qu'elle génère tendent non seulement à incommoder la respiration des passants, mais aussi bien à troubler leur vue, à boucher leur horizon et à leur faire prendre des fantômes informes pour des silhouettes humaines.

Au demeurant, ces effets pervers du carrosse n'impliquent aucune perversité de la part de ses passagers. Contrairement à ce qu'aura peut-être suggéré tel ou tel passage qui précède, même les critiques les plus acharnés s'accordent à reconnaître que les économistes étaient de braves gens, animés des meilleures intentions du monde. Leurs efforts visaient clairement à améliorer le sort de tous les hommes, et non celui des seuls propriétaires. Si leur réflexion manque de justesse, si leur logique manque de justice, si l'idéologie qu'ils ont contribué à mettre en place a perpétué un ordre social où nombre de salariés ont effectivement pu finir par «regarder avec envie le sort du cheval dont le ratelier est toujours rempli parce qu'il a un maître»[47], c'est sans doute que, comme le reconnaît Mirabeau,

---

46. ROUSSEAU, «Sur les richesses», op. cit., p. 486.

47. Simon Nicolas Henri LINGUET, *Théorie du libelle, ou l'art de*

«sans être injustes nous sommes néanmoins fabricans en injustice sept ou huit fois par jour». Et cela, semble-t-il suggérer, en proportion directe de la taille de notre carrosse :

> Je revenois de Passy à cheval un soir d'automne, sur ce pavé noir et fangeux une femme brutalisoit sa petite fille, parce qu'elle laissoit son soulier dans la boue et s'arrètoit. Quelle éducation disois-je et quelle injustice; insensiblement j'avançois et me trouvois sur les talons de cette femme. Mon postillon cria *gare donc* comme si nous n'eussions pas été libres de passer a coté; autre injustice m'écriay je intérieurement, et c'est moy qui la fais; celle-cy fut tost rangée, un carrosse venant au trot nous fit garer plus durement encore, il triomphoit quand un autre à six chevaux le fit brusquement descendre du pavé. Grand dieu dis je en moy même que d'injustices habituelles qui vous blessent sur cette route et que les injustes sont rares en comparaison.[48]

---

calomnier avec fruit, Amsterdam, 1775, p. 191. Pour une description saisissante des souffrances dont l'ultra-libéralisme économique a cautérisé les sociétés européennes au XIXe siècle, on (re)lira toujours avec profit le classique de Karl POLANIY, *La grande transformation. Aux origines politiques et économiques de notre temps* (1944), Paris, Gallimard, 1984.

48. MIRABEAU, Lettre à Jean Jacques Rousseau du 20 février 1767, éd. cit., volume 32, p. 162.

Chapitre 6

CRITIQUE LITTERAIRE

«Le produit net», «le Tableau économique» «et les avantages de» «l'entière liberté du commerce» «ne sont donc que des illusions suggérées par l'erreur»[1]. Quesnay a effectivement dit tout cela sans avoir jamais rien dit de tel... Les pages qui précèdent, à l'évidence, ne prouvent rien. En collant, coupant, renversant, rapprochant des citations avec suffisamment d'adresse (et de malice), on peut faire dire aux économistes tout et n'importe quoi. Je peux bien prétendre m'efforcer de respecter la logique inhérente des textes dans mon choix et montage de citations, le lecteur n'a aucune raison de me faire confiance sur ce point. Il sait sans doute que la «logique inhérente d'un texte» est elle-même affaire d'interprétation.

Une pause est donc de rigueur, pour préciser le statut des manipulations qui remplissent les pages de ce livre. Et pour ne pas renoncer à éclairer les textes par les textes eux-mêmes, la réflexion s'articulera sur ce que les économistes et leurs adversaires ont élaboré au cours de leurs débats pour rendre compte des enjeux de telles manipulations.

---

[1]. Dans l'ordre : «Tableau économique» in *Physiocratie*, op. cit., p. 123; «Sur les travaux des artisans», ibid, p. 388; «Tableau économique», p. 117; «Maximes générales», ibid, p. 245; «Du commerce», ibid., p. 311...

En 1775, une polémique fait rage entre Linguet et l'abbé Morellet, un des compagnons de route les plus proches des physiocrates. Ce dernier (apparemment à l'instigation de Turgot) commence par faire paraître une *Théorie du paradoxe* où il attaque les thèses avancées par l'auteur de la *Théorie des lois civiles*, à commencer par celles concernant l'esclavage, dont on vient de voir l'aspect scandaleux. Il présente cette attaque de 210 pages (remplies de citations) sur le mode ironique d'un manuel apprenant à composer des paradoxes, figure qu'il isole comme centrale dans la rhétorique de Linguet. Celui-ci réplique quelques mois plus tard en publiant une *Théorie du libelle*, rédigée sous la forme d'un dialogue de 228 pages au cours desquelles un sinistre Abbé M. essaie de contraindre par le chantage et l'intrigue un pauvre M. P. à entrer dans le complot lancé depuis des années par les économistes pour diffamer Linguet. A quoi Morellet rétorque la même année encore par une *Réponse sérieuse à M. L***, répétant et réfractant les insultes du premier round. Au-dessus de la fange des attaques personnelles qui saturent ces trois ouvrages émergent quelques formulations susceptibles d'éclairer le type d'interprétations avancées ici.

Qu'est-ce en effet que *l'art du libelle* selon Linguet? Comme l'explique le démoniaque abbé M., la première règle en est qu'«un bon livre offre à la critique précisément les mêmes ressources qu'un mauvais : il n'y a que [la] manière de s'y prendre. C'est le bloc de marbre dont un sculpteur habile va également tirer *Vénus*, ou *Thersite*. Quelle est la différence d'un auteur que l'on admire à celui qui pourrit dans les magasins?»[2]. Règle No 1 : *Tout ouvrage, quelle que soit sa valeur intrinsèque, est bienvenu sous la plume du libelleur, lequel*

---

[2]. Simon Nicolas Henri LINGUET, *Théorie du libelle, ou l'art de calomnier avec fruit*, Amsterdam, 1775, pp. 81-82.

cherche autre chose que l'élévation du style ou l'originalité de la pensée.

Une fois que l'on s'est choisi une victime, comment procéder? Il ne faut «que renverser l'ordre de ses idées, interrompre la chaîne de ses raisonnemens, supprimer ses preuves, déplacer ses comparaisons»[3]. Ecoutons encore l'abbé M. décrire les raffinements multiples de sa méthode :

> je prendrois dans ses livres tout ce qui étant ôté de sa place, auroit un air ridicule, & pourroit en prendre un odieux, étant rapproché d'un autre passage choisi dans un autre livre, sur une autre matière, mais du même Auteur [...] J'interromprois même ces citations pour les intercaler les unes dans les autres: j'aurois soin de renverser la marche des idées, & en prenant un passage, de mettre le commencement à la fin, & la fin au commencement, etc. Vous sentez quelle cacophonie il résulteroit de ce mêlange de morceaux disparates, tronqués, mutilés, brouillés avec cette industrie dont je vous ai donné des modèles tout-à-l'heure. [...] Je jetterois par-ci, par-là, comme vous l'avez vu encore, avec un air de négligence, des espèces d'interprétations qui sembleroient être du texte ou nécessaires pour l'éclaircir, & qui y produiroient ou une confusion inexprimable, ou une absurdité folle, ou un odieux ineffaçable.[4]

A l'intention malveillante près, voilà un répertoire assez précis et exhaustif des pratiques auxquelles je soumets moi-même les textes des économistes (et de leurs adversaires). On peut en tirer directement une règle No 2 : *Le libelleur opère par une reconfiguration du texte de sa victime, isolant des citations qu'il investit d'un sens nouveau en les inscrivant dans le contexte d'autres citations.*

---

[3]. Ibid.

[4]. Ibid, pp. 126 & 128.

Comment justifier de telles manipulations? On peut suivre la voie ouverte par Morellet qui commence sa réponse en s'étonnant d'avoir besoin «de faire l'apologie d'une critique purement littéraire»[5]. Sa défense consiste moins à nier qu'à présenter sous un nouveau nom les «crimes» dont il est accusé: «ce qu'il y a de bien étrange, c'est que M. L** entreprenne de faire passer pour un libelle une simple *critique littéraire* [...] Le libelle & la satyre attaquent le personnage qui en est l'objet par le côté moral; ainsi, une critique littéraire, prouvât-elle complettement qu'un Auteur a des opinions fausses, & qu'il est un mauvais Ecrivain, &c, ne sauroit être ni un libelle ni une satyre»[6]. D'où une règle No 3 : *Le libelleur est un critique littéraire lorsqu'il s'attaque à des idées ou à des formes (plutôt qu'à des personnes).*

En jonglant avec des citations que je rapproche arbitrairement, en y jetant ici ou là «des espèces d'interprétations», et ce non pas pour dénoncer des personnes, mais pour discuter des idées et des formes, je ne fais donc que me livrer au travail qui est le mien, celui de *critique littéraire*. En me trouvant une bannière susceptible d'identifier ma pratique, je ne suffis toutefois pas à la justifier. Pourquoi soumettre à une critique *littéraire* des théories *économiques*? Une critique *littéraire* ne doit-elle pas porter sur des textes *littéraires*? Et qu'est-ce après tout, au-delà du jonglage de citations, qu'une critique *littéraire*? Reprenons donc la question de plus haut. Laissons de côté le triturage des citations pour remonter au B, A, BA de toute réflexion rhétorique : partons de ce point où le commun des économistes reconnaît une distinction primordiale entre les *mots* et les *idées*.

Dans le débat des années 1770, ce point est celui où *la logique d'un système* (on parlerait aujourd'hui de «théorie», de

---

5. André MORELLET, *Réponse sérieuse à M. L***, Amsterdam, 1775, p. 5.

6. Ibid., pp. 40 & 43. Je souligne.

«modèle» ou de «science») se distingue de *l'illogisme du paradoxe*: «l'esprit de système, diamétralement opposé à celui de paradoxe, est l'esprit d'ordre, est l'art de bien combiner, de bien lier les idées»[7]. A l'inverse, «la vraie logique du paradoxe [...] *lie les mots aux mots* & non pas les idées aux idées»; «peut-on douter que le paradoxe ne soit le véritable champ de l'éloquence»[8]. D'un côté, *les idées* : la pensée, le concept, le calcul, l'implacable rigueur de la logique, le sérieux et la précision des sciences «dures». De l'autre, *les mots* : les illusions de la parole, les tromperies de la rhétorique, les glissements et les entortillements d'une éloquence toujours trop souple pour se laisser saisir dans l'étau de la vérité. La dichotomie semble — aux yeux de la plupart des économistes — indépassable. Lorsque Linguet se flatte que «le succès de ses raisonnemens quand il a des juges à convaincre est un grand préjugé en faveur de sa Logique Littéraire», les «Partisans de la *science*»[9] savent bien qu'un discours habilement contourné peut persuader n'importe qui de n'importe quoi. Si les lumières de la Science éclairent, l'éclat de la Lettre éblouit. «Redoutons celui qui se présente au public pour l'éblouir par l'éclat de ses discours en sacrifiant la vérité, la constance ou la clarté des principes; les miroirs qu'il nous présente ne sont que de ces polyèdres

---

7. Paul Pierre LE MERCIER DE LA RIVIERE, *Lettre sur les économistes*, seconde édition, s.l.n.d., p. 13.

8. André MORELLET, *Théorie du paradoxe*, Amsterdam, 1775, p. 172 & 187. (Je souligne.) Morellet illustre ce fonctionnement du paradoxe à l'aide d'un «petit conte qui est plus moral et plus instructif qu'il ne paraît au premier coup d'oeil» : «Un Moine prêchoit d'abondance de coeur sur l'amour des ennemis; dans la chaleur, et au plus bel endroit de son sermon, il lui vient dans la tête de se faire cette objection: *mais vous me direz : Je vis en paix avec tout le monde; je n'ai point d'ennemis! Et le diable & la chair, ne sont-ils pas vos ennemis?* voilà tous les auditeurs à se regarder et à rire» (Ibid., p. 171). En suivant le fil des mots (*amour - ennemis - diable)*, le paradoxe en arrive à embrouiller les liens de la pensée (*Aimez le diable!*).

9. LINGUET, *Théorie du libelle*, op. cit., p. 84.

cristallins qui réfléchissent les couleurs de l'iris sans peindre la nature des objets»[10].

Sous l'égide d'une telle dichotomie, on comprend que la confiance mise par les économistes dans le fond de leur doctrine contraste avec leur méfiance, et un certain malaise, envers la forme de leurs textes[11]. «Pour parvenir à me suivre, il faut s'attacher beaucoup plus à mes principes qu'à mes expressions», avertit Mirabeau[12]. L'attitude des physiocrates envers le langage se manifeste clairement à l'occasion de la polémique qui les opposera à Galiani. Ils reconnaîtront volontiers que les *Dialogues* sont un ouvrage «rempli de métaphores heureuses, de choses fortement exprimées parce qu'elles sont fortement senties, d'images vives et brillantes où l'imagination se joue et s'abandonne à elle-même sans garder aucun ménagement». Mais ce sera pour conclure qu'un tel livre est «fait non pour convaincre mais pour séduire»[13]. Autant dire que Galiani est un simple *littérateur*, dont les attaques, aussi ornées et colorées soient-elles, ne sauraient atteindre les sphères purement conceptuelles (ou mathématiques) où évoluent les *économistes*. Lorsque ceux-ci entreprennent de divulguer leur science, ils s'efforcent au contraire de «tenir [leur] imagination dans les fers», de «faire usage de cette lumière douce et pure que fournit le flambeau de la raison : on voit mal au feu brillant des éclairs». Leur objet «n'est pas de séduire, de plaire par un style fleuri, mais bien d'accabler [les] préjugés par la force de [leurs]

10. ISNARD, *Traité des richesses*, op. cit., p. VII.

11. Il est révélateur de voir cette dichotomie de la forme et du fond articuler leur conception de la stérilité des travaux non agricoles : «le commerce et l'industrie n'ajoutent rien aux produits, mais ils donnent la valeur; rien quant au fond, mais tout quant à la forme [...] accroissement réel quant à la forme, quoique fictif quant au fond» (MIRABEAU, *Théorie de l'impôt*, op. cit., pp. 75 & 89).

12. MIRABEAU, *Philosophie rurale*, op. cit., vol. I, p. 212.

13. LE MERCIER DE LA RIVIERE, *L'intérêt général*, op. cit., p. 327.

démonstrations»[14]. Qu'une telle attitude débouche sur une posture d'humilité (implorant l'indulgence du lecteur envers l'aridité stylistique du texte) ou de présomption (tel Mirabeau se présentant comme l'«organe de la Loi de Dieu»[15]), dans les deux cas elle postule une transcendance du fond sur la forme chargée de l'exprimer.

C'est précisément cette transcendance que réfute Grimm. L'auteur de la *Correspondance littéraire* renvoie bien aux économistes le mépris que ceux-ci vouent aux littérateurs. Il exprime à longueur de pages son «dégoût pour un style plein de dureté, d'apreté et de solécismes», «un style presque toujours barbare et apocalyptique», saturé d'«expressions obscures, louches et hétéroclites». «On a beau dire : l'élévation du style est l'effet immédiat et la preuve certaine de l'élévation des idées et des sentiments»[16]. Mots et idées, style et logique ne peuvent être séparés. Aux apôtres de l'évidence de la Science et de la transparence du discours — «qu'on me lise, il est impossible de m'échapper», dira aussi Mirabeau[17] — on reproche l'opacité de leur «jargon économistico-apocalyptique» et l'irréalisme de leurs «nouveaux romans agronomiques»[18]. De manière plus originale, on les accusera de ne pas savoir ce qu'ils disent, voire de dire ce qu'ils ne savent pas. Dans un compte rendu des *Ephémérides du citoyen* paru dans la *Correspondance littéraire* de novembre 1769, Diderot lance un thème qui réapparaîtra dans le *Neveu de Rameau* : «En vérité, ces économistes sont de bons diables qui font de leur mieux. Savez-vous à qui ils ressemblent? A la

---

[14]. Ibid., pp. 357 & 391.

[15]. MIRABEAU, *Théorie de l'impôt*, op. cit., supplément, p. 40.

[16]. Melchior GRIMM, *Correspondance littéraire, philosophique et critique*, éd. Tourneux, Paris, Garnier, 1877, octobre 1767, volume VII, pp. 432 & 447.

[17]. MIRABEAU, *Philosophie rurale*, op. cit., volume I, p. 166.

[18]. GRIMM, *Correspondance littéraire*, op. cit., volume VIII, p. 424 & LINGUET, *Du pain et du bled*, op. cit., p. 249.

plupart de ceux qui donnent des leçons à Paris. Ils montrent ce qu'ils ne savent pas»[19]. Un thème similaire traverse les *Dialogues* écrits par Galiani (et revus par Diderot) quelques mois auparavant : «les principes de la matière qu'ils avaient si savamment traitée leur étaient inconnus. Je levais les mains au Ciel et je disais : *Pater, ignosce illis quia nesciunt quid dicunt.* Dieu leur pardonnera, car ils ne savent ce qu'ils disent»[20]. En tirant d'une brochure physiocratique sur le pain des conclusions qui n'y étaient pas explicitées, le chevalier de Zanobi se justifie en observant que l'auteur «ne disait pas cela car il ne savait ce qu'il disait ni ce qu'il voulait dire»[21].

A la dichotomie revendiquée par les économistes entre *science* (un système d'idées pures combinées entre elles selon les lois de la raison) et *discours* (au mieux une manifestation transparente du système d'idées, au pire une source de leurre et de confusion), le triumvirat Grimm-Diderot-Galiani oppose une conception plus complexe de la dynamique propre à l'écriture : les mots du texte en disent *plus* que les idées méditées par son auteur. En mettant mes pensées sous forme de discours, je «ne sais pas ce que je dis» et je «montre ce que je ne sais pas». Dans son «Sermon philosophique» pour l'année nouvelle 1770, Grimm parachève ce retournement de perspective en faisant du *plus-de-sens* produit dans le discours, non pas un défaut du locuteur, mais le résultat du travail de l'interprète. Son éloge outré du livre de Galiani (parodiant le style physiocratique) se conclut sur un appel à «lire dans nos livres ce qui n'y est pas écrit» : les *Dialogues* «forment avec le canon de la *Bible* et celui de l'Opéra-Comique, les trois recueils dans lesquels on trouve les principes de toute sagesse et de toute science, surtout lorsqu'on sait lire (comme c'est un de nos devoirs les moins contestables) le blanc

---

19. *Correspondance littéraire*, ed. cit., volume VIII, p. 375.

20. GALIANI, *Dialogues sur le commerce des blés*, op. cit., p. 194.

21. Ibid., p. 172.

des entrelignes, c'est-à-dire moyennant ce que l'auteur a dit, deviner ce qu'il n'a pas dit, pénétrer ce qu'il a pensé et ce que, pour de bonnes raisons, il n'a pas confié au papier»[22].

Ces suggestions, pour ironiques qu'elles soient, nous mènent néanmoins au coeur de *l'efficace de la lettre* telle que l'a définie et pratiquée l'herméneutique d'après 1950[23] — et dont on fera une règle No 4: *le critique littéraire s'attache à tirer du* texte *un sens implicite largement indépendant de ce que l'*auteur *a pu vouloir exprimer intentionnellement.* En rapprochant des citations sans rapport apparent, en les «intercalant les unes dans les autres», en investissant «le blanc des interlignes» pour y projeter «des espèces d'interprétations», je m'efforce de faire apparaître une logique (souvent) implicite qui anime le discours économiste indépendamment des intentions conscientes des économistes eux-mêmes. Comme le chevalier de Zanobi, je leur fais dire ce qu'ils ne disent pas, parce que — comme chacun d'entre nous — «ils ne savent pas (tout) ce qu'il disent ni ce qu'ils veulent (vraiment) dire».

Quelle est la nature de cette efficace de la lettre? Qu'est-ce qui m'autorise à faire dire au texte ce que l'auteur n'a pas choisi d'expliciter? Pour répondre à ces questions, revenons à la distinction proposée par les économistes entre *système* et *paradoxe.* Morellet reconnaît lui-même que la séparation entre les deux n'est pas aussi étanche qu'on pourrait le souhaiter : même au sein de la conceptualisation la plus rigoureuse, «il n'y a point d'objet qui ne puisse être vu de plusieurs manières. L'assertion la plus vraie a un côté foible, & la proposition la plus fausse un côté vrai». Pour que la carrière du paradoxe s'ouvre

---

22. GRIMM, *Correspondance littéraire*, op. cit., janvier 1770, vol. VIII, pp. 424-425.

23. Pour deux bonnes réflexions sur cette efficace de la lettre, cf. Laurent JENNY, *La parole singulière*, Paris, Belin, 1990 & Stanley FISH, *Is There a Text in this Class? The Authority of Interpretive Communities*, Harvard University Press, 1980.

devant nous, il suffit donc «de prendre le côté foible d'une assertion vraie, & le côté vrai d'une assertion fausse»[24]. Autrement dit — règle No 5 — *la mise de la pensée en discours expose fatalement la combinaison des idées aux écueils de ces paradoxes dont se nourrit la critique littéraire.* Nonobstant Mirabeau, il est *toujours* possible de m'échapper lorsqu'on me lit. Toute parole donne prise à des interprétations qui la détournent des intentions de son auteur. Turgot va plus loin en faisant du malentendu la règle, bien plus que l'exception, de nos échanges verbaux : le «labyrinthe des idées» s'embarrasse dans le langage au point que «les mêmes mots sont rarement synonymes d'eux-mêmes; ils présentent divers sens selon qu'on les applique : on se devine bien plus qu'on ne s'entend dans la conversation»[25]. Loin de se réaliser dans la transparence, la mise en parole de nos idées génère une opacité fondamentale, derrière laquelle le sens se présente à nous comme un puzzle.

Turgot développe sur ces questions une réflexion d'une richesse impressionnante[26]. Il suffit de la suivre pour que se dessinent d'eux-mêmes les enjeux d'une critique littéraire de l'économie politique du XVIIIe siècle. On sait que la littérature, au sens traditionnel du terme, n'était pas étrangère à ses intérêts, comme en témoigne entre autres le fait qu'il se soit essayé à traduire le quatrième chant de l'*Enéide* en vers métriques, et que, sous le pseudonyme de l'abbé de L'Aage, il ait requis avec insistance (mais sans succès) l'approbation de Voltaire sur son innovation poétique. Ce travail de traduction a nourri une réflexion qui témoigne d'une grande sensibilité à la *liaison des*

---

[24]. MORELLET, *Théorie du paradoxe*, op. cit., pp. 13-14.

[25]. Anne Robert Jacques TURGOT, *Plan de deux discours sur l'histoire universelle* (1750) in *Oeuvres de Turgot*, éd. Daire, Paris, Guillaumin, 1844, tome II, p. 644.

[26]. Quant aux conceptions et aux pratiques linguistiques de Quesnay, cf. Marie-France PIGUET, «Quesnay, le langage et le langage de la science économique», *Histoire, épistémologie, langage*, 1999, 21/II, pp. 123-147.

mots (en sus du rapport des idées) : «un mot qui semble indifférent, ajouté ou retranché, peut faire disparaître cette liaison, souvent imperceptible, par laquelle le poète passe d'une idée à l'autre, et qu'on ne peut déranger sans détruire toute l'économie de l'ensemble»[27]. De l'économie du texte poétique à une poétique du texte économique, le saut n'est peut-être pas aussi grand qu'il y paraît. Dans les deux cas, il s'agit de rendre leur valeur de résonance à des mots qui semblent indifférents et d'observer les liens, souvent imperceptibles, par lesquels le discours nous fait passer d'une idée à l'autre.

Mais c'est surtout à l'occasion de l'article «Etymologie» et de ses commentaires sur l'origine des langues que Turgot pose les bases d'une étude du discours qui anticipe très précisément la mienne. Comme Rousseau, il conçoit une évolution des langues où les métaphores précèdent le sens «premier» :

> Des hommes grossiers ne font rien de simple; il faut des hommes perfectionnés pour y arriver; et une langue ne devient simple que lorsque les mots sont de *purs signes*, ce qui n'est pas dans l'origine où tout est métaphore, souvent forcée. [...] Il me vient une comparaison sensible : une langue imparfaite dira : "Ta conduite est pleine de sauts de chèvres", et nous dirions : "pleine de caprices". C'est la même chose et l'un vient de l'autre; mais l'idée accessoire, comme trop grossière, s'en est allée.[28]

---

[27]. TURGOT, Lettre à Caillard du 6 avril 1770, in *Oeuvres de Turgot*, éd. Daire, op. cit., tome II, p. 813.

[28]. TURGOT, *Remarques critiques sur les réflexions philosophiques de M. de Maupertuis sur l'origine des langues et la signification des mots* (1750), in *Oeuvres de Turgot*, éd. Daire, op. cit., tome II, pp. 711-712. (*Capra* est le mot latin pour "chèvre", d'où le rapprochement avec *caprice*.) Il évoquera un exemple similaire dans les *Réflexions sur la formation et la distribution des richesses* en imaginant qu'un peuple décide par convention de prendre le *mouton* pour signe et mesure de la valeur des biens à échanger — comme semble l'indiquer l'étymologie qui rattache *pecunia* à *pecus*. Pour autant que le mouton-signe-de-valeur s'institutionnalise et que les moutons-animaux

La chèvre originelle de Mirabeau méritait donc bien d'être analysée comme l'un de ces sauts primitifs par lesquels un langage naissant (celui de l'économie politique) esquisse une première approche de phénomènes fraîchement découverts (le rôle déterminant joué par le capital dans nos sociétés modernes). «Ce sera encore une chose très-utile de se supposer à la place de ceux qui ont eu des noms à donner aux objets»[29]. En étudiant les premiers pas de l'économie politique, en considérant la discipline qui en est issue du point de vue de ses «premiers nomenclateurs», pour qui tout était encore à inventer et à nommer, mon travail s'efforce de faire — littéralement — l'*étymologie* du discours économique: d'en mettre à jour la *racine*, dont on peut espérer (ou craindre) qu'elle en donne du même coup la *vérité* (ἔτυμον).

Doit-on «regarder l'étude des *étymologies* comme un jeu puéril, bon seulement pour amuser des enfants»[30]? C'est peut-être ce qu'aura pensé plus d'un lecteur à la vue des pages qui précèdent. Turgot se le demande lui-même, mais finit par justifier une telle entreprise au nom d'un principe dont la validité n'a pas pris une ride :

> l'esprit humain en se repliant ainsi sur lui-même pour étudier sa marche, ne peut-il pas retrouver, dans les tours singuliers que les premiers hommes ont imaginés pour expliquer des idées nouvelles en parlant des objets connus, bien des analogies très-fines et très-justes entre plusieurs idées, des rapports de toute espèce que la

deviennent plus rares, un tel peuple pourrait bientôt en arriver à dire — au grand dam des économistes trop attachés à la logique transparente du langage — «qu'un mouton vaut deux moutons» (op. cit., pp. 144-146).

[29]. TURGOT, article «Etymologie», in *Oeuvres de Turgot*, éd. Daire, op. cit., tome II, p. 731.

[30]. Ibid, p. 733.

> nécessité toujours ingénieuse avait saisis, et que la paresse avait depuis oubliés?[31]

Ce que l'on peut paraphraser en une règle No 6 : *une critique littéraire de l'économie politique pré-classique exploite les virtualités signifiantes des premières expressions, encore tâtonnantes, de l'approche économiste de la réalité sociale, et ceci afin de mettre en lumière les postulats théoriques et les tours rhétoriques qui en sont constitutifs (mais auxquels l'habitude nous a rendus largement insensibles dans le discours économique actuel).*

Si le discours sur la vérité du discours (l'*étymo-logie*) est justifié dans son projet, il n'en reste pas moins que sa méthode demeure des plus précaires. Comme on le remarquait plus haut, la «critique littéraire» à laquelle sont soumis ici les textes des économistes ne *prouve* rien. Turgot est sur ce point parfaitement lucide : «une *étymologie* est une supposition»; «l'origine d'un mot est en général un fait à deviner, un fait ignoré, auquel on ne peut arriver que par des conjectures, en partant de quelques faits connus». Il ajoute aussitôt : «en matière de conjectures, il n'y a point de cercle vicieux, parce que la force des probabilités consiste dans leur concert; toutes donnent et reçoivent mutuellement»[32].

Plus radical même qu'on n'oserait l'être aujourd'hui, il fait reposer la phase initiale de l'investigation étymologique (l'*invention*) sur la pratique de l'*association libre*, anticipée assez précisément à travers la description de «cette rêverie nonchalante dans laquelle l'âme semble renoncer au droit

---

31. Ibid., p. 746. Aussi : «Je voudrais donc qu'on examinât dans les langues les métaphores que l'on a faites d'un sens à l'autre, et des sens à l'esprit [...] on trouverait des métaphores, hardies et agréables, qui pourraient donner des vues» (*Remarques critiques sur les réflexions philosophiques de M. de Maupertuis* , op. cit., p. 724).

32. Article «Etymologie», op. cit., pp. 743, 725 & 750.

d'appeler ses pensées, pour les voir en quelque sorte passer toutes devant elle, et pour contempler, dans cette confusion apparente, une foule de tableaux et d'assemblages inattendus, produits par la fluctuation rapide des idées, que des liens aussi imperceptibles que multipliés amènent à la suite des uns des autres»[33]. Si la seconde phase, celle de la *critique*, a pour mission de dompter et de sélectionner rigoureusement le matériau produit par une telle «liberté illimitée de conjecturer»[34], cet élagage semble encore régi par une méthode plus proche de l'esthétique que de la logique pure: «le fondement de toute la critique est un principe bien simple, que toute vérité s'accorde avec tout ce qui est vrai; et que réciproquement ce qui s'accorde avec toutes les vérités est vrai»[35]. *Concert* des probabilités, *accord* des conjectures : la vérité du discours semble tenir autant à des effets de *résonance* qu'à des exigences de *raison*.

Résumons tout cela en une règle No 7 : *une critique littéraire ne prouve jamais rien; comme toute interprétation, elle est prise dans un cercle vicieux qui lui fait projeter ses prémisses sur le texte où elle les retrouve; sa force de conviction tient seulement en l'accord qu'elle parvient à établir entre ce texte et son interprétation; quant à sa justification, elle est suspendue toute entière à ce que les résonances ainsi établies pourront suggérer d'arguments fondés en raison.*

En multipliant les rapprochements entre citations des premiers nomenclateurs de l'économie politique, ma critique littéraire de cette discipline s'inscrit donc bien dans la lignée des débats méthodologiques tenus au XVIIIe siècle. Pour autant que les manipulations auxquelles je soumets ces citations s'efforcent de *faire raisonner les échos* découverts entre ces textes, elles

---

33. Ibid., p. 727.
34. Ibid., p. 732.
35. Ibid., p. 734.

relèvent moins du libelle que d'une critique purement littéraire. Si quelque paradoxe affleure ici ou là, c'est moins par désir d'aller contre l'opinion reçue que pour explorer ces endroits souvent obscurs où le fil des mots révèle le double langage des idées. En affirmant l'immanence du «fond» dans la «forme», j'utilise l'efficace de la lettre pour mettre à jour le côté faible des assertions vraies derrière lesquelles les économistes abritent leurs préjugés. Ce faisant, je me sais condamné à ne produire que des suppositions et des conjectures, hantées par un indépassable cercle vicieux. A charge au lecteur d'évaluer leur concert et leur accord avec les textes critiqués. Le miroir présenté à l'économie politique est sans doute, comme le dénonçait Isnard, un «de ces polyèdres cristallins qui réfléchissent les couleurs de l'iris sans peindre la nature des objets». Mais peut-être notre époque a-t-elle beaucoup à apprendre sur elle-même en scrutant, au fond des yeux, le regard de ses économistes.

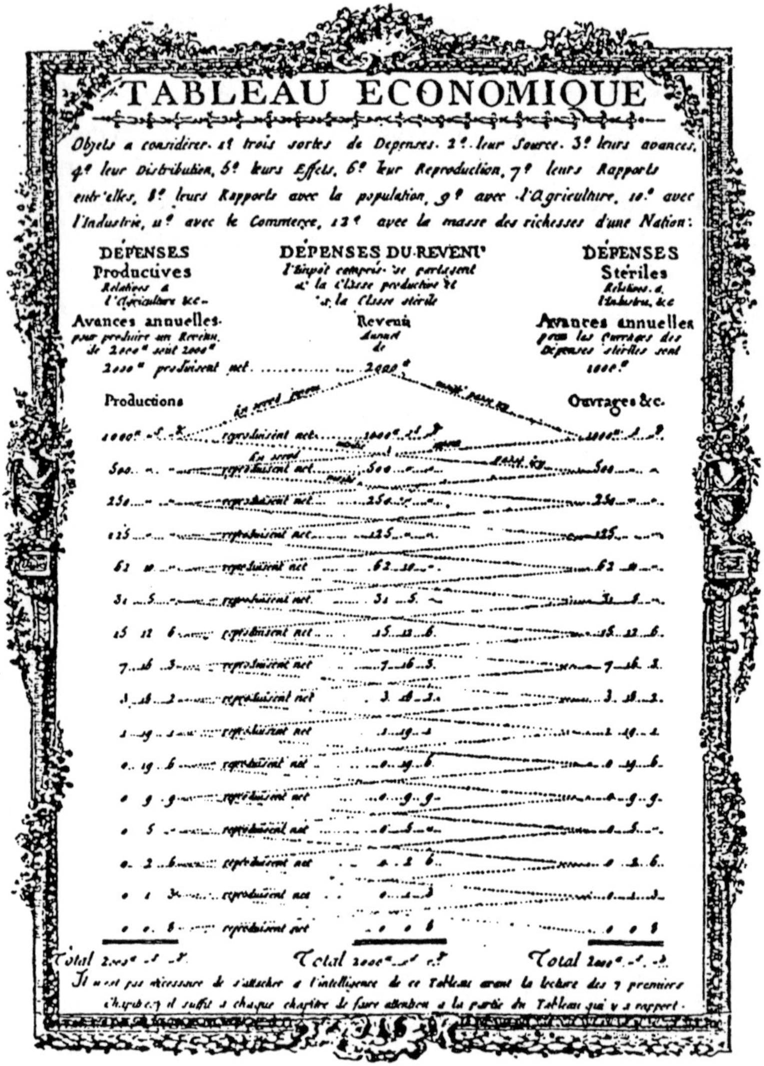

QUESNAY, *Le Tableau Economique*
version parue dans la *Philosophie rurale*, Amsterdam, 1763

Cliché Bibliothèque nationale de France - Paris

Chapitre 7

LA SCIENCE

En surface, tout le monde est d'accord: l'économie politique a tout à gagner du débat d'opinions divergentes. Malgré la répression et les censures qui frapperont alternativement tel ou tel parti, on semble convaincu de part et d'autre à «porter le flambeau de la discussion par-tout où la contrariété des sentimens prouve que la lumiere n'a point encore pénétré»[1]. En rédigeant son texte sous forme de dialogue, et en le concluant par la remarque que «toutes les questions politiques méritent une grande discussion», Galiani ne dit apparemment rien d'original[2]. Les *Ephémérides* n'affirment-elles pas elles-mêmes que «la pierre de touche de la vérité, c'est la discussion. [...] Dès que les erreurs sont livrées à l'impression, elles sont

---

[1]. Guillaume François LE TROSNE, *De l'utilité des discussions économiques, Lettre de M. Le Trosne à M. Rouxelin*, in *Journal de l'agriculture, du commerce et des finances*, juillet 1766, tome VI, permière partie, p. 60.

[2]. GALIANI, *Dialogues sur le commerce des blés*, op. cit., p. 272. Pour n'être pas originale, une telle affirmation n'en est pas moins politiquement chargée, puisque le gouvernement avait interdit les publications ayant pour objet les finances et l'administration du royaume en mars 1764. Sur les structures et stratégies éditoriales du débat économique de l'époque, cf. Jean-Claude PERROT, «Nouveautés: l'économie politique et ses livres» in H.J. Martin et R. Chartier, *Histoire de l'édition française*, Paris, 1984, Vol. II, pp. 240-257.

bientôt évaluées. Il y a mille gens qui n'ont rien à faire & point d'exercice plus doux que de critiquer tout ce qui leur paraît une erreur imprimée. La vérité surnage et prend sa place»[3]. De par la très élaborée machine de propagande qu'ils ont mise sur pied, les physiocrates montrent qu'ils ont pleinement conscience de vivre à l'heure où les débats tenus dans la nouvelle «sphère publique» jouent un rôle décisif dans la marche des Etats. Même lorsqu'il deviendra critique envers leur école, Diderot saluera le rôle de catalystes qu'ils ont joué dans la libre discussion des questions politiques[4]. Ils paraissent en effet appeler de leurs voeux un débat réellement ouvert: chacun peut s'y faire entendre «parce que tout citoyen a droit de prendre part à une dispute publique & que d'ailleurs la contradiction ne peut être qu'utile»; aucun dogme ne doit être reconnu a priori puisqu'il s'agit «d'appliquer le doute universel de Descartes à tous les points de la Science économique»; Le Trosne prend même des accents qui évoquent le Kant de *Qu'est-ce que les Lumières?* en affirmant qu'«il est dans la nature de la vérité de n'avoir besoin que de tems pour se faire entendre, & de liberté pour s'expliquer»[5].

---

[3]. *Ephémérides du citoyen*, 1770, volume VI, p. 227.

[4]. «Ce qui me plaît le plus de cette nouvelle école de quesnetistes, c'est que, très-protégée, elle dit tout ce qu'il lui plaît, qu'elle parle avec une liberté que nous ne connaissions pas, et qu'à la longue la police, la cour et les magistrats s'accoutumeront à tout entendre, et les auteurs à tout dire. La nation se familiarisera avec les questions de finance, de commerce, d'agriculture, de législation et de politique. Les objets les plus importants au bonheur de la société, à force d'être agités pour et contre, s'éclairciront» (Compte-rendu des *Ephémérides*, paru dans la *Correspondance littéraire* de novembre 1769, éd. cit., volume VIII, p. 373). Pour une bonne discussion des débats entre Galiani et Morellet au seuil des salons et de la sphère publique naissante, cf. Dena GOODMAN, *The Republic of Letters. A Cultural History of the French Enlightenment,* Ithaca, N.Y. : Cornell University Press, 1994, ch. 5.

[5]. LE TROSNE, *De l'utilité des discussions économiques*, op. cit., pp. 14, 32 & 60 (voir aussi pp. 12 & 62).

A y regarder de plus près, on s'aperçoit toutefois que l'on ne s'entend même pas sur la manière dont on pourrait se mettre d'accord. L'ouverture d'esprit des physiocrates s'avère en effet ambiguë. Tout va bien lorsqu'ils commencent par affirmer que «la liberté de contradiction est surtout essentielle dans une discussion de cette nature». L'horizon se rétrécit pourtant lorsqu'ils précisent qu'«il faut entendre toutes les objections, écouter avec patience tous les sophismes, toutes les conjectures vagues, toutes les fausses allégations, toutes les vaines erreurs»[6]. A leurs yeux, la discussion n'est pas l'occasion d'un échange ou d'une confrontation d'idées (a priori également valides); c'est plutôt un acte de généreuse tolérance envers les sophismes et les vaines erreurs de quiconque ne souscrit pas à leurs principes. Contrairement à un Galiani qui suggère souvent que les questions politiques peuvent recevoir des réponses divergentes mais également justes, selon le point de vue sous lequel on les considère, les physiocrates soutiennent qu'«il n'y a pas deux manières de regarder la vérité quand on la voit bien, c'est-à-dire nue»[7]. «Il n'y a pour nous que vérité ou erreur, qu'évidence ou opinion»[8]. Hors des voies (évidentes) du produit net, pas de salut. «Tout ce qui n'est pas évidence n'est qu'opinion» et «de simples opinions ne peuvent suffire à l'établissement de l'ordre naturel et essentiel des sociétés»[9].

On sait comment Quesnay définit cette *évidence* qui joue un rôle si important dans l'épistémologie physiocratique : d'après l'article qu'il écrit pour l'*Encyclopédie*, ce terme signifie «une certitude à laquelle il nous est aussi impossible de nous refuser qu'il nous est impossible d'ignorer nos sensations actuelles»[10].

---

[6]. *Ephémérides du citoyen*, 1768, vol. I, p. 199.

[7]. *Ephémérides du citoyen*, 1770, vol. I, p. 45.

[8]. LE MERCIER DE LA RIVIERE, *Ordre naturel et essentiel*, op.cit., p.121.

[9]. Ibid., p. 40.

[10]. François QUESNAY, article «Evidence» de l'*Encyclopédie* (1756), in

Deux propriétés de cette définition méritent d'être soulignées. D'abord, relevons que l'évidence est conçue sur le modèle de la *certitude sensorielle* : une proposition est évidente lorsque je la *vois* aussi clairement que la page du livre où elle est inscrite. On trouvera sous peu une application directe de cette propriété. Il suffit pour le moment de mentionner qu'elle prête le flanc à une critique que n'a pas manqué de porter Linguet : «il en est des esprits comme des yeux. L'horison intellectuel de chaque individu varie autant que l'horison matériel. Il n'y a dans le monde peut-être ni deux vues, ni deux têtes qui aient la même mesure [...] Il est clair que la seule variété des esprits, la seule différence des conceptions exclut ce que vous appelez l'évidence du rang des ressorts propres au gouvernement»[11]. La certitude sensorielle expose la théorie de l'évidence à la menace de solipsisme. Sitôt que l'on est sorti des cas les plus simples — et les problèmes politiques figurent rarement au nombre de ces derniers — comment décider si j'ai raison de voir en telle couleur un rouge clair tandis qu'autrui y voit un orange foncé, si tel accord sonne juste ou faux, si tel goût est agréable ou déplaisant? Plus grave encore, les perceptions les plus simples sont elles-mêmes susceptibles d'être piégées par d'innombrables illusions sensorielles : est-ce la chaleur ou un froid extrême qui me brûle le doigt? ce bâton est-il réellement brisé ou simplement trempé dans un liquide? «Puisqu'il y a une fausse évidence qu'il est si mal aisé de distinguer de la vraie, comment peut-on se flatter que la force de la vérité subjuguera tous les esprits & entraînera toutes les volontés? [...] Cette évidence est un Dieu dans sa machine dont vous disposez selon votre bon plaisir»[12].

Oeuvres économiques, op. cit., p. 765. Sur ce point, cf. Pierre-Henri GOUTTE, «Evidence, ordre naturel et science économique dans l'oeuvre de Quesnay» in Gérard KLOTZ (éd.), *Ordre, nature, propriété*, op. cit., pp. 119-178.

11. LINGUET, *Du pain et du bled*, op. cit., pp. 272 & 288.

12. Gabriel Bonnot de MABLY, *Doutes proposés aux philosophes*

Le deuxième aspect à relever dans la définition proposée par Quesnay est la *force irrésistible* avec laquelle la certitude de l'évidence est censée s'imposer (il nous est «impossible de nous y refuser»). En même temps que les physiocrates cherchent à donner à leur théorie une forme extérieure qui frappe les sens et s'impose au regard — comme en témoignent les fascinants tableaux synoptiques composés par Du Pont[13] — ils favorisent dans leurs écrits des types de constructions rhétoriques qui forcent l'adhésion en empruntant les structures et les expressions de la logique formelle. Le même Du Pont répète *ad nauseam* ces *enchaînements de maximisations* qui attachent le lecteur à suivre pas à pas toutes les étapes de la démonstration, sans lui laisser relever le nez avant de lui avoir asséné la vérité à prouver[14]. De tels procédés manifestent une caractéristique essentielle du système physiocratique. On est ici à la racine des tendances «despotiques» qui ont suscité aux économistes tant d'objecteurs en un âge où l'absolutisme faisait figure d'ennemi

---

économistes sur l'ordre naturel et essentiel des sociétés politiques, La Haye, 1768, pp. 55 & 57.

13. Cf. la *Table raisonnée des principes de l'économie politique* (1775) in *Oeuvres politiques et économiques*, op. cit., tome II, pp. 575 sqq., ou encore l'*Abrégé des principes de l'économie politique* cité précédemment.

14. Cf. par exemple la chaîne de propositions suivante, où s'exprime le noyau dur de la doctrine : «Plus ce *produit net* est considérable, plus il est avantageux d'être propriétaire foncier. Plus il est avantageux d'être propriétaire foncier, et plus il se trouve de gens qui consacrent des dépenses et des travaux à créer, à acquérir, à étendre, à améliorer des propriétés foncières. Plus il y a de gens qui emploient des dépenses et des travaux à créer ou à améliorer des propriétés foncières, et plus la culture s'étend et se perfectionne. Plus la culture s'étend et se perfectionne, et plus il renaît annuellement de productions consommables. Plus les productions consommables se multiplient, et plus les hommes peuvent se procurer de jouissances, et par conséquent plus ils sont heureux. Plus les hommes sont heureux, et plus la population s'accroît. C'est ainsi que la prospérité de l'humanité entière est attachée au plus grand *produit net possible*, au meilleur état des propriétaires fonciers» (Pierre Samuel DU PONT DE NEMOURS, *De l'origine et du progrès d'une science nouvelle* (1768), § IV, in *Oeuvres Politiques et économiques*, op. cit., p. 25 de l'éd. originale).

universel et où s'inventait notre version moderne de la démocratie. Le «despotisme légal» auquel aboutit la composante politique de leur système est en fait une suite logique de leur épistémologie basée sur l'évidence. Pour qui ne veut voir que «vérité ou erreur, évidence ou opinion», il est clair que «de simples opinions ne peuvent suffire à l'établissement de l'ordre naturel et essentiel des sociétés»[15]. Or une institution régie par des mécanismes démocratiques «n'est pas l'ouvrage de l'évidence, mais celui de la pluralité des suffrages»; «aussi, quelque nombreux que des suffrages puissent être, leur multitude ne peut-elle jamais rendre évident ce qui ne l'est pas»[16]. La société idéale des économistes aura donc la forme d'un despotisme légal : le gouvernement (monarchique) se contentera d'appliquer les lois de l'ordre naturel, telles que les dicte l'évidence (par l'intermédiaire de ses dépositaires, les économistes) — et ce indépendamment des opinions, récriminations, sophismes, fausses allégations et vaines erreurs émanant de la nation. On essaiera bien de promouvoir l'éducation (économique) afin que tout le monde puisse se convaincre par soi-même de la force irrésistible de l'évidence. Mais si quelques esprits obtus s'acharnent à s'y opposer, on n'hésitera pas à faire appel à la force irrésistible du bâton pour achever de les convaincre — comme lors des émeutes générées par la libéralisation du commerce des blés sous Turgot (la «guerre des farines»). Peu importe qu'autrui soit aveugle à l'évidence : du moment que je la vois pour lui, je me ferai un devoir de la lui imposer — au nom de son plus grand bien, cela va de soi. Si «le droit de commander n'appartient qu'à l'évidence» et si «sa force irrésistible est faite pour enchaîner

---

15. LE MERCIER DE LA RIVIERE, *Ordre naturel et essentiel*, op.cit., p.40.
16. Ibid., pp. 96 & 102.

toutes nos opinions»[17], on lui pardonnera bien de faire enchaîner au passage ses opposants les plus coriaces.

L'important est que de telles tendances autoritaires ne sont pas (seulement) le fruit d'une déviation ou d'une appropriation politicienne de la doctrine économiste, mais aussi bien une conséquence inhérente à son épistémologie. Comme le proclame fièrement Le Mercier de la Rivière, «le despotisme naturel de l'évidence amène le despotisme social» :

> Qui est-ce qui ne voit pas, qui est-ce qui ne sent pas que l'homme est formé pour être gouverné par une autorité despotique? Qui est-ce qui n'a pas éprouvé que sitôt que l'évidence s'est rendue sensible, sa force intuitive et déterminante nous interdit toute délibération? Elle est donc une autorité despotique, cette force irrésistible de l'évidence, cette force *qui pour commander despotiquement à nos actions, commande despotiquement à nos volontés.*[18]

En présentant leur théorie sous l'égide de la certitude indiscutable et d'une évidence interdisant toute délibération, les physiocrates tendaient à clore dans la pratique l'espace de débats qu'ils prétendaient ouvrir en théorie. Etant donné leurs présupposés, on ne pouvait qu'être d'accord avec eux ou avoir tort, partager la certitude de leur évidence ou être aveuglé par des sophismes. Cette clôture du débat politique passe dans leur discours par deux opérateurs essentiels, le calcul et le Tableau Economique, fournissant à eux deux l'épine dorsale de *la Science* dont ils furent les fondateurs, ou du moins les parrains. Le totalitarisme qui se dessine en filigrane de leur doctrine est en effet inhérent à la prétention de scientificité qu'il revendiquent pour leur théorie. Les vrais tyrans des peuples ne

---

[17]. Ibid., pp. 78 & 360.

[18]. Ibid., p. 129.

sont en effet ni Néron, ni Louis XV, ni tel dictateur d'un pays du tiers monde, mais bien Archimède, Galilée et Newton (sans oublier Quesnay) : «Euclide est un véritable despote; et les vérités géométriques qu'il nous a transmises sont des lois véritablement despotiques. [...] Depuis des siècles, le despote Euclide règne sans contradiction sur tous les peuples éclairés»[19]. C'est sur ce modèle, et avec la même fin de pouvoir bientôt «régner sans contradiction», que les physiocrates conçoivent le corps de savoir qu'ils proposent aux peuples et aux gouvernants éclairés : «La doctrine des Ephémérides est la même que celle du Tableau Economique & de la Philosophie Rurale et des morceaux faits par les Disciples de leurs Auteurs; rien n'est plus vrai. C'est ainsi que la doctrine de tous les livres de géométrie est la même que celle d'Euclide»[20].

Au demeurant, Linguet n'a pas tort de relever le pouvoir énorme dont s'auto-investissent ainsi les économistes : «votre système, c'est que le souverain *puisse tout* mais *suivant les loix de l'ordre*; et ces loix, qui les fera connaître, sinon les docteurs qui les ont inventées? Vous voilà donc médiateurs suprêmes entre le prince et le peuple! Vous voilà comme les prêtres en Egypte, tout à la fois dépositaires et interprètes des règles sacrées que vous aurez faites ou découvertes»[21]. On aura l'occasion de voir cette analogie entre économistes et grands prêtres (ou théologiens) revenir souvent dans les chapitres suivants — et cela de manière bien compréhensible, puisqu'ils se présentent eux-mêmes comme les annonciateurs et les médiateurs d'un ordre supra-humain.

Au sein des discours tenus par de simples mortels, ce qui confère aux principes avancés par les économistes un tel statut d'autorité, c'est d'abord l'élaboration mathématique à laquelle ils

---

19. Ibid., p. 142.

20. *Ephémérides du citoyen*, 1767, tome VIII, p. 198.

21. LINGUET, *Réponse aux docteurs modernes*, op. cit., I, pp. 129-130.

sont parvenus à les accoupler : «La science économique assujettit au calcul et à la mesure toutes les vérités qu'elle enseigne; or l'évidence du calcul est du genre de l'évidence géométrique»[22]. Ils ne ratent jamais une occasion de recourir à l'arithmétique comme à l'ultime garant de vérité de leur système: «Les calculs sont à la science économique ce que les os sont au corps humain. [...] La science économique est approfondie & développée par l'examen & par le raisonnement; mais sans les calculs, elle seroit toujours une science indéterminée, confuse et livrée partout à l'erreur et au préjugé»[23]. Ici encore, la vertu principale du passage par les mathématiques est de *forcer* l'acquiescement de l'interlocuteur: il est contraint de s'avouer «arithmétiquement et malgré lui convaincu» lorsque «le chiffre arrive, décide le cas despotiquement et sans appel»[24]. Il n'est pas indifférent qu'il soit si souvent question d'*assujettir* les problèmes politiques à la règle du calcul: celui-ci a bien fonction d'Autorité suprême dans le discours économiste.[25]

Si le calcul impose un joug que nul (dans son bon sens) ne saurait secouer, c'est qu'il se présente comme une médiation transparente de la nécessité *naturelle* que les lois de la physique imposent aux humains : «selon l'Ordre, c'est en tout la nature seule qui fait la loi; & cette loi suprême ne nous est notifiée que par le calcul»[26]. D'où l'embrayage direct de la théorie économiste sur les sciences de la nature : « la Science

---

22. *Ephémérides du citoyen*, 1768, tome V, p. 217.

23. MIRABEAU, *Philosophie rurale*, op. cit., tome I, pp. XLI-XLII.

24. *Ephémérides du citoyen*, 1768, tome IV, p. 237 & MIRABEAU, Lettre à Jean-Jacques Rousseau du 30 juillet 1767, op. cit., p. 260.

25. Cf. par exemple : «Le monde ne peut être gouverné que par l'arithmétique» (ROUBAUD, *Récréations économiques*, op. cit., p. 101); ou encore : «tout est assujetti ici à des règles rigoureuses où les raisonnements doivent céder au calcul» (QUESNAY, *Sur les travaux des artisans*, op. cit., p. 392).

26. MIRABEAU, *Théorie de l'impôt*, op. cit., supplément, p. 33.

économique, n'étant autre chose que l'application de l'ordre naturel au gouvernement des sociétés, est aussi constante dans ses principes & aussi susceptible de démonstration que les Sciences physiques les plus certaines.»[27]

Toute cette jubilation calculatoire — apparemment toujours populaire auprès des économistes contemporains s'il faut en croire la mathématisation croissante de leurs travaux — serait relativement innocente si elle ne débouchait pas sur au moins deux écueils. D'une part, la manie des chiffres manifeste des tendances impérialistes qui la conduisent à investir des domaines où sa pertinence est pour le moins discutable. «Tout est réductible au calcul, affirme-t-on, il s'étend jusqu'aux choses purement morales»[28]. Au nom de ce principe, en commençant par chiffrer des productions à l'hectare, on en arrive bientôt à vouloir quantifier le bonheur des hommes et le prix de leur vie. Ainsi, à la mort de Quesnay, deux de ses principaux panégyristes convergent-ils à saluer comme son plus grand accomplissement la méthode qu'il a découverte pour chiffrer les fins ultimes de l'existence humaine : tandis que le comte d'Albon célèbre le fait d'avoir «soumis à un calcul sévère les rapports mutuels [des hommes], leurs intérêts, leurs droits et leurs devoirs», Mirabeau s'enorgueillit d'être celui auquel le nouveau Messie a remis «le soin d'annoncer aux humains la méthode infaillible et calculée

---

27. LE TROSNE, *De l'utilité des discussions économiques*, op. cit., pp. 14-15. Sur cette articulation entre économie et physique, ainsi que sur le rôle des formalisations mathématiques dans la rhétorique économiste des XIXe et XXe siècle, on consultera les travaux passionnants de Philip MIROWSKI, en particulier «Shall I compare thee to a Minkowski-Ricardo-Leontief-Metzler matrix of the Mosak-Hicks type? Or rhetoric, mathematics, and the nature of neoclassical economic theory» in Arjo KLAMER, Donald MCCLOSKEY & Robert SOLOW, *The Consequences of Economic Rhetoric*, Cambridge University Press, 1988, pp. 117-145; ainsi que *More Heat than Light. Economics as Social Physics, Physics as Nature's Economics*, Cambridge University Press, 1989.

28. MELON, *Essai politique sur le commerce*, op. cit., p. 809.

d'être heureux et justes»[29]. Le danger n'est pas tant de désacraliser le noble royaume des fins-en-soi par l'introduction de la plus vulgaire arithmétique. Il consiste bien plutôt en ce que l'on manquera rarement de mésuser du résultat obtenu par le calcul. Devant des problèmes où «la vérité semble être comme des corps dont la figure ne donne point de prise», la *tentation du chiffre*, malgré la peine des computations auxquelles il peut donner lieu, risque d'être celle de la facilité : sans lui, «il faudrait évaluer et comparer, il faudrait juger. Compter est plus tôt fait»[30]. C'est lorsque le calcul tient lieu du jugement de valeur (évaluer, comparer, juger) qu'il peut conduire aux pires (in)conséquences. En voulant (nous faire) croire par exemple qu'«une exactitude rigoureuse» dans le calcul de l'impôt suffise à «proscrire toute injustice»[31], les économistes confondent une fois de plus les registres. L'exactitude des chiffres impliqués dans la levée des impôts pourra bien être une condition nécessaire à la justice de leur prélèvement, mais elle ne saurait nullement en être la condition suffisante. C'est précisément ce type de glissements que dénonce Béardé de l'Abbaye en montrant que «la vérité du calcul» peut être «très injuste lorsqu'on en fait l'application à l'impôt» :

> Il est faux que la même somme payée par un riche soit égale lorsqu'elle est payée par un pauvre; il est faux qu'un laboureur qui paie le cinquième de son revenu soit taxé également qu'un riche qui paie le cinquième du sien [...] Voilà comment la justesse et l'exactitude de l'arithmétique deviennent une erreur et une injustice.[32]

---

29. Claude-Camille-François D'ALBON, *Eloge historique de M. Quesnay* (1775), in QUESNAY, *Oeuvres économiques et philosophiques*, op. cit., p. 40 & MIRABEAU, *Eloge funèbre de M. François Quesnay* (1774), ibid., p. 5.

30. TURGOT, «Observations et pensées diverses» in *Oeuvres de Turgot*, ed. Daire, volume II, p. 779.

31. QUESNAY, *Despotisme de la Chine*, op. cit., p. 645.

32. BEARDE DE L'ABBAYE, *Examen*, op. cit., pp. 168-169.

Outre que la valeur finale du calcul dépend de celle des données qu'on aura préalablement collectées[33], sa validité en matières économiques repose en dernière instance sur des choix d'ordre éthique, philosophique et politique qui contribuent bien plus à la justice de la solution proposée que la simple rigueur arithmétique. Béardé souligne avec insistance que les certitudes les mieux établies des mathématiques les plus élémentaires ne s'appliquent pas directement aux échanges économiques : «douze sacs de blé que le malheureux est forcé de vendre dans le mauvais moment ne lui rapportent que la valeur de dix; donc douze qui dans le calcul étaient douze, ici ne valent que dix»[34].

Le second danger inhérent au culte des chiffres est dénoncé par Graslin lorsqu'il relève que la manière de raisonner des physiocrates «paraîtra d'autant plus importante à la plupart des lecteurs qu'elle est soutenue par un calcul simple et précis qu'on pourrait prendre pour une sorte de démonstration si l'on admettait les données sur lesquelles l'auteur fonde son paralogisme. On sait que c'est à la faveur de ces calculs, qui n'ont pour base que des idées systématiques et imaginaires, que les partisans de la nouvelle doctrine dérobent la faiblesse de leurs preuves»[35]. Quelle que soit sa validité réelle, le calcul emporte en effet une certaine force de conviction de par sa forme même. Les lecteurs vérifiant les additions qu'on leur met

---

33. Quesnay était bien conscient de ce fait : le calcul, reconnaît-il, «est toujours lui-même essentiellement infaillible, c'est-à-dire qu'il présente toujours infailliblement et conséquemment ou des erreurs ou des réalités, selon qu'on l'applique à des réalités ou à des erreurs. D'où suit que dans la recherche de la vérité par le calcul, toute la certitude est dans l'évidence des données» (QUESNAY, *Premier problème économique* (1766), in *Physiocratie*, op. cit., p. 290.)

34. BEARDE DE L'ABBAYE, *Examen*, op. cit., p. 164.

35. GRASLIN, *Correspondance entre M. Graslin et M. l'abbé Baudeau*, op. cit., p. 5.

sous les yeux sont la minorité[36]. Ceux qui vont jusqu'à questionner la manière dont les données sont arrivées sur le papier sont l'exception. Sur tous les autres, le calcul *fait impression d'irréfutabilité* — indépendamment de sa justesse, de sa partialité ou de son inanité. Moins on se croit en mesure de le saisir, plus on tend à lui accorder de crédit. Les économistes ont su tirer pleinement parti de cet effet rhétorique. «Les calculs ne peuvent être attaqués que par des calculs», affirme Mirabeau. «Tout Calculateur peut se tromper; mais il faut qu'un autre le redresse, sans cela toute imputation de faux contre des calculs n'est que bruits de trompettes. Les Sages s'arrêtent en attendant que la question soit jugée, & jusques-là ils présument toujours que celui qui a calculé est plus instruit que celui qui a prononcé sans calculer». Et d'ajouter ce conseil révélateur : «si vous savez calculer, vous pénétrerez facilement ce mystère; si votre science ne s'étend pas jusques-là, livrez-vous à la foi»[37]. Le bon

---

36. Linguet fait partie de cette minorité, et il rapporte son expérience sous des couleurs rabelaisiennes. Il tire de la *Philosophie rurale* une citation où Mirabeau soutient qu'un laboureur auquel on donnerait tous les ans 100 livres et qui réinvestirait son profit dans l'amélioration de son entreprise aurait accumulé 102 200 livres en neuf ans. Il pousse alors le calcul sur une période de vingt sept ans et découvre que le laboureur «sera devenu riche de 26 675 528 200 000 000 de livres tournois». Il aura ainsi gagné «de quoi couvrir quatre vingt treize millions trois cent trois mille trois cent trente trois cent toises & quelques pieds carré, c'est à dire les deux tiers de la France, en écus de six livres» et aura produit «de quoi nourrir au moins vingt millions d'hommes pendant onze millions huit cent quinze années, ou de quoi approvisionner dix huit cent cinquante deux royaumes aussi grands que la France, & quelques villes frontières, pendant six mille ans». Et de conclure qu'«il n'y a pas lieu d'être surpris qu'avec de semblables richesses les écrivains qui les promettent craignent si peu la disette & la cherté.» (LINGUET, *Du pain et du bled*, op. cit., pp. 179-181.)

37. MIRABEAU, *Philosophie rurale*, op. cit., tome I, pp. XLIII & 233. Cf. aussi cet avertissement de Du Pont : «Ce tableau a été fait avec la plus grande attention; que les calculateurs l'épluchent, le pèsent et le jugent, c'est leur droit; mais que ceux qui ne sçavent ou ne veulent point compter ne s'avisent pas de nous contredire» (Pierre-Samuel DU PONT DE NEMOURS, *De l'exportation et de l'importation des grains* (1764) in *Oeuvres politiques et économiques*, op. cit.,

marquis savait de quoi il parlait, lui qui a avoué ici ou là n'avoir jamais pu suivre de très près l'algèbre et les graphiques de son maître...

Pour le commun des lecteurs, les calculs dont les économistes se plaisent à truffer leurs écrits doivent donc appeler *un acte de foi*, sur le modèle des formules magiques dont sont farcis les rituels de tous ordres afin de raviver et de renforcer la ferveur des participants.[38] Mieux encore: lorsque l'on s'adresse au «grand» public (comme c'est le cas avec les catéchismes rédigés par Mirabeau), on omet souvent complètement la composante mathématique du système. Reléguée dans l'ombre de parutions techniques spécialisées et virtuellement impénétrables, on n'y fait référence que comme à un texte sacré que le non-initié ne saurait aborder par ses propres moyens. (Quelle proportion parmi l'électorat ultra-libéral saurait dans quelle revue scientifique ou dans quel manuel spécialisé chercher la démonstration formelle prouvant l'avantage à espérer d'une réduction de l'impôt sur les gains de capitaux?) Il est symptomatique à cet égard de voir Le Trosne définir «le peuple», celui-là même dont on s'arrache «le suffrage», comme comprenant «tous ceux qui sont incapables d'entendre ces matières [économiques] ou qui n'y ont jamais donné d'attention»[39]. Quelle que soit la valeur propre des formalisations mathématiques, et aussi respectable que soit le souci de rigueur intellectuelle dont elles témoignent à l'intérieur

---

tome I, p. 46 de l'édition originale).

[38]. Linguet a encore une fois bien épinglé cet aspect du discours physiocratique, lorsqu'il décrit par exemple le Tableau économique comme «l'elixir de la science» : «Quand la foi d'un *économiste* vacille, quand une défaillance subite le menace, qu'un vertige de réflexions le tourmente, une prise de tableau chasse les vapeurs du bon sens, raffermit les fibres du cerveau, & y ramène le prosélite ébranlé à la confiance heureuse dans laquelle on apperçoit *évidemment* les choses comme il faut les voir» (*Du pain et du bled*, op. cit., 281).

[39]. LE TROSNE, *De l'utilité des discussions économiques*, op.cit., p.38.

de la discipline économique, les vertus purement *ésotériques* des calculs ne doivent pas cacher les effets *exotériques* qu'ils emportent dans leur sillage[40]. Au delà du condisciple initié aux arcanes de la Science, il y a toujours un prince, un propagandiste ou un vulgaire, aux yeux desquels l'appareil démonstratif ne sera qu'une forme vide, ouverte aux investissements les plus douteux.

Pour une fois, remettons brièvement ces citations dans leur contexte. Il est clair que, dans l'univers intellectuel et politique du XVIIIe siècle, la position des physiocrates constitue bien moins une mystification qu'un effort de *transparence*. Dans une culture où la revendication de rationalité doit encore lutter contre l'obscurantisme de l'Autorité, dans une société encore officiellement gouvernée par le bon plaisir d'un roi, le combat pour le calcul objectif du bien commun fait de Quesnay et de ses disciples les fers de lance du progrès social. Soumettre ses affirmations et ses projets politiques à la réfutabilité garantie par un discours de type scientifique n'a rien que de louable en soi. Reconnaître le fait qu'un tel discours soit empiriquement hors de portée de la plupart des citoyens ne saurait non plus suffire à en disqualifier la pertinence. (Tout cela reste d'ailleurs vrai de nos économistes contemporains: face à l'obscurantisme de toutes les recrudescences intégristes et face à la démagogie myope des slogans politiques, compilations statistiques et modèles mathématiques fournissent un rempart indispensable pour dégager un espace de réflexion laïque et rationnel.) On peut reconnaître tout cela, saluer sincèrement les pionniers et les fantassins de l'effort de scientificité, et néanmoins s'efforcer de

40. Pour une bonne discussion de tels phénomènes dans le discours économique contemporain, cf. Philip MIROWSKI, «Mathematical Formalism and Economic Explanation» in MIROWSKI (éd.), *The Reconstruction of Economic Theory*, Boston, Kluwer-Nijhoff, 1986, surtout pp. 190-194.

mesurer les dangers nouveaux que cet effort, aussi louable soit-il, emporte dans son sillage.

Dangers qui apparaissent bien dans le fameux Tableau Economique proposé par Quesnay, qui peut servir d'emblème au fétichisme du calcul développé autour du Maître. Son contenu est ici moins pertinent que son rôle au sein de l'économie rhétorique du discours physiocratique. Remarquons d'abord à quel point, quoiqu'il ait pu apparaître comme un «hiéroglyphe qui a effrayé bien des lecteurs»[41], son introduction dans l'argumentation économiste est en pleine continuité avec la théorie de l'évidence. Dans la mesure où celle-ci mettait au premier plan la perception sensorielle (visuelle en particulier) et où «*démontrer* ne signifie que *faire voir*»[42], le Tableau est un chef d'oeuvre d'abstraction-rendue-perceptible: «une seule formule [...] peint aux yeux étonnés tous les principes de l'ordre social ou de la philosophie politique, renfermés dans une démonstration arithmétique qui se voit et qui se vérifie d'un seul coup d'oeil» rendant ainsi «sensibles et comme palpables toutes les règles de l'ordre et toutes leurs conséquences»[43]. C'est bien d'un *tableau* qu'il s'agit ici. Le génie de Quesnay a consisté à produire une formulation mathématique qui offre simultanément une représentation de type pictural où le spectateur, fût-il illettré, puisse reconnaître (ou du moins imaginer) la circulation des richesses entre les différentes classes sociales. Cette image — on l'a déjà suggéré mais on peut le vérifier ici — représente une scène fluviale, cadrée de manière à montrer «uniquement la source du fleuve, & la direction & l'entrelassement de ses grandes branches. [...] Les cataractes de ce grand fleuve une fois

---

41. MIRABEAU, *Philosophie rurale*, op. cit., tome I, pp. XLV.

42. DU PONT DE NEMOURS, *De l'exportation et de l'importation des grains*, op. cit., p. VII. Du Pont dira plus loin à propos d'un autre tableau : «Il ne faut que regarder pour s'en convaincre» (p. 41).

43. *Ephéméride des citoyens*, 1767, vol. I, p. 22.

connues, la direction et le retour de ses eaux au réservoir commun une fois saisis, il sera aisé de se désaltérer dans son courant, plus haut ou plus bas, selon sa portée»[44]. Ou si l'on décrit la même scène en mettant l'accent sur les personnages qui l'occupent : «on y voit que la classe propriétaire, assise au centre de la circulation & en un gradin plus élevé, reverse la moitié du revenu sur la classe productive et l'autre moitié sur la classe stérile»[45]. C'est bien une peinture à la gloire des généreuses dépenses des riches propriétaires, sources et réservoirs de toutes richesses, qu'on nous offre ici. A la fois tableau de société et relevé topologique, le Tableau Economique, en même temps qu'il permet d'imager les rapports entre classes sociales, sert de cadastre où chacun peut trouver sa place naturelle dans l'ordre essentiel des sociétés, «plus haut ou plus bas», le long du grand fleuve tranquille de la prospérité.

Pour quiconque aura été initié aux arcanes des calculs économistes, le Tableau est toutefois bien plus qu'une simple image. Il joue très précisément chez les physiocrates le rôle attribué aux *modèles* dans les théories économiques contemporaines. (On peut penser par exemple au modèle IS-LM enseigné de nos jours dans les cours de macroéconomie.) Réduisant l'encombrante complexité du réel à un nombre limité de variables liées entre elles et permettant de calculer l'effet que la modification de l'une aura sur les autres, il donne à qui sait le manier le moyen de prédire les conséquences qu'entraînerait une altération du cours ou du volume des richesses circulant dans la

---

[44]. MIRABEAU, *Philosophie rurale*, op. cit., tome I, p. 108.

[45]. Ibid., p. 104. On relèvera au passage que le dispositif du tableau où les richesses ruissellent le long de la hiérarchie sociale à partir des dépenses originelles des propriétaires fonciers permet d'esquiver la question de savoir comment ces richesses ont été originellement placées entre leurs mains : une fois que toutes les dépenses ont dégoutté sur les classes inférieures, la circulation de l'année en cours est achevée, et par le passe-passe d'une page qui se tourne, on peut remettre les richesses au haut du tableau de l'année suivante.

société. C'est bien ainsi que Quesnay lui-même conçoit les propriétés de son invention :

> Ces rapports [entre les dépenses de chaque classe] sont taxés et pour ainsi dire exposés aux yeux dans le Tableau Economique de manière qu'on y aperçoit si exactement leur liaison essentielle et réciproque qu'on ne peut supposer aucun changement dans la quantité ou dans l'ordre de la distribution d'aucune de ces dépenses sans reconnaître démonstrativement tous les effets que ce changement doit produire dans le système général de l'ordre économique. En effet le résultat de ce changement se trouvera tout à coup décidé par la certitude du calcul au bas du tableau, dans le total de la reproduction annuelle évalué.[46]

Non moins qu'une image, le Tableau est donc une *formule* : c'est «une formule de calculs inventée pour combiner & décider tous les cas les plus compliqués de la science économique»[47]. C'est aussi une formule magique qui confère le don de prophétie en permettant de saisir la quintessence de la réalité sociale. Le dispositif mathématique qu'elle met en place permet de distiller l'ensemble des rapports macro-économiques en un simple chiffre, celui donnant le montant du produit net total généré par chaque configuration sociale particulière. Même si les calculs et les modèles se sont aujourd'hui affinés, complexifiés et parcellarisés, le résultat global des computations économiques, tel qu'il est utilisé pour justifier la direction que prennent nos sociétés, n'a guère changé. Quelle que soit sa taille, la montagne algébrico-conceptuelle finit toujours par accoucher d'*un chiffre* — en dernière analyse le PIB ou le taux de croissance — censé donner le dernier mot du Bien et du Mal social. Oubliant sur

---

[46]. QUESNAY, Chapitre VII de la *Philosophie rurale*, in *Physiocratie*, op. cit., pp. 154-155. C'est Quesnay qui paraît avoir rédigé ce chapitre du livre de Mirabeau.

[47]. MIRABEAU, *Philosophie rurale*, op. cit., tome I, pp. XLVI

quels échafaudages branlants on a établi ses bases, et par quels bricolages douteux on est parvenu à lui faire cracher ce précieux chiffre, on hésite rarement à considérer le résultat de cette opération comme la principale règle de mesure des accomplissements d'un Etat. C'est d'ailleurs bien ainsi que les physiocrates conçoivent l'utilité de leur plus glorieuse invention, qu'ils présentent comme «la boussole du Gouvernement des Etats» : «le Tableau Economique donne le moyen très prompt et très clair d'estimer fort équitablement la valeur de toutes ces opérations [du gouvernement] par l'étendue précise du profit ou du dommage qu'elles doivent causer à l'humanité, à la société & aux divers classes d'hommes dont elle est composée»[48].

Le problème du chiffre magique pondu par les formules des économistes n'est pas qu'il soit un outil imparfait d'évaluation : il aide certainement à analyser et prévoir certains aspects des mécanismes économiques. Il ne devient fourvoyant que dans la mesure où on lui attribue le pouvoir d'orienter les actions du gouvernement. PIB, taux de croissance et montant du produit net, qui peuvent tous être des indicateurs pertinents en certains contextes précis, deviennent autant de «poignards aiguisés pour assassiner l'indigent» lorsqu'on veut en faire des boussoles ou des thermomètres censés régir la conduite des Etats. C'est ce que suggère Linguet en dénonçant les déformations potentiellement dramatiques auxquelles donnent lieu les calculs des économistes. Lorsqu'ils réclament, au nom des chiffres issus du Tableau Economique, la libéralisation du commerce des blés, ils basent leur évidence sur l'abstraction d'un «prix moyen» compensant l'inégalité des prix locaux :

> Quoi! un roi qui veut savoir en quel état est son royaume n'en doit juger qu'à vol d'oiseau! Quand à une extrêmité on paie le bled 40 livres, il peut se dispenser de

---

[48]. MIRABEAU, *Philosophie rurale*, op. cit., tome I, p. III & *Ephémérides du citoyen*, 1769, vol. I, p. XLII.

> tous soins, de toute inquiétude, pourvu qu'à 200 lieues de là on ne le paie que 10 livres : le prix moyen sera de 25 livres, ce qui n'est pas cher. Comment des âmes honnêtes ont-elles pu s'aveugler au point de s'occuper sans frémir de ces calculs insidieux ou plutôt de ces poignards aiguisés pour assassiner l'indigent.[49]

Si le Tableau peut «peindre aux yeux la source, la marche et les effets de la circulation»[50], il ne peut le faire que depuis une perspective à vol d'oiseau qui aplatit les inégalités (de prix ou de statut social) et contribue le plus souvent à écraser les défavorisés. L'objectivité, toute apparente, des chiffres masque le biais des présupposés qui ont présidé à leur récolte et à leur computation. Leur utilisation conduit généralement à étouffer, plutôt qu'à nourrir, le débat politique. Lorsqu'un économiste sort de sa manche l'un de ces chiffres magiques, ses interlocuteurs paraissent souvent oublier que même si la meilleure boussole pointe vers le nord avec une parfaite acuité, ce n'est pas forcément dans cette direction-là que l'on doit vouloir aller : la question de choisir le bon chemin à prendre, en même temps qu'elle est rendue *possible* par la boussole, reste encore *entière* après qu'on l'ait consultée.

On fera remarquer — avec raison — que les économistes ne sont pas responsables du mauvais usage auquel sont soumis les résultats de leurs calculs. L'épisode des années 1760 suggère pourtant qu'il faut compter aussi avec une certaine *hubris* qui pourrait bien être inhérente à la discipline elle-même. Les physiocrates en présentent certainement un cas outré, mais qui mérite d'être observé, tant il est vrai que les mêmes tendances se retrouvent (exprimées avec moins d'emphase) dans plus d'un discours contemporain. Malgré leurs appels inlassables à répandre l'éducation économique aussi largement que possible

49. LINGUET, *Du pain et du bled*, op. cit., p. 92

50. MIRABEAU, *Philosophie rurale*, op. cit., tome I, pp. III.

— «que chacun fasse entendre à sa classe le Tableau économique»[51] — ils montrent une certaine jalousie envers le joyau de leur doctrine. Un instrument de prédiction aussi puissant n'est pas à mettre entre toutes les mains: «c'est un excellent outil, qui avance beaucoup le travail; mais dont le prix ne peut être connu que par les maîtres qui le savent bien manier»[52]. C'est donc d'*un Tableau de Maître* qu'il s'agit. Comme on l'a déjà vu pour les autres formes de calcul, il a clairement une double fonction, l'une technique à usage ésotérique, l'autre quasi sacrée destinée à tenir en respect le vulgaire :

> Le Tableau Economique est la pierre de touche décisive qui ramène et soumet la raison d'impatience à la raison du calcul : lui seul peut apprendre à l'économiste à se démêler de toutes les objections captieuses, à maintenir les grandes règles, à ramener tout au simple, comme l'a voulu l'Eternel. Il faut aussi présenter à la vénération du peuple, moins instruit et moins à portée de l'être [...] un objet vivant en quelque sorte qui lui rapelle sans cesse ces grandes et consolantes vérités. Le Tableau donc, soit comme le thermomètre dans la main du Gouvernement et des Lettrés, soit gage d'assurance et porte respect aux yeux du peuple, est nécessaire et doit être à jamais vénérable à tout homme instruit.[53]

Le Tableau peignant la circulation des richesses et la gloire du produit net mérite d'être vénéré comme une véritable *Icone*. Les doctes le sanctifieront comme permettant, sur les pas de Quesnay et Mirabeau, d'«entrer dans les voies de la sagesse

---

51. MIRABEAU, *Philosophie rurale*, op. cit., tome I, pp. XLVIII. Cf. aussi dans ce domaine le bel effort de vulgarisation entrepris par l'abbé BAUDEAU dans son *Explication du Tableau Economique à Madame de* *** (1770), in DAIRE, *Physiocrates*, pp. 822-867.

52. *Ephémérides du citoyen*, 1769, vol. I, p. XLIV.

53. *Ephémérides du citoyen*, 1770, tome XI, p. 181.

suprême». Les humbles l'adoreront comme une formule sacrée «ouvrant aux humains le jardin des Hespérides». Tous y reconnaîtront, après l'Ecriture et la Monnaie, l'une des «trois grandes inventions principales [qui] ont fondé stablement les sociétés». Le dieu de la Genèse avait sans doute les économistes en tête, avec leur passion pour les taux de croissance et pour l'arithmétique, lorsqu'il lança le commandement dont ils ont fait leur slogan : «*croissez et multipliez*»[54].

---

[54]. MIRABEAU, *Philosophie rurale*, op. cit., respectivement tome III, p. 116; tome I, p. XLI; tome I, p. 53 & tome III, p. 82.

Chapitre 8

L'ORDRE ECONOMIQUE

Ecce Scientia. La bonne nouvelle atteint jusqu'à certains adversaires des physiocrates : «La Science de l'Economie Politique, la plus importante de toutes, puisqu'elle a pour objet la puissance et le bonheur des nations, vient de naître parmi nous»[1]. Les ambitions de la nouvelle discipline sont à la mesure de ses enjeux : «la découverte du produit net due au vénérable Confucius de l'Europe [entendons: Quesnay] changera un jour la face de l'univers»[2]. Quant à son objet, l'abbé Baudeau l'expose dans l'*Avertissement* où il annonce aux lecteurs des *Ephémérides* sa conversion physiocratique : cette Science, «la plus sublime dont l'homme soit capable», a pour objectif de déterminer «quelles sont les Loix *Physiques* nécessaires et invariables, qui forment *l'ordre naturel évidemment le plus avantageux au genre humain*, le plus favorable à la perpétuité, à la multiplication de notre espèce, le plus capable d'assurer & d'augmenter les jouissances utiles & agréables qui font la félicité des hommes»[3].

L'objet de l'économie, c'est donc l'ordre. Arrêtons-nous un instant sur le rapport entre les deux termes. Parler d'ordre

---

1. GRASLIN, *Essai analytique sur la richesse...*, op. cit., p. 1.
2. MIRABEAU, Lettre à Rousseau du 30 juillet 1767, éd. cit., p. 257.
3. *Ephémérides du citoyen*, 1767, tome I, pp. 3 & 11.

économique peut en effet relever du pléonasme puisque, selon Mirabeau, *oeconomie* se prend souvent dans un «sens qui signifie l'ordre, la juste distribution et le bon emploi»[4]. Conformément à l'étymologie, l'οικο–νομος a pour mission de bien administrer la maison, de garder le ménage en bon ordre (financier). D'où «le sens vulgaire du mot *économie*, qui s'entend plutôt du sage ménagement de ce qu'on a»[5]. D'où également le fait que les propriétaires devraient être les principaux économes du royaume, s'ils ne dédaignaient pas de «s'abaisser jusqu'à la science du gouvernement économique de leurs biens», tant il est vrai que «l'art de bien conduire une ferme est purement suffisant pour bien conduire un grand Etat»[6]. L'autre sens du mot mentionné par Mirabeau, «l'épargne en recette et en dépense»[7], se retrouve chez Turgot lorsqu'il loue «l'esprit d'économie» qui, par contraste avec «l'habitude du luxe», «tend à augmenter sans cesse la somme des capitaux». Ces deux acceptions se confondent encore souvent, comme lorsque le même Turgot, fraîchement élu contrôleur général, enjoint Louis XVI à se soumettre «à la nécessité absolue de l'économie», c'est-à-dire à «réduire la dépense au-dessous de la recette» afin d'«économiser chaque année une vingtaine de millions» et de remettre ainsi en bon ordre le ménage royal[8]. Dès les premiers pas de la nouvelle science, ordre économique et restrictions budgétaires semblent donc aller de pair au point d'être synonymes l'un de l'autre.

---

4. MIRABEAU, *Théorie de l'impôt*, op. cit., p. 12.

5. Jean-Jacques ROUSSEAU, «Economie politique» (1755), in *Du contrat social*, Paris, Gallimard, Folio, 1964, p. 88.

6. MIRABEAU, *Economiques*, op. cit., I, pp. 102 & 239.

7. MIRABEAU, *Théorie de l'impôt*, op. cit., p. 12.

8. TURGOT, *Réflexions sur la formation et la distribution des richesses*, op. cit., p. 175 & Lettre de Turgot au Roi du 24 août 1774, in *Oeuvres de Turgot*, op. cit., tome II, p. 166.

Cette convergence ne doit rien au hasard. Le discours économique se présente en effet comme décrivant *un ordre dicté par le besoin.* Quesnay et ses disciples bâtissent leur doctrine sur une intuition fondamentale qui sera reprise et développée trois quarts de siècle plus tard par Marx : les formations sociales sont déterminées par la manière dont chacune d'elles produit les biens nécessaires à la satisfaction de ses besoins primordiaux. «Les hommes se sont réunis sous différentes formes de sociétés selon qu'ils y ont été déterminés par les conditions nécessaires à leur subsistance, comme la chasse, la pêche, le pâturage, l'agriculture, le commerce, le brigandage». Dans le cas des sociétés les plus durables, c'est l'agriculture «qui forme la base de ces empires, et qui prescrit et constitue l'ordre de leur gouvernement, parce qu'elle est la source des biens qui satisfont aux besoins des peuples et que ses succès ou sa décadence dépendent nécessairement de la forme du gouvernement»[9]. «C'est de la subsistance, c'est de ses moyens que dépendent tous les rameaux de l'ordonnance politique»[10]. Par l'intermédiaire de leur réflexion sur l'économie, les physiocrates proposent donc aux hommes un ordre politique qu'ils prétendent fondé sur l'ordre physique: «nous leur donnons la loi du pain et tout le reste s'y trouve»; «notre science ramène donc l'homme d'abord au grain de bled, à sa subsistance; elle l'instruit par l'organe de ses besoins»; en suivant l'ordre dicté par lesdits besoins, elle permet d'«arriver au port de la Vérité morale par le développement des Vérités physiques»[11].

Cette intuition essentielle fonde à la fois l'incontestable force des raisonnements économistes et le danger auquel ils sont

---

9. QUESNAY, *Despotisme de la Chine*, op. cit., pp. 646-647.

10. MIRABEAU, *Philosophie rurale*, op. cit., tome II, p. 10.

11. MIRABEAU, *La Science*, op. cit., p. 235 & p. XXVI; *Philosophie rurale*, op. cit., tome I, p. V. Rappelons que l'adjectif «moral» englobe au XVIIIe siècle à la fois ce qui ressort de l'éthique et, plus généralement, ce que nous qualifierions aujourd'hui de «social».

constamment exposés. D'une part en effet la nouvelle science offre un point de vue remarquablement éclairant sur les formations sociales : il est indéniable que (1°) chaque société doit produire de quoi satisfaire les besoins (au moins physiques) de ses membres, et que (2°) la manière dont s'opère cette production détermine largement les institutions établies par la société en question. En prétendant faire découler *nécessairement* les phénomènes sociaux et les devoirs moraux des conditions physiques de production, les économistes donnent toutefois l'illusion d'une continuité directe entre les lois du monde matériel et celles qui organisent les rapports interhumains. En «ramenant l'homme au grain de blé», ils ouvrent une perspective essentielle à la compréhension des réalités humaines; en voulant «donner aux hommes la loi du pain», c'est-à-dire dicter un système de législation résultant simplement des nécessités physiques imposées par la nature, ils réduisent l'étude des sociétés à une sous-branche de l'agronomie. Tel qu'ils le conçoivent, l'ordre économique relève en effet des sciences naturelles. Selon leur approche, on évalue les différentes formations sociales selon la même règle de mesure qui servirait à évaluer différentes sortes d'engrais : la *meilleure* sera celle qui *produira le plus*.

Un tel productivisme étroit transparaît parfois jusque dans les définitions que l'on donne de la nouvelle science. Ainsi les éditeurs de l'*Encyclopédie économique* dont les *Ephémérides du citoyen* donnent un compte-rendu en 1771 la présentent-ils comme «la Science ou l'Art de multiplier & de perfectionner les productions naturelles, pour assurer à la plus nombreuse population, la plus grande abondance de nourriture & la plus grande somme de jouissances nécessaires & agréables»[12]. A la limite, la «philosophie rurale» se résout en une *pure technique d'ingénierie* physique (agronomie, sidérurgie, chimie, etc.) et

---

12. *Ephémérides du citoyen*, 1771, tome IX, p. 64.

sociale (gestion, communication, éducation, etc.) assurant l'efficacité maximale de la production dans tous les domaines de l'activité collective. Les sociétés humaines se voient réduites au statut de machines à produire : «l'objet immédiat de l'institution des sociétés particulières est donc la multiplication des productions»[13].

Comme l'atteste clairement la définition proposée ci-dessus, l'obsession productiviste débouche sur une *passion de la maximisation.* Cette dernière est inscrite dans la façon dont Quesnay exprime «la perfection de la conduite économique», laquelle consiste à «obtenir la plus grande augmentation possible de jouissances, par la plus grande diminution possible des dépenses»[14]. Ou comme le dit Mirabeau : «tout en un mot revient à cette règle : *chacun cherche à donner le moins et à tirer le plus*»[15]. Le sacro-saint calcul qui sert de caution à la scientificité de la démarche se réduit toujours, en fin de compte, à soustraire les coûts des profits : «— Qu'est-ce à dire calculer? — C'est savoir ce qu'une aide nous coute & ce qu'elle nous profite, & ne partager qu'avec celle qui nous profite plus qu'elle ne nous coutera», et cela de manière à toujours viser «à l'épargne des frais, & au plus fort excédent par delà la restitution des avances»[16].

En retrouvant au plus profond de la nature humaine ainsi qu'au plus hautes percées de la Science un unique principe d'économie, les physiocrates se font fort d'avoir découvert l'ordre indépassable régissant les activités humaines, individuelles aussi bien que collectives. L'*ordre* économique se traduit en *un double impératif* de production maximale et de dépense minimale. Un tel ordre n'a bien entendu rien de scandaleux en

---

13. LE MERCIER DE LA RIVIERE, *L'ordre naturel...*, op. cit., p. 19.
14. QUESNAY, *Sur les travaux des artisans*, op. cit., p. 369.
15. MIRABEAU, *Théorie de l'impôt*, op. cit., p. 8.
16. MIRABEAU, *La science*, op. cit., pp. 36 & 73.

soi. Il n'est qu'un conseil judicieux ou un compte-rendu réaliste d'un principe dirigeant la plupart de nos comportements individuels. Il ne devient pernicieux que par les tendances impérialistes qu'il ne tarde pas à manifester. On peut en entrevoir d'ores et déjà les effets pervers lorsque Le Mercier de la Rivière en fait la règle d'or, devant laquelle tout autre principe doit plier, dans la construction des institutions sociales : «la grande question est donc de savoir ce que nos lois doivent statuer pour provoquer la plus grande abondance possible de reproductions annuelles et faire régner la justice la plus rigoureuse dans leur distribution, sans néanmoins que cette seconde partie puisse porter atteinte à la première»[17]. Dans l'alternative entre attenter au principe de maximisation de la production ou à celui de justice, l'économisme (et c'est là précisément ce qui le définit) invite à sacrifier le second sur l'autel du premier.

Béardé de l'Abbaye a été l'un des premiers à dénoncer la manie de la maximisation dont font preuve les physiocrates: «pourquoi mettre toujours les choses au plus haut ou au plus bas possible? M. Mercier ne sait-il pas que c'est dans un milieu, dans une proportion, & dans l'accord de mille différens rapports, qu'on doit chercher un avantage réel»[18]. Il y a là davantage que le recours banal au lieu commun de l'*aurea mediocritas*. Ce qui apparaît ici, c'est le lien entre maximisation et choix d'un critère unique pour juger de l'avantage des sociétés. Pour évaluer les bénéfices ou les inconvénients réels d'une pratique donnée — les sociologistes le savent bien — il faut prendre en compte «mille différents rapports», souvent difficiles, voire impossibles à quantifier objectivement, mais néanmoins essentiels à intégrer dans une analyse responsable. En proposant une dimension unique dont la maximisation résoudra tous les problèmes, en

---

17. LE MERCIER DE LA RIVIERE, *L'intérêt social*, op. cit., p. 30.

18. BEARDE DE L'ABBAYE, *Examen...*, op. cit., p. 103.

faisant briller le leurre d'une clé universelle permettant de répondre à toutes les questions, les économistes occultent neuf cent quatre vingt dix-neuf questions dont les réponses devraient venir nuancer les résultats de leur calcul.

Quelle est cette clé universelle censée nous ouvrir toutes les portes du bonheur social? Contrairement à ce qu'auront pu laisser entendre les citations présentées jusqu'à présent, ce que les économistes visent à maximiser, ce n'est pas tant la production des biens matériels que l'extraction du *produit net.* Mirabeau est on ne peut plus explicite sur ce point : «Le gouvernement économique ne doit donc pas tendre simplement à la plus grande reproduction, mais au plus grand revenu possible»; «produit net, produit net sur toutes choses. Réduisons à cela nos prétentions, nos triomphes & nos vertus»; «tout l'avantage phisique et moral des sociétés se résume en un point : *un accroissement du produit net*; tout attentat contre la société se détermine par ce fait, *diminution de produit net.* C'est sur les deux plats de cette balance que vous pouvès asseoir et peser les loix, les moeurs, les usages, les vices et les vertus»[19].

Un tel absolutisme du produit net entraîne au moins *trois types de distorsions.* D'une part, comme on l'a déjà vu, en faisant du surplus tiré par le propriétaire de l'exploitation agricole la variable à maximiser, on met le salaire payé aux ouvriers au rang des frais à minimiser. «Quel est le moyen le plus sûr d'avoir, à récoltes égales, le plus grand produit net possible? C'est de restreindre autant qu'il est possible les frais des travaux, des transports, des fabrications de toute espèce»[20]. Les économistes ont beau répondre, lorsqu'on les accuse de vouloir affamer les salariés, qu'il est un minimum de subsistance au-dessous duquel les frais du travail ne peuvent pas tomber; ils

---

[19]. MIRABEAU, *Philosophie rurale*, op. cit., tome I, p. 251 & tome II, p. 228; Lettre à Jean-Jacques Rousseau du 30 juillet 1767, éd. cit., p. 258.

[20]. D'ALBON, *Eloge historique de M. Quesnay*, op. cit., p. 57.

ont beau suggérer ici ou là qu'en payant mieux les ouvriers, on en fait des consommateurs qui contribuent à soutenir le prix des denrées, et à assurer le profit du propriétaire vendeur de ces denrées; la logique déployée au nom de l'ordre économique, en inscrivant dans ses calculs la rétribution du travail comme une valeur négative, établit une perspective biaisée dans laquelle le sort des salariés ne peut s'améliorer que dans la mesure où une telle amélioration fait le compte des détenteurs de capital. Est-ce vraiment un hasard si Quesnay lui-même constate (sans trop s'y attarder d'ailleurs) à propos du modèle qu'il brandit pour illustrer son utopie de gouvernement économique, la Chine, qu'«il est peu de pays où il y ait autant de pauvreté dans le menu peuple»[21]?

Une deuxième distorsion vient du fait que toute activité autarcique apparaît comme proprement *nulle* lorsqu'on la considère du point de vue de l'«ordre économique» : elle compterait pour zéro dans les calculs des économistes, et ne mériterait pas de figurer dans leur Tableau. Si des cultivateurs «ne peuvent que se procurer à eux seuls leur subsistance», ils «sont nuls pour l'Etat. Il faut pour tirer de la terre un revenu que les travaux de la campagne rendent un produit net au delà du salaire payé aux ouvriers»[22]. Comme Quesnay l'explicite ailleurs, l'«état du cultivateur» ne mérite pas en soi d'intéresser l'économiste. «Le cultivateur, borné à lui-même, n'aurait besoin que de simples productions pour vivre. Mais la nation a besoin que la terre produise le plus qu'il est possible, et que les productions deviennent des richesses pour la plus grande valeur vénale possible»[23]. Emporté par sa passion de la maximisation

---

21. QUESNAY, *Despotisme de la Chine*, op. cit., p. 579. Il ajoute plus loin cette remarque révélatrice : «aussi n'est-il point de nation plus laborieuse, point de peuple plus sobre et plus industrieux» (Ibid, p. 580).

22. QUESNAY, *Tableau économique*, op. cit., p. 124.

23. QUESNAY, chapitre VII de la *Philosophie rurale*, in *Physiocratie*, op. cit., p. 156.

(et) du produit net, l'économiste ne reconnaît existence qu'à ce qui «compte» dans l'artifice arithmétique auquel il réduit la réalité. Un peuple ne mérite d'apparaître sur la carte de l'ordre économique qu'en fonction du surplus qu'il offre à ses propriétaires. Une nation de producteurs autarciques, «égaux et indépendants les uns des autres», n'est pas une nation. On aura reconnu ici le type de raisonnement qui a conduit à tant de plans de «développement» scientifiquement calculés par des organisations internationales impatientes d'«intégrer» les économies du tiers monde dans le marché mondial (dont les termes de l'échange ne pouvaient que leur être défavorables), sans considérer l'alternative d'une politique soutenant l'agriculture vivrière locale. Quiconque ne fait pas ruisseler la richesse peinte sur le Tableau, quiconque ne génère pas de profits susceptibles d'appâter et de contenter un investisseur étranger, quiconque n'a pas pignon sur quelque rue du marché global voit son existence rendue invisible par les lunettes de l'économisme, coupable qu'il est de ne pas apporter son obole au produit net ou au PIB.

La troisième déformation de perspective est intimement liée à la précédente. Comme le suggère la dernière citation de Quesnay, l'ordre économique se mesure en termes de *prix*. «La valeur vénale en argent est la base de toute estimation et de toute supputation dans l'économie politique»[24]. Et ici encore, parce que l'économiste ne peut voir que ce qui porte un prix, il n'hésite pas à ériger son angle de vision partiel et partial en règle universelle du bien et du mal, de l'avantageux et du dommageable. Turgot affirme ainsi que «la valeur vénale de chaque denrée, tous frais déduits, est la seule règle pour juger de l'avantage que retire l'Etat d'une certaine espèce de productions; que, par conséquent, toute manufacture, dont la valeur vénale ne dédommage pas avec avantage des frais qu'elle exige, n'est

24. Ibid., p. 158.

d'aucun avantage»[25]. A prendre au mot un tel principe, on soumet l'estimation des avantages et des inconvénients impliqués par la production de chaque bien à toutes les aberrations du marché (qui vont des diverses externalités aux multiples distorsions de prix dues à l'inévitable imperfection de la compétition). Les politiques énergétiques myopes et suicidaires des présents gouvernements ultra-libéraux illustrent parfaitement les impasses où mène un tel intégrisme du prix.

Tel est donc l'*ordre économique* qui s'invente en ces années 1760 et dont la mainmise sur nos sociétés et sur nos pensées s'est depuis constamment affermie, au rythme de flux et de reflux périodiques. Au nom de nos besoins (physiques ou autres), on nous propose de considérer les formations sociales comme des machines plus ou moins performantes selon qu'elles réussissent à produire le plus possible d'objets de jouissance en réduisant le plus possible les dépenses. On soumet alors ces prémisses à un triple tour de passe-passe, habituellement justifié par les nécessités du calcul et de la formalisation «scientifique». On inscrit d'abord la rétribution du travail — laquelle est pourtant la condition d'accès aux dites jouissances pour la majorité des individus — au registre de ces dépenses qu'il convient de minimiser. On substitue ensuite à la production des objets de jouissance eux-mêmes la création d'un surplus devant échoir en première main à la classe détentrice des capitaux. On fait admettre finalement que toutes les estimations auxquelles donneront lieu ces efforts de maximisation prendront pour mesure de valeur non pas les jouissances ultimes qui doivent en résulter (malheureusement incalculables), mais les prix du marché tels qu'on peut les observer dans le monde empirique.

Une dernière mystification vient couronner et sceller l'édifice ainsi mis en place. L'ordre économique, auquel les

---

25. Anne Robert Jacques TURGOT, *Eloge de Vincent de Gournay* (1759), in *Ecrtis économiques*, op. cit., p. 90.

physiocrates se réfèrent comme à l'Ordre par excellence, celui qui seul «fait & peut faire la loi des sociétés, comme celle des individus», cet ordre est présenté comme inscrit dans (et cautionné par) une transcendance supra-humaine. Involontairement conscients peut-être des manipulations pour le moins discutables qu'ils ont introduites au fil de leurs calculs du bien commun, les économistes s'empressent d'affirmer que leur «ordre social n'a rien d'arbitraire; qu'il n'est point l'ouvrage des hommes; qu'il est au contraire institué par l'Auteur même de la nature, comme toutes les autres branches de l'ordre physique, qui dans toutes ses parties est absolument et toujours indépendant de nos volontés»[26]. Avis donc aux critiques de tout poil : le produit net, l'inscription des salaires au registre des dépenses, l'évaluation du bien social à l'aune des prix du marché, rien de cela n'est ni arbitraire, ni même du ressort des décisions humaines. (Ni par conséquent discutable : on pourra au plus en marteler la vérité sur les têtes revêches.) Les diktats de l'économi(st)e ne sont, comme on l'a vu, qu'une conséquence de ceux de la physique, laquelle n'est en dernière analyse qu'une résultante de la volonté divine, puisque c'est «l'ordre de Dieu que nous entendons toujours et que nous devons toujours entendre sous l'expression d'ordre de la nature»[27].

Cet ancrage de l'ordre économique dans une transcendance divine joue un rôle essentiel dans le discours physiocratique. En nous invitant à «regarder la société comme étant l'ouvrage de Dieu même», en présentant leurs conclusions comme un résumé de «la politique du Ciel»[28], les apôtres du produit net donnent la mesure exacte de leur position dans le paysage intellectuel des Lumières. «Notre plan est de tout rapprocher, & surtout les

---

26. LE MERCIER DE LA RIVIERE, *Ordre naturel...*, op. cit., p. 29.

27. MIRABEAU, *Théorie de l'impôt*, op. cit., supplément, p. 11.

28. LE MERCIER DE LA RIVIERE, *Ordre naturel...*, op. cit., p. VII & MIRABEAU, *Théorie de l'impôt*, op. cit., supplément, p. VII.

prêtres & les philosophes»[29]. Il ne faut pas s'étonner de voir les *Ephémérides du citoyen* publier des extraits d'un ouvrage intitulé *Les devoirs de l'homme ou abrégé de la Science du Salut et de l'Economie politique* «réunissant dans un même petit volume l'extrait des principes de la Religion Catholique & de l'Economie politique»[30]. Comme en témoignent les divers «catéchismes» publiés par Mirabeau, les économistes sont des prêtres travestis en Philosophes ou des Philosophes restés prêtres dans l'âme. Le gouvernement que promeut leur doctrine a très logiquement la forme d'une «*théocratie* qui a fixé invariablement par poids et par mesure les droits et les devoirs des hommes réunis en société». Le mot revient avec obstination en de nombreuses pages de la *Philosophie rurale* :

> L'archétype du gouvernement le plus parfait ne se présente-t-il pas avec évidence dans l'ordre immuable des lois de la Nature, où tout ce qui peut être le plus avantageux à l'autorité tutélaire & aux Sujets se démontre par la mesure & par le calcul, & où les lois positives n'en doivent être que les résultats par la démonstration la plus complette & la plus décisive? C'est cette Théocratie, & c'est elle seule qui constitue le gouvernement parfait, le vrai gouvernement des Sociétés, le gouvernement par essence. Le gouvernement parfait n'est pas d'institution humaine; les hommes n'y peuvent rien ajouter, ni rien réformer.[31]

Avec de telles formulations, les physiocrates se révèlent être à cheval entre deux univers idéologiques. Leur liberté de parole, le rôle de catalyste qu'ils jouent dans le débat sur la meilleure forme de gouvernement, leur recours à des arguments

---

29. MIRABEAU, *La Science*, op. cit., p. 222.

30. *Ephémérides du citoyen*, 1771, tome IV, pp. 116 & 118.

31. MIRABEAU, *Philosophie rurale*, tome III, pp. 274-275; cf. aussi I,XXXIX, III,9 & III,155.

de raison (et non d'autorité) pour faire avancer ce débat, ainsi que la finalité de jouissances terrestres (et non de salut de l'âme) qui constitue l'horizon de leur pensée, tout cela les place clairement aux côtés des esprits les plus audacieux parmi les Philosophes (Diderot et d'Holbach en particulier). En dépit de cette évidente parenté, leurs prétentions théocratiques trahissent une dimension fondamentalement pré-moderne de leur doctrine. Contrairement au projet d'*autonomie* qui bat au coeur de la révolution idéologique apportée par les Lumières (tel que Rousseau le développe sur le plan politique et Kant dans le domaine éthique), les économistes promeuvent une vision radicalement *hétéronomique* des sociétés humaines. Pour eux, ce n'est pas aux hommes qu'il appartient d'inventer et de choisir collectivement les meilleures lois politiques et civiles devant régir les interactions des citoyens. La cité ne se donne pas à elle-même (*auto*) ses propres lois (*nomoi*) : elle les reçoit toutes faites des mains d'un Autre (*hétéro*), la Nature ou Dieu. C'est en cela — bien plus encore qu'en leur promotion (souvent indirecte) des droits de la noblesse — que leur société idéale peut être qualifiée de *traditionnelle* : elle prédate la grande coupure qui a détaché, au cours du XVIIIe siècle, l'ordre social de son ancrage imaginaire dans le divin (ou le naturel) — coupure définitoire du libéralisme[32]. Alors que l'hétéronomie va tellement de soi dans

[32]. Sur cette opposition entre les sociétés traditionelles (hétéronomiques) et le projet d'autonomie propre à la modernité occidentale, on se référera aux travaux essentiels de Cornélius CASTORIADIS, en particulier à *L'institution imaginaire de la société* Paris, Seuil, 1975, ainsi qu'à «Pouvoir, politique, autonomie» in *Le monde morcelé*, Paris, Seuil, 1990, pp. 113-139. Peut-être faudrait-il parler d'*endonomie* pour désigner la variante économiste de l'hétéronomie, puisque la loi n'y est pas décrite comme venant d'ailleurs, mais comme *imposée de l'intérieur* selon une nécessité immanente qui n'en échappe pas moins au contrôle conscient de l'organisme considéré. Sur l'originalité de cette variante (que Dupuy identifie comme définitoire de l'«économie politique»), cf. Jean-Pierre DUPUY, «L'individu libéral, cet inconnu: d'Adam Smith à Friedrich Hayek» in *Individu et justice sociale : autour de John Rawls*, Paris, Seuil, «Points Politique», 1988, pp. 73-125; et James Bernard MURPHY,

l'idéologie des sociétés traditionnelles qu'on se passe souvent d'en énoncer le principe, les physiocrates sont suffisamment inscrits dans le mouvement des Lumières pour avoir besoin de combattre par des déclarations explicites les tendances de l'époque à l'autonomie.

> On doit remarquer ici que le terme de *faire* des loix est une façon de parler fort impropre, et qu'on ne doit point entendre par cette expression, le *droit* et le pouvoir d'imaginer, d'inventer et d'instituer des loix positives qui ne soient pas déjà *faites*, c'est-à-dire qui ne soient pas des conséquences nécessaires de celles qui constituent l'ordre naturel et essentiel de la société.[33]

Avec tout ce verbiage d'*ordre essentiel*, de *lois de la nature*, de *théocratie* et de *politique du Ciel*, les physiocrates apparaîtront sans doute sous les traits des illuminés enthousiastes que l'histoire traditionnelle de la pensée économique aime voir en eux[34]. En une sorte de faux-pas originel de la discipline encore en gestation, ils n'en auraient lancé les premiers concepts qu'en dévoyant son cours, heureusement rétabli bientôt sur le droit chemin de la science

---

«The kinds of order in society» in MIROWSKI (éd.), *Natural Images in Economic Thought. "Markets Read in Tooth & Claw"*, Cambridge University Press, 1994, pp. 536-582.

33. LE MERCIER DE LA RIVIERE, *Ordre naturel...*, op. cit., p. 81.

34. Une part généralement sous-estimée de leur mysticisme de l'Ordre et la Science paraît venir de leur admiration pour le modèle chinois. L'influence de la non-action (*wu-wei*) sur l'origine du *laissez-faire*, des notions de *Dao*, de *Tien* ou de *Li* sur la conception physiocratique de l'Ordre, du livre confucéen de la *Grande Etude* (connu alors sous le titre de *Magna Scientia*) sur l'enthousiasme de «la Science», ainsi que le rôle de Malebranche dans cette transmission, tout cela demande encore une étude textuelle approfondie. Pour un premier déblayage, voir Lewis MAVERICK, *China a model for Europe*, San Antonio, 1946 & «Chinese Influence on the Physiocrats», *Economic History*, III, 13, Feb. 1938; Y. Ly SIOU, *Les grands courants de la pensée économique*

grâce aux bons soins de Smith, Ricardo et Say. Une telle perspective rate pourtant l'essentiel. Malgré son aspect indéniablement folklorique, le mysticisme des physiocrates fournit bien le moule dans lequel la science économique sera appelée à se développer pour le reste de son existence (jusqu'à aujourd'hui). Faisons en effet un pas de plus, et suivons la dérive de ce mysticisme jusqu'au moment où il prend une dimension païenne, qui le remet naturellement sur une voie dont sont issus tous les intégristes de l'économisme moderne. Après avoir réaffirmé le dogme du dégouttement des richesses, étayé par cet autre dogme selon lequel «c'est uniquement la valeur vénale des productions qui en décide le mérite et le prix, relatif à la Société», Mirabeau ajoute : «Ainsi l'a décidé irrévocablement l'ordre naturel, émanation & code immortel des loix de la Providence, que notre reconnoissance doit placer dans les temples deserts de cette divinité des anciens, le *Destin*»[35]. Quelques décennies plus tard, au coeur d'une tourmente révolutionnaire qui le pousse vers la métaphysique, Du Pont de Nemours pointe dans la même direction : «la *Nature* considérée dans le sens de *Fatum*, contraction de *Factum*, ce qui est irrévocablement *fait*, n'est point *un être*, elle n'est qu'*un fait*»[36].

S'il est un noyau dur de la pensée économiste, d'hier comme d'aujourd'hui, c'est très précisément ici qu'il faut le trouver. Le style et les divinités ont changé. Les «forces du marché» ont remplacé «l'ordre naturel», suivant en cela la voie tracée par Turgot selon lequel, on s'en souvient, le cours du commerce est «non moins nécessaire, non moins irrésistible que le cours de la nature». Les dépenses sociales se sont substituées aux fastes de la cour sous les attaques de propagandistes soucieux de

---

chinoise et leur influence sur la formation de la doctrine physiocratique, Paris, 1936, pp. 65-92.

35. MIRABEAU, *Philosophie rurale*, tome II, pp. 257-258.

36. Pierre Samuel DU PONT DE NEMOURS, *Philosophie de l'univers*, Paris, 1796, p. 48.

soumettre l'Etat «à la nécessité absolue de l'économie». La structure fondamentale de leurs arguments est pourtant restée la même. Aujourd'hui comme hier, ils prennent la voix d'une nécessité échappant aux choix humains, d'un destin immanent (la nature, le marché) qui rappelle les illusions de la liberté politique aux (dures) réalités de l'ordre économique. Au coeur de nos sociétés largement laïcisées, ils promeuvent une vision hétéro/endonomique dans laquelle les institutions législatrices, loin d'avoir «le *droit* et le pouvoir d'imaginer, d'inventer et d'instituer» quoi que ce soit, en sont réduites à assurer l'application la plus efficace des diverses lois d'airain que les économistes sortent de leur chapeau. Parce qu'une série de rapports de forces historiques et d'évolutions technologiques (relevant toutes deux du *factum*) ont donné à une infime minorité de la population les moyens de concentrer et de déplacer le capital mondial avec une fluidité sans précédent, toutes les sociétés de la planète doivent (au nom du *fatum* des forces du marché) entrer en compétition pour s'attirer les faveurs de ces investisseurs potentiels, et se voient sommées de corriger leurs législations nationales (dépôt de leur conception du *droit*) pour les faire rentrer dans le rang dicté par l'ordre économique (mélange inséparable de *fatum* et de *factum*). L'économisme a si massivement colonisé nos pensées (et nos média) que nul ne croit sérieusement en la possibilité d'un renversement de perspective qui soumettrait le *fait* économique (comme la circulation du capital) à la régulation d'une institution en charge du *droit* éthico-politique (comme pourrait l'être une organisation internationale établie sur les fondations de l'ONU, du BIT et de l'OMC)[37].

[37]. On peut en prendre à témoin le quasi universel silence médiatique dans lequel croupit (aux USA en particulier) une proposition comme la taxe Tobin, qui prélèverait un infime pourcentage sur les opérations de change pour tout à la fois limiter les mouvements spéculatifs déstabilisateurs et constituer un fonds de capital disponible pour aider les plus démunis à sortir de leur

Il ne faut dès lors pas s'étonner du *fatalisme* avec lequel notre fin de siècle aborde les questions politiques (et les échéances électorales censées les sanctionner). Constamment exposé à un discours soulignant le poids surhumain du *fa(c)tum* économique, on finit par croire qu'«il n'y a pas de composition à faire avec la loi de l'ordre naturel, toujours inévitable»[38]. Pourquoi se mobiliser, pourquoi même discuter les «lois immuables» d'un ordre avec lequel on ne saurait composer? Le citoyen, de même que les institutions législatives qui sont censées représenter sa volonté, doit se contenter «de les observer & de les faire observer»[39]. Le double sens propre à l'*observation* de telles lois est remarquablement pertinent pour comprendre les prétentions de l'idéologie économiste : à l'en croire, on ne saurait *étudier* l'ordre économique sans se résoudre aussitôt à lui *obéir*. «La Nature nous a environnés de Lois suprêmes, & d'un enchaînement physique & inviolable de causes & d'effets qui ne laissent à notre intelligence & à notre liberté que le soin de les étudier & d'y conformer notre conduite»[40].

Dès les années 1760, les grands prêtres de cet ordre aimaient à souligner combien de phénomènes essentiels à la prospérité des Etats échappent en fait au contrôle et aux décisions de l'autorité politique (aussi bien intentionnée soit-elle). Taux de change, taux d'intérêts, taux de salaires, prix du blé[41]: malgré les apparences (voire, diront les mécréants, malgré

---

dénuement. Sur ce point, voir le travail du groupe ATTAC, bien présenté dans *Tout sur Attac*, Paris, Mille et une nuits, 2000.

38. MIRABEAU, *Les économiques*, op. cit., I, p. 308.

39. MIRABEAU, Lettre à Rousseau du 30 juillet 1767, éd. cit., p. 259.

40. DU PONT DE NEMOURS, *De l'origine..*, op. cit., § XVI, pp. 48-49.

41. Cf. par exemple pour le taux de change : MELON, *Essai politique sur le commerce*, op. cit., p. 789; pour le taux d'intérêt : ISNARD, *Traité des richesses*, op. cit., pp. XX & 280; pour le taux de salaires : LE MERCIER DE LA RIVIERE, *L'intérêt général*, pp. 54-55; pour le prix de blé : LE TROSNE, *Lettres à un ami sur les avantages de la liberté du commerce des grains et le danger des prohibitions*, Amsterdam/Paris, 1768, pp. 15, 19 & 24.

la leçon des faits eux-mêmes, tant il est vrai que de nombreux gouvernements ont très bien réussi à contrôler le prix de certaines denrées ou à imposer un salaire minimum), tout cela serait *dicté* aux sociétés humaines qui «subissent irrésistiblement la loi de la proportion que les choses ont entre elles»[42]. Ici encore les conseils que donne généreusement L'ami Des Hommes au jeune Antoine ont valeur prophétique: «se résigner, mon ami, est le premier des devoirs et la meilleure des habitudes»[43]. Prophétiques également les conseils, non dénués de cynisme, qu'adresse Turgot à l'abbé Terray pour l'enjoindre de maintenir la liberté du commerce des grains en dépit des variations de prix qu'elle a causées : «il n'y a de lésion pour personne dans le changement et, s'il y en avait, cette lésion étant l'effet inévitable du cours des choses, on la souffrirait comme on souffre les maux qu'on ne peut imputer qu'à la nécessité; on n'en accuserait personne, et la tranquillité n'en serait point troublée»[44]. Si la guerre des farines qui précipitera la chute du contrôleur général aura démenti l'optimisme de l'intendant de Limoges, la résignation actuelle des salariés occidentaux face aux courbes du taux de chômage, de l'évolution du revenu réel ou des valeurs boursières semble confirmer à deux siècles de distance l'intuition de l'économiste. Les partisans de la déréglementation et de la pure loi du marché libre en ont tiré bonne leçon. Ils savent que «dans le système de la liberté, les peuples n'ont point le droit de se plaindre du gouvernement, c'est de la nécessité seule qu'ils sont victimes»[45].

Les économistes, qui, contrairement à certaines apparences trompeuses, ont du réalisme à revendre, savent pourtant qu'on

---

42. ABEILLE, *Principes sur la liberté...*, op. cit., p. 113.

43. MIRABEAU, *Les économiques*, op. cit., p. 39.

44. Anne Robert Jacques TURGOT, *Lettres à l'abbé Terray sur le commerce des grains* (1770) in *Ecrits économiques*, op.cit., lettre 7, p. 343.

45. *Lettres à l'auteur des observations sur le commerce.*, op.cit., p. 24.

arrive rarement à faire taire toutes les mauvaises langues. Ils se laissent parfois aller à suggérer des remèdes bien dignes des méthodes traditionnelles de la théocratie dont ils se réclament : «ceux qui s'écartent de la règle sont des membres malades ou corrompus qu'il faut guérir ou amputer»[46]. Le plus souvent, ils font toutefois confiance aux vertus persuasives de l'ordre lui-même, et se contentent de lancer des avertissements, lesquels anticipent ici aussi remarquablement la rhétorique de l'économisme moderne. «L'ordre est immuable. Les souverains & les sujets ne peuvent s'en écarter qu'à leur désavantage»[47]. Qu'un ministre, un syndicat ou un parti rétif s'obstine à garantir, contre toute logique économique, un certain prix-plafond du pain, ou un prix-plancher des salaires, on l'accusera rarement de voler le revenu des investisseurs, d'appauvrir la nation dans son ensemble ou de subventionner la paresse des pauvres aux dépens de l'industrie des riches. Plus sournoisement, on brandira l'épouvantail de cet ordre économique dont les mécréants «ne peuvent s'écarter sans trahir les véritables intérêts» de ceux qu'ils prétendent défendre.

Derrière tous les arguments déployés par les physiocrates dans les pages qui précèdent, il y a — répétons-le encore une fois — une série de vérités fondamentales, qu'il serait absurde de ne pas vouloir reconnaître. (1°) L'épanouissement de toute personne humaine est conditionné par la disponibilité de certaines ressources matérielles de base (dont la définition varie historiquement). (2°) Les lois de la nature physique, et (à court et moyen terme au moins) celles de la psychologie humaine, imposent certaines limites à la façon dont les hommes trouvent et/ou produisent ces ressources matérielles. (3°) Différents modes d'organisation politico-économiques peuvent résulter en une inégale capacité à produire lesdites ressources. (4°) Entre

46. MIRABEAU, *Philosophie rurale*, tome I, pp. XXXIX-XL.

47. Ibid., tome I, p. XXXVIII.

deux modes d'organisation dont la seule différence serait que l'un produit davantage et/ou mieux que l'autre, celui qui atteindrait à une plus grande efficacité mériterait d'être préféré (toutes choses étant égales par ailleurs).

Le problème est qu'un tel ordre ne débouche en lui-même sur aucune directive politique particulière. La différence entre deux modes d'organisation sociale n'est *jamais seulement* une différence d'efficacité productive: toute transformation dans le processus de production entraîne potentiellement des conséquences («humaines») qui dépassent le cadre de ce processus (physique). «Toutes choses» ne peuvent jamais être «égales par ailleurs» entre deux formes d'organisation politico-économiques comparées du point de vue de leur efficacité productive. Pour reprendre la métaphore éculée, on peut bien admettre, avec l'«économie politique» née au XVIIIe siècle, que le gâteau à partager entre les membres de la société n'est pas de taille fixe. On peut admettre que son taux de croissance dépend de la manière dont chaque société conçoit (et applique) sa législation. Il n'en reste pas moins vrai que la valeur ultime du gâteau résidera aussi bien dans son *goût* que dans sa *taille*. La preuve n'est dans le pudding que si celui-ci convainc les palais. Fût-elle maximisée, une richesse dégoûtante n'a rien d'enviable.

Plus généralement, le problème est que le recours à l'argument de l'ordre, davantage qu'à *faire comprendre* le monde, sert le plus souvent à *faire croire*: «Toute l'histoire de la musique tonale, comme celle de l'économie politique classique, se résument en une tentative pour faire croire à une représentation consensuelle du monde; [...] pour imprimer sur les spectateurs la foi en une harmonie dans l'ordre; pour y inscrire l'image de cette cohérence définitive de la société dans l'échange marchand et dans le progrès du savoir rationnel»[48].

---

[48]. Jacques ATTALI, *Bruits. Essai sur l'économie politique de la musique*, Paris, PUF, 1977, p. 93.

Chapitre 9

LES CHAINES DE LA LIBERTE

Deux siècles après sa venue au monde, l'idéologie économiste semble enfin revêtue de cette évidence tant vantée par les physiocrates. L'efficacité des mécanismes de marché n'est plus guère remise en cause. La force d'une telle évidence tient à ce qu'elle n'a pas besoin d'expliciter ses fondements. Pourquoi se fatiguer à décrire dans les plus laborieux détails ce que tout le monde croit avoir sous les yeux à tout instant? Le noyau dur de la pensée libérale est devenu quasi inattaquable parce qu'il n'a désormais plus besoin de *s'exposer*. Il en allait différemment dans la seconde moitié du XVIIIe siècle. Parce que, comme on l'a vu, l'évidence en était encore problématique, les présupposés, les postulats et les principes sur lesquels repose la conception économiste de la société devaient alors être mis au devant de la scène. Même si l'on donnera certainement à plus d'une reprise l'impression d'enfoncer des portes ouvertes, peut-être ne sera-t-il pas inutile de reprendre ces chemins trop bien battus. (Re)découvrir par où l'on a passé aide parfois à savoir où l'on est.

Le coeur du scénario libéral tient en quelques phrases :

> Voulez-vous qu'une société parvienne à son plus haut degré possible de richesse, de population et

> conséquemment de puissance? Confiez ses intérêts à la liberté; faites que celle-ci soit générale; au moyen de cette liberté, qui est le véritable élément de l'industrie, le désir de jouir irrité par la concurrence, éclairé par l'expérience, vous est garant que chacun agira toujours pour son plus grand avantage possible, et par conséquent concourra de tout son pouvoir au plus grand accroissement possible de cette somme d'intérêts particuliers dont la réunion forme ce qu'on peut appeler l'intérêt général du corps social.[1]

Il suffira de passer en revue les différents éléments de cette formulation pour décomposer les moments essentiels de l'argument libéral. *Liberté* d'abord. Sa fonction essentielle est de garantir une sorte de computation spontanée. C'est grâce à elle que l'infinie complexité du réel, dont la formule du Tableau économique donnait une version simplifiée, finit par produire une addition sans reste et une soustraction sans défaut. «Il n'appartient qu'à la liberté, pour emprunter l'expression des géomètres, de faire évanouir toutes les inconnues qui embarrassent ce système politique»[2]. La liberté est donc ce qui doit *résoudre les problèmes* (au sens algébrique de ces termes) posés quotidiennement aux hommes par leur besoin de subsistance et leur soif de plaisirs. Un tel pouvoir de résolution, assez miraculeux en soi, s'explique par toute une théorie de l'information que Turgot fait reposer sur l'avantage inhérent aux *connaissances locales*.

> Un homme connaît mieux son intérêt qu'un autre homme à qui cet intérêt est entièrement indifférent [...] Chaque particulier est le seul juge de [l']emploi le plus avantageux de sa terre et de ses bras; il a seul les connaissances locales sans lesquelles l'homme le plus éclairé ne raisonne qu'à l'aveugle; il a seul une

---

1. LE MERCIER DE LA RIVIERE, *L'ordre naturel...*, op. cit., p. 27.
2. ABEILLE, *Principes sur la liberté du commerce...*, op. cit., p. 49.

> expérience d'autant plus sûre qu'elle est bornée à un seul objet; [il] acquiert un tact dont la finesse aiguisée par le sentiment du besoin passe de bien loin toute la théorie du spéculateur indifférent.[3]

Puisque chacun est pour soi-même le meilleur juge de ses intérêts, il suffit de le laisser libre d'agir comme il l'entend afin qu'il prenne spontanément les décisions qui maximiseront à la fois son bien-être privé et la prospérité commune. D'où le modèle d'une société basée sur les *conventions librement consenties* entre individus responsables. Comme tous les autres prix, les salaires devront ainsi être fixés par les calculs privés et les interactions libres des parties intéressées : «l'ouvrier doit être le seul juge du prix de son temps, comme les entrepreneurs de grands travaux sont les seuls juges du prix qu'ils peuvent payer sans ruiner leur entreprise»[4].

Si la liberté peut ainsi optimiser les rapports sociaux, c'est que, loin d'être synonyme d'anarchie, elle sert en fait de prête-nom à un principe de discipline supérieurement rigoureux : la *concurrence*. «C'est à ce principe que l'on peut ramener tous les autres», affirme Forbonnais dans le chapitre qu'il lui consacre pour en faire «l'âme et l'aiguillon de l'industrie»[5]. Le Mercier de la Rivière se plaît à la représenter en une nouvelle incarnation de la Justice, «la balance à la main», «réduisant à sa juste valeur ce qui doit appartenir» à chacun, «réglant sans violence quoique despotiquement les droits» des diverses classes. Pour peu qu'on laisse ainsi la concurrence jouer son rôle d'«arbitre naturel et souverain» des débats entre vendeurs et acheteurs[6], quatre bienfaits majeurs viendront récompenser ses adeptes.

---

3. TURGOT, *Eloge de Gournay*, op. cit., pp. 87 & 90.
4. ABEILLE, *Principes sur la liberté du commerce...*, op. cit., p. 94.
5. François Véron de FORBONNAIS, *Elémens du commerce*, Leyde, 1754, p. 91.
6. LE MERCIER DE LA RIVIERE, *L'ordre naturel...*, op. cit., p. 171.

Tout d'abord, *l'efficacité* de la machine économique se trouve poussée à son maximum. Chacun se voyant invité à «devancer son voisin en adresse», «cette émulation devenant générale, tous les arts se perfectionnent, et l'opulence est portée au plus haut point où elle puisse être»[7]. En ce sens, la compétition inhérente à l'idée de marché est bien au coeur de la nécessité d'économie promue par le libéralisme : «dans la concurrence, chacun *s'ingénie* pour économiser sur les frais de son travail afin de mériter la préférence & cette économie générale tourne au profit de tous»[8].

Le deuxième mérite de la concurrence est de garantir *l'auto-ajustement* des différents facteurs en interaction dans l'arène économique. Grâce à elle, «tout prend son niveau», le «vrai prix naturel» ou «le prix proportionnel des choses s'établit de lui-même»[9]. Que l'on parle du nombre des marchands, des taux de salaires, de la répartition des agents entre les différentes branches de la production, tout répète le mécanisme de nivellement progressif que Morellet décrit en détail à propos du commerce des grains : «le blé s'écoule par parties & à proportion qu'il s'écoule, la force qui le faisait écouler, c'est-à-dire le bas prix dans l'endroit où on le prend & le bon prix dans celui où on le porte, s'altèrent par degrés, de sorte que le mouvement se ralentit d'abord et cesse enfin tout à fait dès que le prix du lieu où on le prend commence à être plus haut que celui du lieu où on le porte»[10]. Pour peu qu'on laisse à la concurrence la pleine liberté d'imposer ses lois (modélisées, on

---

[7]. Pierre le Pesant de BOISGUILBERT, *Dissertation sur la nature des richesses* (1710) in DAIRE, *Economistes financiers du XVIIIe siècle*, Paris, Guillaumin, 1846, p. 404.

[8]. DU PONT DE NEMOURS, *De l'origine et des progrès,* op. cit., p. 26.

[9]. ABEILLE, *Principes sur la liberté du commerce des grains*, op. cit., p. 41; *Ephémérides du citoyen*, 1768, tome I, p. 108.

[10]. André MORELLET, *Réfutation de l'ouvrage qui a pour titre "Dialogues sur le commerce des blés"*, Londres, 1770, p. 36.

l'a vu, sur celles de l'hydrostatique), «toutes les classes d'ouvriers, toutes les denrées, et généralement toutes les choses se mettent naturellement en équilibre»; même si quelque perturbation se produit ici ou là, il suffit de savoir attendre le moment où «l'équilibre se rétablira de lui-même»[11]. De cette précieuse vertu d'équilibrage spontané que la concurrence est censée assurer résulte par exemple que, selon «l'ordre essentiel de la nature», il faut «que le nécessaire marche avant l'utile, l'utile avant le commode, le commode avant l'agréable, l'agréable avant le splendide, le splendide avant le superflu»[12]. (Devant la beauté de cet ordre spontané, seuls des grincheux peuvent remarquer qu'un tel principe, malgré son élégance, est quotidiennement démenti par l'expérience, où le superflu abonde tandis que le nécessaire fait encore cruellement défaut, et ce parce qu'au sein d'un marché libre les productions se proportionnent non pas aux besoins, mais au pouvoir d'achat des consommateurs.)

La troisième fonction cardinale de la concurrence est d'assurer la *convergence d'intérêts* apparemment antagonistes. «C'est la concurrence qui concilie tous les intérêts». En postulant que «toute l'économie politique ne roule que sur l'intérêt personnel»[13], les économistes s'exposent en effet à l'accusation de promouvoir un état de guerre généralisé. Les moralistes inspirés du stoïcisme leur reprocheront de déchaîner le «choc des passions» sans prendre la peine de leur imposer aucun frein. De fait, entre le vendeur et l'acheteur, entre le salariant et le salarié, les intérêts semblent être directement opposés. Tout ce que reçoit l'un est à soustraire du revenu de l'autre. Quesnay en est bien conscient : «tout marché n'est donc qu'un débat d'*intérêts opposés* qui finissent par une conciliation;

---

11. AUXIRON, *Principe de tout gouvernement*, op. cit., I, pp, 18 & 143.
12. MIRABEAU, *Théorie de l'impôt*, op. cit., supplément, p. 8.
13. LE TROSNE, *De l'intérêt social*, op. cit., pp. 955 & 898.

mais on n'est pas *ennemis* pour marchander ensemble, au contraire, c'est presque toujours par *amitié* qu'on choisit les gens avec lesquels on veut faire quelque marché». Et de préciser ailleurs : «on a dit que les éléments se combattent, ils se maintiennent au contraire, ils s'entretiennent réciproquement. La tendance de chaque principe vers la prédomination est ce qui fournit à son contraire les forces de la résistance et de la réaction vivifiante»[14]. Ami ou ennemi, peu importe : comme le suggère l'étymologie, le *concurrent* est celui qui, parce qu'il court *avec* moi, me force à courir *plus vite* que lui. C'est parce que nous allons dans la même direction que nos intérêts s'opposent. C'est à cause de cette opposition que nos efforts *concourent* à notre bien commun. Quand il s'agit d'expliquer plus précisément comment s'opère un tel retournement, les économistes ont recours à trois types d'arguments et d'images.

On souligne tout d'abord la *réciprocité* qui rend vendeurs et acheteurs solidaires les uns des autres : «le commerce n'enchaîne personne exclusivement, les deux parties sont liées l'une à l'autre par le besoin réciproque de vendre et d'acheter»[15]. Même si tout ce que l'autre gagne est tiré de mon fonds, du moment que nous avons également besoin l'un de l'autre, l'intérêt nous pousse à trouver un terrain d'entente où le profit de chacun sera à la fois réduit, partagé et assuré par le profit de l'autre. En élargissant la même logique au delà de l'échange isolé, on obtient, on l'a déjà vu, l'image d'un *cercle* qui lie et solidarise les intérêts de tous les membres de la société. Même si mon vendeur n'achète rien directement de moi, et si donc notre échange n'est pas en lui-même réciproque, il finira bien par

---

14. François QUESNAY, «Lettre de M. Alpha, maître ès-arts, à l'auteur des *Ephémérides* sur le langage de la science économique» (Octobre 1767), in *Oeuvres économiques et philosophiques*, éd. Oncken, op. cit., p. 682 & *Philosophie rurale*, chapitre VIII, in *Physiocratie*, op. cit., p. 154.

15. DU PONT DE NEMOURS, *De l'exportation et de l'importation des grains*, op. cit., p. 29.

dépenser l'argent que je lui aurai cédé, et devra alors lui-même faire rentrer ma dépense dans la circulation commune qui assure mon revenu. «Nous sommes pris dans un cercle» où «toutes les propriétés, ainsi que toutes les subsistances, dépendent réciproquement et circulairement les unes des autres»[16]. Puisque chacun trouve sa place «naturelle» dans un tel cercle à la fois comme source de produits ou de services et comme source de dépenses, on en arrive enfin à expliquer la convergence des intérêts par la *double identité* dont le marché revêt tout individu. «Personne n'est acheteur qu'autant qu'il est vendeur»; «aucun n'achète la denrée de son voisin ou le fruit de son travail qu'à une condition de rigueur, quoique tacite et non exprimée, savoir que le vendeur en fera autant de celle de l'acheteur, ou immédiatement ou par la circulation de plusieurs mains ou professions interposées»; «le vendeur n'est donc que le commissionnaire de l'acheteur, comme l'acheteur est mis dans le pouvoir d'acheter par le vendeur»[17]. Malgré l'antagonisme apparent qui semble soustraire mon profit du revenu d'autrui, les mécanismes du marché libre assurent bien l'harmonie sociale, et ce en clivant les intérêts de chaque individu. Ce n'est pas à celui qui me vend son pain trop cher ou à celui qui salarie mon travail trop chichement que je m'oppose, mais *à moi-même* en tant que *mon* bien-être dépend de celui du boulanger et de celui du propriétaire. Même la concurrence entre ouvriers, qui fait pression sur mon salaire pour le coller au plancher du niveau de subsistance, finit par tourner à mon avantage lorsque je me fais consommateur des produits du travail d'autrui.

Cette convergence naturelle d'intérêts strictement égocentrés (apparemment antagonistes) constitue l'aspect de leur

---

16. *Ephémérides du citoyen*, 1768, tome I, p. 89 & 1769, tome I, p. 22.

17. LE MERCIER DE LA RIVIERE, *L'ordre naturel...*, op. cit., p. 258; BOISGUILBERT, *Dissertation sur la nature des richesses*, op. cit., p. 404; BOISGUILBERT, *Factum de la France* (1707), in DAIRE, *Economistes financiers du XVIIIe siècle*, Paris, Guillaumin, 1846, chapitre V, p. 285.

théorie dont les économistes sont le plus fiers. «L'opposition des intérêts fait l'essence de la politique usurpatrice, l'unité d'intérêt fait l'essence de la politique économique»[18]. «Parmi tous ces modernes, je suis peut-être le premier qui ai prétendu enseigner au physique que tous les hommes étaient frères; que nul ne pouvait faire son propre avantage exclusivement à celui d'autrui; que les principes de la justice s'accordent en tout et partout avec ceux du véritable intérêt»[19].

On en arrive ici à la quatrième et dernière fonction essentielle de la concurrence dans l'idéologie économiste : celle d'assurer *la justice* (et non seulement l'efficacité) de la production et de la distribution des biens. Comme l'ont déjà relevé de nombreux commentateurs (Hirschman, Dumont, Larrère, Perrot, Dupuy, etc.), l'économie politique a offert à la pensée occidentale une voie radicalement nouvelle de résoudre un problème *moral*, celui de la gestion des passions. Au lieu de s'unir à toutes les voix qui affirmaient depuis des siècles la nécessité absolue (quoique souvent désespérée) de les combattre, la bonne nouvelle économiste a apporté une révélation merveilleusement confortante : point n'est besoin de livrer une guerre (forcément perdante) contre l'hydre de notre amour-propre; pour peu qu'on les laisse s'entre-borner et s'entre-balancer, nos passions les plus égocentrées finiront par contribuer à notre bonheur commun. «C'est là le grand avantage inséparable de la pleine liberté du commerce : par le moyen de la concurrence tous les efforts de la cupidité tournent au profit commun de la société»[20]. Telle est la pierre philosophale sur laquelle la nouvelle religion a bâti son église: en faisant de l'intérêt égocentré un vecteur du bien commun, les économistes ont transmuté la coupable cupidité en louable esprit d'entreprise.

---

18. BAUDEAU, *Première introduction...*, op. cit., p. 742.

19. MIRABEAU, *L'ami des hommes*, op. cit., p. 304.

20. LE MERCIER DE LA RIVIERE, *L'intérêt général*, op. cit., p. 13.

Ce génial tour de passe-passe tient bien de la prestidigitation : «toute la magie de la société bien ordonnée est que chacun travaille pour autrui en croyant travailler pour soi»[21].

Cette audacieuse entreprise de blanchiment de l'amour-propre — dont les économistes n'ont bien entendu pas été les seuls instigateurs, mais à laquelle ils ont apporté un appoint essentiel — débouche sur une réorganisation générale de l'univers éthique. Quoique celle-ci puisse faire ici ou là l'objet d'une tentative d'explicitation[22], c'est le plus souvent entre les lignes qu'on y voit apparaître une conception de la justice qui vient docilement épouser tous les contours des mécanismes de marché.[23] Ce que produisent la liberté et la concurrence, c'est *une juste répartition des richesses*. «La liberté établit la juste proportion entre les productions et les salaires. [...] La liberté entière des échanges est donc conforme aux intérêts de tous sans pouvoir blesser les intérêts de personne»; «rien n'est plus équitable sans doute ni plus avantageux, dès que la convention est volontaire»; «ces échanges continuels et universels doivent être libres, parce que c'est le seul moyen de les rendre justes»[24].

---

21. MIRABEAU, *Philosophie rurale*, op. cit., tome I, p. 138.

22. L'abbé Baudeau propose ainsi une nouvelle définition de la morale en fonction de la contribution de chacun à la production des richesses. S'y esquisse une tripartition classant les comportements humains en *usurpateurs* (lorsque je prends plus à la société que je ne donne), *justes* (lorsque je donne autant que je prends) et *bienfaisants* (lorsque je donne plus que je ne prends). Ici encore, la Science promet de remplacer les problématiques jugements de valeur par un «simple» (et objectif) calcul. Et ici encore, la porte est ouverte à toutes les mystifications suivant la manière dont on compte les mises et les donnes respectives de chacun. (Cf. BAUDEAU, *Première introduction à la philosophie économique*, op. cit., pp. 667-668.)

23. Voir mon article «Rousseau et les physiocrates. La justice entre produit net et pitié», *Études Jean-Jacques Rousseau*, 11, 2000, No spécial «Rousseau: Economie politique», éd. Reinhard Bach, pp. 161-181.

24. LE TROSNE, *De l'intérêt social*, op. cit., pp. 955-956; BAUDEAU, *Première introduction à la philosophie économique*, op. cit., p. 756; ABEILLE, *Principes sur la liberté du commerce des grains*, op. cit., p. 95.

On voit la continuité qui s'établit entre le «vrai prix naturel» fixé par le marché, la «juste proportion» que se voient ainsi attribuer chaque bien et chaque service, et une équité objective qui paraît en résulter indépendamment des décisions de toute autorité judiciaire ou politique. La *vérité des prix* a pour pendant la *justice du marché*. Justice immanente et donc sans recours : «le vrai prix déclare et pour les denrées et pour le salaire du travail que nul n'est en droit de se plaindre»[25]. Mais aussi, justice remarquablement disposée à couvrir du sceau de sa légitimité les aléas dirigeant le destin des agents économiques: «sous l'empire de cette liberté, de cette concurrence, tous leurs profits seront légitimes, quelque grands qu'ils puissent être»[26]. Le blanchiment de la cupidité conduit très naturellement à laisser le champ libre aux exactions de la rapacité.

Car toute la construction théorique que l'on vient de parcourir en un survol rapide débouche sur une conséquence éminemment pratique. La description des mécanismes économiques du marché n'est que le support «scientifique» d'un programme essentiellement politique, identifié depuis Gournay à travers le slogan *laisser faire, laisser aller*. Comme on le sait, et le mot et l'idée viennent de plus loin. Boisguilbert, pour ne mentionner que lui, en appelle continuellement à «laisser faire la nature» de manière à ce que chacun trouve sa meilleure place dans le réseau des échanges[27]. Du côté des physiocrates, et

---

25. ABEILLE, *Principes sur la liberté du commerce...*, op. cit., p. 95.

26. *Ephémérides du citoyen*, 1767, tome VI, p. 158.

27. BOISGUILBERT, *Factum de la France*, op. cit., pp. 280 & 286, et *Dissertation sur la nature des richesses*, op. cit., p. 409. Ici aussi, et quoique le taoisme ait eu moins d'influence que le confucianisme sur la France du XVIIIe siècle, il faut tenir compte de la fascination qu'a exercée la pensée chinoise chez les physiocrates: le *wu-wei* ("non-agir") renferme bien l'idée de laisser l'ordre spontané de la nature imposer son cours sans chercher (forcément en vain) à le contrarier, idée dont le non-interventionisme libéral est la traduction économique. Par exemple: «Les livres du Philosophe Chinois [Confucius] font voir ce que la nature seule est capable de faire, lorsqu'on écoute ses

malgré ce que peut suggérer d'anti-libéral leur appel au «despotisme légal», la magie de la cupidité-tournant-au-bien-commun conduit explicitement au même slogan : «le commerçant, quoique dans la vue de profiter sur vous, fera l'avantage du commerce dont vous profiterez vous-même. Laissez-le faire, laissez-le aller. Il marche au bien particulier, il arrive au bien général»[28]. Il est pleinement logique que ce soit chez Turgot, disciple de Gournay et compagnon de route des physiocrates, que l'on trouve l'expression la plus accomplie et la plus générale de ce principe qui fait l'âme de l'ultra-libéralisme :

> Ce que doit faire la politique est donc de s'abandonner au cours de la nature et au cours du commerce, non moins nécessaire, non moins irrésistible que le cours de la nature, sans prétendre le diriger, parce que pour le diriger sans le déranger et sans se nuire à soi-même, il faudrait pouvoir suivre toutes les variations des besoins, des intérêts de l'industrie des hommes, il faudrait les connaître dans un détail qu'il est physiquement impossible de se procurer et sur lequel le gouvernement le plus habile, le plus actif, le plus détailleur risquera toujours de se tromper au moins de la moitié [...] Si l'on avait sur tous ces détails cette multitude de connaissances qu'il est impossible de rassembler, le résultat en serait de laisser aller les choses précisément comme elles vont toutes seules, par la seule action des intérêts des hommes qu'anime la balance d'une concurrence libre.[29]

Aussi séduisant qu'il soit, le scénario libéral mis en place dans la seconde partie du XVIIIe siècle est toutefois habité par

---

conseils. [...] [Le sage] paroit ne rien faire, mais réellement il fait beaucoup; il est actif dans son inaction même» (Etienne SILHOUETTE, *Idée générale du gouvernement et de la morale des Chinois*, Paris, 1731, pp. 10 & 59). Le Père COUPLET, de son côté, rendait *wu-wei* par «nihil agens et tamen imperans» (*Confucius Sinarum Philosophus*, Paris, 1687, Lib. III, Pars 8, p. 111).

28. MIRABEAU, *Les économiques*, op. cit., tome I, p. 269.

29. TURGOT, «Lettre ... sur la marque des fers», op. cit., p. 383.

plusieurs zones d'ombre et de flottement. Relevons d'abord la remarquable insistance des économistes à décrire les mécanismes du marché *libre* en termes de *chaînes*. «Les entreprises du commerce sont faites pour être enchaînées les unes aux autres»; la société dans son ensemble n'est qu'«une chaîne de dépendances réciproques», «un cercle» où tous nos rapports «sont les anneaux d'une même chaîne»[30]. Conformément au principe de base de la physio-cratie, les relations inter-humaines se voient en outre inscrites dans des liens supérieurs qui attachent ensemble toutes les parties de la nature : «tout se tient sur la terre, tout a des chaînes secrettes», «l'univers entier ne subsiste que par une chaîne de dépendances sans lesquelles tout tomberait dans la confusion»[31]. C'est jusqu'au discours économique lui-même, dans sa prétention scientifique, qui en arrive à prendre la forme d'une chaîne : «ces conséquences sont tellement enchaînées les unes aux autres, et tellement liées aux premiers principes de l'ordre» que nul ne saurait se refuser à les suivre[32]. Qu'il s'agisse du lecteur face à son livre, de l'Homme dans l'univers ou de l'individu dans le marché, les apologistes de la liberté font preuve d'une curieuse tendance à nous rendre prisonniers d'une logique supérieure — indiscutable, inaltérable, indépassable — qui nous enchaîne au donné, et réduit cette liberté tant vantée à guère plus qu'un vain mot.

Pour peu qu'on gratte sous la surface des slogans, on s'aperçoit en effet assez vite que la liberté dont parlent les

---

30. LE MERCIER DE LA RIVIERE, *L'intérêt général*, op. cit., p. 153; LE MERCIER DE LA RIVIERE, *L'ordre naturel et essentiel des sociétés politiques*, op. cit., p. 17; MIRABEAU, *Les économiques*, op. cit., tome I, p. 302. On reconnaît là bien sûr l'image de la grande chaîne des êtres si souvent reproduite à l'époque des Lumières.

31. DU PONT DE NEMOURS, *De l'exportation et de l'importation...*, op. cit., p. 50; LE MERCIER DE LA RIVIERE, *L'heureuse nation*, op. cit., tome I, p. 55.

32. LE MERCIER DE LA RIVIERE, *L'ordre naturel...*, op. cit., p. 38.

économistes relève essentiellement de *l'illusion*. Revenons à la citation où Mirabeau célèbre la magie convergente des intérêts égocentrés : «chacun *se croit libre* dans sa sphère, & chacun est entraîné par la vue de son propre bien à concourir au bien universel»[33]. La liberté est l'apparence qui recouvre la vérité de l'enchaînement. Je m'imagine choisir ce qui m'est en réalité imposé par l'ordre immanent du système. Non seulement mon choix n'est pas fait «en connaissance de cause», mais une telle connaissance conduirait à dissoudre la possibilité même du choix. Pour l'individu singulier comme pour les sociétés politiques, connaître l'Ordre équivaut immanquablement à Le suivre, puisqu'Il nous apprend qu'on ne saurait s'en écarter sans se condamner à la misère et finalement à la destruction. On l'a vu, les hommes ne sont pas libres d'*inventer* les lois et les institutions qui régiront leur interaction : celles-ci sont toutes faites, déterminées de toute éternité comme les lois de la physique, et il ne s'agit que de les *observer*. Nous ne sommes donc libres que de nous tromper.

Lorsque les économistes entreprennent de donner une définition explicite de ce qu'ils entendent par cette liberté dont ils font leur étendard, leurs textes révèlent soudain au coeur de leur doctrine une fondamentale instabilité où s'esquissent, dès ces années 1760, les oscillations que connaîtront les débats politiques et économiques de notre siècle, du *new deal* à la vague de déréglementation actuelle et de John Maynard Keynes à Friedrich von Hayek. «La liberté sociale, affirme Le Mercier de La Rivière, peut être définie une indépendance des volontés étrangères qui nous permet de faire valoir le plus qu'il nous est possible nos droits de propriété et d'en retirer toutes les jouissances qui peuvent en résulter sans préjudicier aux droits de propriété des autres hommes»[34]. Qu'est-ce à dire? Qu'on laisse

[33]. MIRABEAU, *Philosophie rurale*, op. cit., I, p. 138. Je souligne.

[34]. LE MERCIER DE LA RIVIERE, *L'ordre naturel...*, op. cit., p. 26.

chacun jouir en paix, et accumuler les objets de jouissance, tant qu'il ne les prend pas du lot d'autrui? Sans doute, mais comment déterminer ce lot? Mon droit de propriété (personnelle) implique mon droit à la subsistance : pourrais-je faire légitimement usage de ma liberté en prenant le superflu d'autrui si l'ordre social ne me permet pas d'acquérir mon nécessaire par mon propre travail? Puis-je me considérer comme «indépendant des volontés étrangères» quand mon revenu dépend du choix d'investisseurs intéressés uniquement à maximiser leurs profits? Attentent-ils à mes droits de propriété lorsqu'ils sont en mesure de réduire mon salaire ou de fermer mon usine?

A travers de telles ambiguïtés s'esquisse dès l'origine un clivage entre une variante dure et une variante douce de la doctrine, suivant les réponses que l'on apporte aux questions laissées en suspens. Car aujourd'hui comme hier, le vrai problème n'est pas de savoir si l'on est pour ou contre la liberté, si l'on croit ou ne croit pas aux vertus de la concurrence, mais bien plutôt de savoir *dans quelle mesure* et *jusqu'à quel point* on peut se fier à l'auto-régulation du marché. Dans sa réplique à l'abbé Morellet, Diderot résume bien les positions en présence : «l'abbé Galiani ne prohibe rien; il est pour l'exportation; vous aussi; vous la voulez illimitée; lui veut lui donner des bornes [...] L'abbé Galiani veut comme vous la liberté du commerce des grains, mais lui la veut protégée, parce qu'il sait que rien ne va seul dans aucun pays du monde»[35]. Mis à part quelques radicaux qui, comme Mably, questionnent le principe même de la «libre entreprise», les adversaires s'opposent surtout sur le problème des limites qu'il faut ou ne faut pas apporter à ce principe. Ce que demandent bon nombre d'anti-physiocrates, c'est «une liberté sagement limitée [...] qui protège les travailleurs contre les convulsions inopinées d'une liberté illimitée», une «liberté raisonnable et conforme à l'intérêt

---

35. DIDEROT, *Apologie de l'abbé Galiani*, op. cit., pp. 137 & 146.

public»; selon eux, «une *liberté* sans borne change de nom : c'est *dérèglement*»[36].

La version dure promue par les économistes exige au contraire une liberté «entière, complette, générale», une «liberté pleine, liberté parfaite et entière, liberté à toutes personnes, en tout lieu, en toutes circonstances, de vendre et d'acheter à son gré». Leur foi absolue en le marché leur fait adopter d'emblée ce qui deviendra le dogme central de toute la tradition ultra-libérale ultérieure : «il n'y a au monde que la liberté dont on ne puisse abuser, parce qu'elle prévient tout concert, tout monopole, toute malversation»[37].

Les bases et la complexité d'un tel clivage s'observent par exemple dans la manière dont s'expriment les appels au laisser-faire. Dans sa version douce, le libéralisme ouvre de fait la porte à toutes les interventions de l'Etat dans la sphère économique. Pour que s'établisse entre les échanges la juste proportion qui garantira à la fois leur efficacité et leur équité, la visée du gouvernement, nous dit-on, «ne doit être que de veiller à ce que rien n'intervertisse la marche naturelle des choses»; pour «laisser aller les choses d'elles-mêmes», il faut «ne faire sentir la main de l'Administration que contre les obstacles à une liberté entière»[38]. Il ne s'agit pas ici de fermer les yeux sur les interactions privées, mais d'en faire l'objet d'un *soin* qui peut s'avérer remarquablement exigeant selon la manière dont on

---

[36]. François Véron de FORBONNAIS, *Examen du livre intitulé "Principes sur la liberté du commerce des grains"*, 1768, p. 139; *Lettre à l'auteur des observations sur le commerce des grains*, op. cit., p. 22; Charles Etienne PESSELIER, *Doutes proposés à l'auteur de La théorie de l'impôt*, op. cit., p. 160.

[37]. Pierre Samuel DU PONT DE NEMOURS, *Observations sur les effets de la liberté du commerce des grains et sur ceux des prohibitions*, Basle, 1770, in *Oeuvres politiques et économiques*, op. cit., tome II, p. 181/561; *Ephémérides du citoyen*, 1768, tome V, p. 153; LE TROSNE, *Lettre à un ami*, op. cit., p. 51.

[38]. MIRABEAU, *Théorie de l'impôt*, op. cit., p. 15; ABEILLE, *Principes sur la liberté du commerce des grains*, op. cit., p. 44.

conçoit «la marche naturelle des choses» et l'élimination des «obstacles» qui l'entravent. En affirmant qu'«il s'agit non de faire, d'ordonner, de prohiber, de réglementer; mais de défaire, d'élaguer, de détruire, d'abattre tout ce qui s'oppose à la liberté»[39], Le Trosne manifeste bien l'instabilité de cette variante douce: même s'il n'a probablement en tête, au moment où il écrit ces lignes, que le retrait du gouvernement hors de la sphère économique, il énonce un principe éminemment actif (*élaguer, détruire, abattre tout ce qui s'oppose à la liberté*) au nom duquel l'Etat pourra justifier ses plus audacieuses interventions correctives.

La version dure a l'avantage d'éviter les affres d'une telle instabilité. Selon elle, «il n'est pas question d'agir, il est nécessaire seulement de cesser d'agir avec une très grande violence que l'on fait à la nature, qui tend toujours à la liberté et à la perfection»; les détails de la machine sociale «ne sont jamais mieux ordonnés que lorsqu'ils sont abandonnés à eux-mêmes & au libre cours des intérêts particuliers», en conséquence de quoi la réforme des gouvernements «consiste beaucoup moins à agir qu'à cesser d'agir»; «le monde va alors de lui-même», répète-t-on, «*il mondo va de se*»; «le gouvernement n'a presque rien à faire autre chose que de se dispenser d'agir»[40]. Encore une fois, pour peu que l'on replace ces citations dans le contexte d'un Ancien Régime saturé de privilèges, de règlements, d'impôts, de douanes et de péages, il fait peu de

---

[39]. LE TROSNE, *Lettre à un ami*, op. cit., p. 159.

[40]. BOISGUILBERT, *Dissertation sur la nature des richesses*, op. cit., p. 419; LE TROSNE, *De l'utilité des discussions économiques*, op. cit., pp. 58-60; LE MERCIER DE LA RIVIERE, *L'ordre naturel...*, op. cit., p. 338; MIRABEAU, *Philosophie rurale*, op. cit., tome I, p. 418 & tome III, p. 111. Au vu de telles citations, il semble peu désirable de vouloir opposer trop fortement l'approche «holiste» ou «dirigiste» des physiocrates français à l'authentique «libéralisme» des auteurs d'outre-Manche — comme le fait par exemple Paul VIDONNE, *La formation de la pensée économique*, Paris, Economica, 1986, pp. 32 sqq.

doutes que la plupart des économistes conçoivent le laisser-aller comme une limitation radicale de toute intervention extérieure sur les mouvements spontanés du marché[41]. En tant que leurs textes (et non leurs intentions) nous donnent accès à la logique libérale, l'ambiguïté de leurs formulations révèle cependant un noeud gordien au coeur de leur doctrine — noeud que même l'ultra-libéralisme le plus dur ne peut trancher de part en part.

Pour s'en convaincre, prenons un cas limite, qui n'apparaît qu'en filigrane dans le discours économiste, mais qui en révèle bien certaines impasses. Tant qu'à laisser une «liberté parfaite et entière, à toutes personnes, en tout lieu, en toutes circonstances, de vendre et d'acheter à son gré», pourquoi ne pas étendre la liberté du commerce à celui des faveurs sexuelles? Les physiocrates, réformateurs de la police économique mais protecteurs des moeurs et de la religion, se seraient évidemment indignés d'une telle idée. Mirabeau reconnaît bien, en un parallèle intéressant avec le prêt à intérêt, qu'on va «chez les filles de joie» de même qu'on prête ou emprunte à tel ou tel taux, malgré les jérémiades des moralisateurs et les interdictions des théologiens. «Mais on s'en cache si l'on n'est absolument effronté»[42]... Dans son catéchisme de *La Science*, le même auteur revient à plusieurs reprises sur la question, au moment où il présente l'économie comme un art de jouir, c'est-à-dire un art de bien diriger les dépenses. «— Il n'y a donc que les dépenses de premier besoin qui soient sages et selon l'ordre? — Qui vous dit cela? Au contraire, toutes les dépenses sont et doivent être utiles si elles ne sont contre les moeurs; & encore les moeurs

41. Sur ces questions, un article de Denis WORONOFF montre bien que c'est souvent l'Etat royal lui-même qui s'est efforcé d'*imposer d'en haut* le principe du laisser-faire («Laissez-passer? La politique de suppression des péages à la fin de l'Ancien Régime» in Gérard GAYOT & Jean-Pierre HIRSCH (éd.), *La Révolution française et le développement du capitalisme*, Revue du Nord, Hors série No 5, 1989, pp. 101-110).

42. MIRABEAU, *Philosophie rurale*, op. cit., tome I, p. 274.

ont un principe dans l'ordre sans lequel elles seroient toutes indifférentes»[43]. Lorsqu'il envisagera plus tard le cas des «sauteurs, danseurs, farceurs, baladins de profession, filles de joye» (voire celui des «gens de lettres»), il pourra donc envisager leur statut à partir d'une double perspective. D'abord, on condamnera ce qui va «contre les moeurs», telle que la société (chrétienne) les définit. Ensuite, on montrera que ces moeurs ne sont nullement arbitraires, mais une pure conséquence de l'ordre économique : les frais de prostitution sont en pure perte. «Si un homme devient fol & qu'il se fasse un premier besoin d'avoir des filles de joie, cela n'ira plus; & cette dépense là nuit à tout & ne sert à rien»[44].

Malgré la condamnation officielle des «voluptés criminelles», Mirabeau met pourtant en place une logique qui semble parfaitement disposée à intégrer la prostitution dans le cercle des services que chacun rend à autrui dans la libre poursuite de son intérêt personnel. En justifiant les dépenses qui ne sont pas «de premier besoin», L'ami Des Hommes s'était fait adresser l'objection suivante : «— Si je me fais bâtir une maison pour me loger, je ne vois pas comment elle pourra servir à ma culture? — C'est selon, vous dis-je; cette maison qui vous loge mieux, vous donne un meilleur repos & ce qui s'ensuit, un meilleur travail [...] En marchant de la sorte, vous verrez que tout labourera». Mieux les besoins, les désirs, les goûts des travailleurs seront satisfaits, et mieux ils travailleront. Bateleurs, farceurs, filles de joie et romanciers, tous contribuent donc aux progrès du labourage. Au reste, «le travail pour la subsistance ne suggère qu'un dégoût pour la vie; il faut que le travail nous fasse exister agréablement & il faut que l'existence agréable provoque le travail. Il faut donc, dans l'ordre naturel, des professions divertissantes et des divertissements».

---

43. MIRABEAU, *La science*, op. cit., p. 66.

44. Ibid., p. 65.

Plus fondamentalement, l'économisme normalise (si ce n'est promeut) la prostitution par la manière dont il confie à l'offre et à la demande le soin d'administrer les rapports sociaux. Si la légitimité d'un contrat de travail repose en dernière analyse sur le consentement d'individus (adultes, responsables) établissant entre eux des «conventions libres», on instaure *une vénalité généralisée* où le commerce du sexe n'apparaît somme toute guère plus scandaleux que celui de la force de travail, des capacités intellectuelles ou des talents artistiques. (On sait à quel point Rousseau a dénoncé cette vénalité depuis ses premiers discours jusqu'à ses derniers dialogues.) Grâce aux divers marchés qui s'établissent ainsi — et cela malgré les interdictions répétées des théologiens et autres moralistes — «toutes les classes d'ouvriers, toutes les denrées, et généralement toutes les choses se mettent naturellement en équilibre». Selon la loi de l'Ordre, la demande appelle l'offre. Tout l'effet des prohibitions se résout à faire monter le niveau des prix. D'ailleurs, «nous ne sommes pas ici pour purger la société, mais pour connaître et discerner les droits de tous ses membres, car tous ont leurs droits aussi sacrés les uns que les autres. Ils ont pris un tel état parce qu'ils sont payés par d'autres qui en font les frais volontairement. Ainsi leurs gains sont établis sur la liberté de l'usage & la propriété des richesses de ceux qui les payent». Hormis le fait que la prostitution n'appartienne pas au nombre des professions «qu'on peut nommer»[45], on voit mal au nom de quoi un ultra-libéralisme conséquent pourrait vouloir l'exclure du cercle où les intérêts particuliers convergent en une prospérité générale.

Il ne faudra en réalité que quelques décennies aux économistes pour venir buter eux-mêmes sur cette conséquence (quelque peu inconvenante) de leur doctrine. Une telle révélation aura lieu dans le cadre de l'échange de lettres entre un Du Pont de Nemours vieilli mais toujours attaché à l'idéal des

---

[45]. Ibid., pp. 43, 91 & 92.

physiocrates et un Jean Baptiste Say tout imprégné des leçons d'Adam Smith et de la nouvelle économie politique en provenance de Grande Bretagne. Un des sujets opposant leurs deux conceptions de la Science sera celui des services fournis contre salaire sans résulter en la production d'un nouvel objet matériel. Créent-ils vraiment, comme l'affirme Say, de ces richesses que les physiocrates reconnaissaient seulement sous la forme des fruits de l'agriculture (et du produit net auquel ils donnent lieu)? Du Pont croira asseoir son argument en terre ferme en poussant le raisonnement de son correspondant jusqu'à la réduction *ad absurdum* que lui semble constituer la prostitution : «les filles de joie [...] ne créent point de richesse. Il serait curieux que des dévergondées créassent des richesses, et que les honnêtes femmes, dont les faveurs sont cent fois plus précieuses et le nombre cent fois plus grand, n'eussent pas cet honneur»[46]. Cet exemple se retournera pourtant contre lui. En un mouvement aussi complexe qu'audacieux, Say suggère en effet que, du point de vue de la logique économique, rien ne distingue radicalement la consommation d'une pomme, d'une séance de rasage ou d'une passe sexuelle :

> Quant à ces demoiselles dont la *marchandise* vous inspire quelque gaîté au milieu de nos tribulations, savez-vous qu'elles donnent lieu à une grande guerre entre nous? Ce n'est pas pour leurs beaux yeux, sans doute, c'est pour la faculté productive ou non productive du travail; c'est pour la question de la source des valeurs. Selon notre respectable Quesnay, et ses respectables disciples, la *matière* seule est une marchandise quand elle est vendable. Suivant Smith et son école, le travail est une marchandise aussi quand il est vendable; et suivant l'humble élève qui vous écrit, le travail du barbier est une marchandise vendable également quoiqu'il m'ait ôté la

46. Lettre de Du Pont de Nemours à Jean Baptiste Say du 6 février 1816, in DAIRE, *Physiocrates*, op. cit., Permière partie, p. 421.

> barbe et ne m'ait laissé aucune matière à la place. Il m'a donné ses services et moi je les ai consommés; mais quoique détruits, ils ont produit, puisqu'ils ont satisfait à l'un de mes besoins, de même que la pomme que vous avez mangée à votre dessert, qui est détruite aussi, mais qui était une richesse, puisqu'elle pouvait faire quelque bien. Quand ces biens nous sont donnés par la nature, comme la santé, l'attachement de nos femmes, ce sont des richesses gratuites, les plus précieuses de toutes, comme la lumière du soleil; mais quand nous les demandons à des étrangers, à des gens qui ne nous doivent ni leur temps, ni leurs peines, il faut bien leur donner quelque chose en échange. Appliquez tout ce verbiage à ces demoiselles, et vous aurez l'explication d'une conséquence incontestable de la doctrine de Smith, quoique lui-même ne l'ait pas aperçue.[47]

Quiconque n'a pas la chance d'avoir une «honnête femme» disposée à lui accorder «naturellement», c'est-à-dire gratuitement, ses faveurs aura donc recours aux services d'une «dévergondée» à laquelle il faudra bien donner quelque chose en échange. L'argent n'est-il pas précisément fait pour nous donner accès aux jouissances qui ne s'offrent pas d'elles-mêmes? Que certaines filles se spécialisent en un certain type de joies, tandis que d'autres choisissent de vous couper la barbe, voilà qui n'a pas de quoi requérir l'intervention du législateur. La prohibition des maisons de passe est aussi arbitraire et malvenue que celle qui frapperait la consommation d'une pomme au milieu d'un verger paradisiaque.

On pourra s'étonner qu'il ait fallu deux siècles pour que les leçons de Say en arrivent finalement à se traduire en propositions de lois. En un bel emblème de la vague néo-libérale qui déferle aujourd'hui sur nos sociétés, la Hollande s'efforce depuis quelques années dans les institutions européennes de faire assimiler la prostitution à une forme banale

---

47. Réponse de J.-B. Say à la lettre précédente, ibid, pp. 423-424.

de «libre convention» commerciale.[48] Si un tel mouvement a valeur de symptôme, c'est qu'il ne se contente pas de légaliser une activité dont la prohibition (hypocrite) cause sans doute plus de mal que de bien. Malgré ses problèmes, une telle légalisation cesserait au moins de mettre les victimes de ce commerce au rang des criminels. Le vrai problème est ailleurs. La signification de la proposition hollandaise tient à ce qu'elle s'inscrit dans le mouvement tendant depuis deux cents ans à dissoudre toutes les barrières légales accusées d'entraver le flux des échanges marchands. Elle participe en cela d'une mystification qui est au coeur même de la manière dont l'économisme utilise la rhétorique de la liberté.

En abandonnant les individus à la seule logique des transactions marchandes, l'ultra-libéralisme les soumet en fait pieds et poings liés au pouvoir de ceux qui occupent une position dominante dans la structure du marché où ils se présentent. La réalité des maisons closes d'Amsterdam (et d'ailleurs) n'est pas celle de «conventions libres». La plupart des jeunes femmes d'Europe orientale, d'Afrique ou d'Asie du sud-est «travaillant» dans les villes occidentales y ont été attirées par de fausses promesses (voire par un chantage et une violence physique) qui ne ressemblent en rien à des conventions librement acceptées. La question ne serait d'ailleurs guère différente si elles avaient été préalablement informées de leur futur statut : aurait-ce vraiment été par une convention *libre* qu'elles auraient *choisi* de se soumettre aux fantasmes d'hommes d'affaires occidentaux, plutôt que de voir leur famille mourir de faim dans leur village d'origine? En tant que femmes et en tant qu'originaires de pays pauvres, elles sont doublement victimes

---

48. Cf. «Quand les Pays-Bas décriminalisent le proxénétisme. Le corps humain mis sur le marché», *Le monde diplomatique*, mars 1997, p. 8. L'article suggère qu'une légalisation contribuerait plus à garantir les «droits» du proxénète que ceux de la prostituée.

d'un ordre sexuel et économique où toute leur liberté consiste à choisir si l'on va leur couper la main gauche ou le pied droit[49].

Quesnay mentionne en passant que dans son utopie de Chine, lorsqu'un riche a été condamné à la bastonnade, «souvent des hommes se louent volontiers pour supporter le châtiment à la place du coupable»[50]. Et cela sans s'offusquer outre mesure de ce qu'une telle pratique implique quant à l'administration de la «Justice»... Les deux parties (consentantes) n'en tirent-elles pas chacune profit? Et tant qu'à louer le service des corps, pourquoi ne pas être autorisé à en acheter ou vendre les organes? Pourquoi donc me retiendrait-on de payer quelques milliers de dollars à un pauvre Indien pour qu'il me donne un rein dont j'ai tant besoin? J'en retrouverai la santé, et il aura de quoi faire vivre sa famille à l'aise jusqu'à la fin de ses jours. Et pourquoi s'offusquer tellement des *sweat-shops* où des enfants fabriquent nos habits et nos chaussures aux confins de notre monde? Que des activistes (sentimentalistes et ethnocentriques) imposent leur fermeture, et des millions de familles au bord de la misère n'y gagneront qu'un salaire en moins. Un économiste réputé «progressiste» comme Paul Krugman n'affirme-t-il pas que «la vue très largement majoritaire parmi les économistes est que la croissance de ce type d'emplois est une excellente nouvelle pour les pauvres du monde».[51] A suivre la même logique, pourquoi ne pas autoriser une réintroduction des gladiateurs? Une

---

49. L'hebdomadaire *The Economist* a consacré un article de fond à «L'industrie du sexe», dont le sous-titre («Donner au consommateur ce qu'il désire») est aussi révélateur que la conclusion faisant du sex business «simplement une autre branche de l'industrie globale du divertissement» (14 février 1998). Il est symptomatique que nulle part n'y soit relevée la dissymétrie fondamentale qui structure l'«égalité» et la «liberté» des parties «consentantes» en restreignant *de fait* la catégorie des consommateurs aux seuls mâles.

50. QUESNAY, *Le despotisme de la Chine*, op. cit., p. 617.

51. Cité dans Eyal PRESS, «The Free Trade Faith. Can We Trust the Economists?», *Lingua Franca*, janvier 1998, p. 37 (ma traduction).

compétition sportive épicée de mort-en-direct aurait sûrement de quoi faire exploser l'audimat, garantir les flux du financement publicitaire et assurer aux survivants (voire au familles des victimes) des revenus les tirant confortablement de la misère. Toutes les parties contractantes n'y gagneraient-elles pas quelque chose? Le Tiers Monde n'est-il pas plein de jeunes athlètes disposés à «consentir librement» à une telle entreprise? Est-ce assez pour la légitimer?

Même si le cas évoqué par Quesnay est le plus aisément attaquable (du simple point de vue d'un utilitarisme vulgaire qui s'inquiéterait de la carte blanche donnée aux crimes du riche), aucune des questions agitées ci-dessus n'est susceptible d'une réponse facile. Quels que soient les arguments qu'on retienne, gardons-nous toutefois d'affirmer que les individus consentent «librement» aux diverses mutilations que leur imposent les situations désespérées dans lesquelles ils sont pris. De Hambourg à Bangkok, le «marché global» produit largement assez de biens pour sortir tout le monde de la misère. D'Amsterdam à Madras, en «laissant faire» le commerce auquel l'ordre économique donné condamne les défavorisés, on entérine et ratifie la logique dissymétrique et injuste qui les mutile — fût-ce au nom (souvent hypocrite) de leur mieux-être futur. Comme le soulignait déjà Necker, dans sa polémique avec les économistes à propos de la déréglementation du commerce des blés, «il est des libertés derrière lesquelles est placé l'esclavage de la multitude. [...] Je ne veux pas qu'un homme puisse faire ce qui me blesse; voilà le voeu de la société».[52]

---

[52]. Jacques NECKER, *Sur la législation et le commerce des grains* (1775) in DAIRE, *Mélanges d'économie politique*, Paris, Guillaumin, tome XIV, 1850, pp. 276-277.

Chapitre 10

LES ABERRATIONS DU MARCHE

Le scénario libéral a été soumis, dès l'origine, à de multiples attaques. Son *happy end* d'harmonie sociale assurée spontanément par les forces du marché laisse plus d'un penseur sceptique. Au lieu de l'efficacité maximale que devait apporter la libre concurrence, on suspecte souvent le marché de produire des aberrations auxquelles les taureaux de la Louisiane peuvent servir d'emblème : Linguet relève qu'en Amérique «les Espagnols vont tous les ans assassiner cinquante à soixante mille taureaux sauvages, uniquement pour en avoir les langues. On laisse pourrir les corps dans la plaine où on les a tués»[1]. Mirabeau en avait bien expliqué le scandale apparent par le mécanisme naturel des prix : «quand dans les plaines de la Louisiane, on tue des milliers de boeufs uniquement pour en avoir la langue et qu'on laisse le reste aux oiseaux carnassiers, ces boeufs ne valent que le prix de leur langue»[2]. L'absurdité d'une telle hécatombe est d'autant plus inquiétante qu'elle est parfaitement conforme aux prédictions de la logique économiste.

---

[1]. LINGUET, *Théorie des lois civiles*, op. cit., p. 130.

[2]. MIRABEAU, *Théorie de l'impôt*, op. cit., p.154.

Sans quitter Paris, un Diderot trouve dans son expérience d'écrivain et d'éditeur de quoi nourrir une égale méfiance envers les mécanismes de marché : «ce serait un paradoxe bien étrange, dans un temps où l'expérience et le bon sens concourent à démontrer que toute entrave est nuisible au commerce, que d'avancer qu'il n'y a que les privilèges qui puissent soutenir la librairie. Cependant rien n'est plus certain». Au lieu de stimuler le progrès et de perfectionner les techniques, la libre concurrence entre libraires les entraînera dans une spirale descendante dont toute entreprise de qualité se trouvera rapidement exclue. Le financement des projets les plus ambitieux (mais aussi les plus précieux) tarira, forçant chacun à se cantonner dans la production à bon marché des seuls *best sellers*. Il n'est pas vrai que les éditions «se proportionneront toujours au besoin du public, au plus bas prix de la main d'oeuvre, et par conséquent au plus grand avantage de l'acheteur». Le principal effet de la liberté sera qu'«il y aura concurrence à qui fabriquera le plus mal, c'est un fait d'expérience». Conformément aux prédictions de la théorie économiste, un marché libre établira bien «entre les commerçants *l'émulation de l'économie*», mais celle-ci — en un retournement significatif qui synthétise lui aussi les deux valeurs du mot (*épargne* et *ordre de rigueur*) — ne consistera qu'en «la main d'oeuvre la plus négligée, les plus mauvais papiers et des caractères dont on n'a plus que ce misérable service à tirer avant de les renvoyer à la fonte»[3]. Langues de taureaux et plumes d'écrivains semblent signaler ensemble les écueils d'un marché dont l'harmonie prétendue pourrait bien n'être qu'un ramassis de fausses notes.

A chaque articulation majeure de l'argumentaire libéral, les anti-physiocrates soulèvent une série d'objections qui méritent

---

[3]. Denis DIDEROT, *Lettre sur le commerce de la librairie* (1763) in *Oeuvres*, tome III, *Politique*, Paris, Robert Laffont, 1995, pp. 77, 83 & 89.

d'être passées en revue, en ce qu'elles dessinent en négatif les contours d'une alternative à l'idéologie économiste. Le premier front qu'ils ouvrent contre la thèse de l'ajustement spontané de l'offre et de la demande s'organise autour de *la figure du spéculateur*. Celle-ci réapparaît avec insistance tout au long de la querelle sur le commerce des blés. En déréglementant la circulation des grains, verra-t-on les commerçants satisfaire plus efficacement les besoins des consommateurs, ou au contraire leur donnera-t-on carte blanche pour accumuler, contrôler et profiter d'un bien dont tout le monde dépend pour sa survie? Le spéculateur est-il un agent nécessaire à la fluidité optimale de la circulation ou en constitue-t-il une entrave essentiellement parasitaire?

L'enjeu du débat dépasse la question (déjà centrale en elle-même) du commerce des blés. C'est bien du statut de l'agent économique sur un marché libre qu'il s'agit ici. Le Mercier de la Rivière remarque que chacun, qu'il soit commerçant, manufacturier ou autre, est naturellement appelé à spéculer par la logique même de l'ordre économique : «l'objet unique de ses spéculations est de faire des profits; de les faire les plus grands qu'il lui soit possible, par conséquent d'acheter au plus bas prix et de revendre au plus haut prix possible»[4]. Avant lui, et sous un jour plus sombre, Boisguilbert relevait déjà que «chaque commerçant, soit en gros soit en détail, voudrait que le profit du marché au lieu d'être partagé comme cela doit être, fût pour lui seul, en dût-il coûter tous les biens et même la vie à son compatriote [...] et s'il ne lui tire pas lui-même l'âme du corps, ce n'est pas manque de bonne volonté, puisqu'il ne tiendrait pas à lui qu'il n'en usât comme dans les villes pressées par un long siège où l'on achète le pain cent fois le prix ordinaire parce qu'il y va de la vie»[5]. Pour le père du libéralisme, le potentiel

---

[4]. LE MERCIER DE LA RIVIERE, *L'ordre naturel...*, op. cit., p. 315.

[5]. BOISGUILBERT, *Dissertation sur la nature des richesses*, op. cit., p. 409.

destructeur d'un tel égocentrisme est neutralisé par l'«égale nécessité de vendre et d'acheter» établie par la nature : «toutes choses et toutes les denrées [sont] continuellement en équilibre, et conservent un prix de proportion par rapport entre elles et aux frais qu'il a fallu pour les établir». Il suffit donc que «le seul désir de profit soit l'âme de tous les marchés», il suffit «qu'on laisse faire la nature», et personne n'affamera son voisin.

L'exemple de la ville assiégée a pourtant de quoi ébranler un tel optimisme. La loi *naturelle* du marché (l'offre et la demande) m'autorise à profiter du besoin d'autrui : pour peu que j'aie eu la prudence (et les moyens) d'accumuler des vivres, l'«âme du marché» m'autorise à m'en prévaloir pour m'approprier les biens, sinon la vie, de mon compatriote. Certes les sièges ne sont pas des phénomènes «naturels». Mais les villes non plus : la «nature» humaine semble malheureusement aussi portée à la guerre qu'au commerce et à l'urbanité. L'agent économique est-il «un scélérat» ou «un honnête homme» lorsqu'il choisit de faire son profit en spéculant sur les besoins d'autrui[6]? Telle est bien la question. Linguet y répond sans ambiguïté :

> Tout homme qui fait des bleds un objet de spéculation en grand commence par en faire des amas. Tout homme qui en a de grands amas redoute l'abondance, elle amèneroit un prix inférieur à celui de son achat: il désire la disette, elle seule peut lui assurer le bénéfice sur lequel il a compté. Il faut qu'il soit ruiné ou que le peuple souffre.
>
> Obligé d'opter entre son bien être personnel ou la douleur commune, il se donne, comme il est naturel, la préférence. Il devient donc nécessairement ennemi public.[7]

---

[6]. *Lettre à l'auteur des observations sur le commerce...*, op. cit., p. 30.

[7]. LINGUET, *Du pain et du bled*, op. cit., p. 47.

«D'après vos principes, objecte-t-on encore aux économistes, à quelque excès que se fût portée son industrieuse cupidité, quelque nombre de pauvres qu'il eût fait mourir de faim, [le spéculateur] se trouveroit toujours n'avoir fait que ce que la loi de votre liberté l'autorisait à faire»[8]. La richesse produite par de telles pratiques doit au contraire être dénoncée comme «affreuse : elle souille, elle infecte les mains assez lâches pour se l'approprier. C'est faire de l'or avec le sang humain»[9]. Sangsue du peuple, le spéculateur abuse de son pouvoir économique pour faire son profit particulier aux dépens de la partie de la société la plus vulnérable et la plus à plaindre.

Face à ce type d'accusations, les économistes ont développé un discours justificateur des pratiques spéculatives qu'ils répètent dans la plupart de leurs écrits sur le commerce des blés. Ils savent toutefois que le raisonnement qu'ils proposent va contre les apparences et les habitudes d'esprit : «il faut plus de réflexion que n'en font la plupart des hommes pour sentir que sans le marchand qui gagne à la vérité sur nous, la denrée nous coûterait encore plus cher, et qu'ainsi il fait à la fois son profit et le nôtre»[10]. Le spéculateur apparaît ici comme le catalyste essentiel de la main invisible qui transmute l'intérêt égocentré en vecteur du bien commun : «en faisant ses affaires, il fait les nôtres; il compense l'inégalité des récoltes & celle des prix qui en résulteroit dans chaque canton. Il faut donc le laisser faire»[11]. Bien loin d'être nuisible, son action, en égalisant les prix, est doublement bienfaisante :

---

[8]. *Lettre à l'auteur des observations sur le commerce...*, op. cit., p. 30.

[9]. LINGUET, *Du pain et du bled*, op. cit., p. 95.

[10]. CONDORCET, *Monopole et monopoleur*, in Eugène DAIRE, *Mélanges d'économie politique*, Paris, Guillaumin, 1848, tome XIV, première partie, p. 462.

[11]. LE TROSNE, *Lettre à un ami*, op. cit., pp. 36-37.

> Il est donc vrai de dire en un sens que, dans le commerce de spéculation, les bénéfices ne se font aux dépens de personne. En effet, le marchand a acheté au prix courant, et il a soutenu la valeur dans un temps ou dans un lieu où les productions étaient à moindre prix: il sert ensuite les consommateurs en remettant en circulation ces mêmes productions dans un temps ou dans un lieu où elles sont plus chères; il a donc rendu un double service. [...] Les prix existent par des causes antérieures aux opérations du commerce. Tout l'art du marchand consiste à s'informer de ceux qui existent en divers lieux, à les comparer et à savoir profiter de la différence; différence à laquelle il n'a contribué en rien, et que son opération tend à effacer. [...] Il ne résulte donc de son opération qu'une égalisation dans les prix; opération grandement utile sans doute.[12]

Sangsue ou bienfaiteur? Peut-on reconnaître l'élégante logique de l'argument économiste sans pour autant justifier celui qui profite du désespoir des ventres vides pour se remplir les poches? Le statut contesté du spéculateur repose largement sur une ambiguïté dans la définition du *monopole*. Mirabeau a une réponse toute prête pour ceux qui, avec le vulgaire, tendraient à identifier marchands (de blé), spéculateurs et monopoleurs : «vous dites que ce commerce est très-avantageux en lui-même, & qu'il peut devenir très-dangereux par le monopole. A ce que je vois, vous êtes peu entendu en généalogie, & vous regardez le monopole comme étant de la même famille que le commerce licite & libre; mais on vous assurera qu'il n'est point d'êtres moraux d'une Dinastie si différente, si opposée & si ennemie». Alors que le commerce se caractérise par «la concurrence libre & générale, & la vente au plus offrant», «le monopole au contraire est achat & vente exclusive, soutenus par une autorité; l'un est blanc en un mot, & l'autre est noir; ils ne peuvent

---

12. LE TROSNE, *De l'intérêt social*, op. cit., 958-959 & 963.

subsister ensemble»[13]. L'un étant en quelque sorte l'envers de l'autre, rien de plus facile, donc, que de séparer le bon grain marchand de l'ivraie monopoleuse : ou bien l'accès au marché est libre ou bien il ne l'est pas.

Isnard, de son côté, présente le monopole comme «une fraude du commerce» : «les monopoleurs sont ceux qui emploient des fraudes ou des moyens iniques pour se rendre maîtres de la vente d'une marchandise & faire la loi aux acheteurs»[14]. Quoique théoriquement claire, la distinction s'embrouille lorsqu'il s'agit de décider pratiquement ce qui constitue une «fraude» et un moyen «inique». En apportant une définition formelle du monopole, Condorcet contribue à rendre encore plus problématique la distinction que Mirabeau croyait pouvoir tracer en toute confiance : «on appelle monopole la vente exclusive d'une denrée faite soit par un seul homme, soit par une compagnie. Et si, par des circonstances particulières, cette vente ne se fait que par une certaine classe d'hommes, ou même par un nombre de vendeurs plus petit qu'il n'aurait été dans le cas d'une circulation parfaitement libre, on peut dire, par extension, qu'il y a encore monopole»[15]. Et de mentionner, dans la suite du texte, à côté du traditionnel monopole *de droit*, la possibilité d'un monopole *de fait*.

Or n'est-il pas inévitable que, du fait de «circonstances particulières» — à commencer par la dotation initiale (en capital financier, intellectuel, physique) de chaque individu au moment de son entrée sur le marché —, la vente de la plupart des objets (et des services) soit *de fait* réduite à «une certaine classe d'hommes», ceux précisément qui auront disposé de ce capital originel? Le «nombre des vendeurs» n'est-il pas toujours «plus petit» qu'il n'*aurait pu être* dans le cas idéal d'une «circulation

---

13. MIRABEAU, *Philosophie rurale*, op. cit., tome III, pp. 166-167.
14. ISNARD, *Traité des richesses*, op. cit., p. 161.
15. CONDORCET, *Monopole et monopoleur*, op. cit., p. 459.

parfaitement libre»? On sait que l'hypothèse d'une concurrence parfaite, sur laquelle repose la quasi totalité des raisonnements économistes, n'est qu'une utopie théorique que l'on ne rencontre jamais dans le monde réel. Loin d'être le *contraire* du commerce, le monopole en est la *réalité quotidienne*; loin d'en être la fraude, il en est la norme. Abeille lui-même, dans son ardeur à montrer que le monopole «est évidemment impossible en fait de grains», achève de confondre ce que Mirabeau s'efforçait d'opposer avec ostentation. Après avoir souligné que l'étymologie («*vendre seul*») ne peut être ici suivie, il s'en réfère à l'usage qui a «resserré confusément le nom de *Monopoleurs* à ceux qui savent saisir les circonstances pour acheter & pour vendre avec plus de profit, & par conséquent dans les momens les plus désavantageux aux cultivateurs de qui ils achètent, & aux consommateurs à qui ils revendent». Il précise aussitôt qu'on ne saurait y voir un crime sans condamner du même coup toute activité marchande et qu'on peut en fait «*regarder tout Commerce secondaire*, ou de revente, *comme un monopole*»[16]!

Le Parlement de Rouen n'avait peut-être pas tort, dans ses remontrances du 25 janvier 1769, de craindre «qu'un monopole réel ne s'établisse sous l'apparence de la liberté»[17]. C'est un leitmotiv du discours anti-économiste que de montrer comment la liberté du commerce conduit à l'établissement ou au renforcement de monopoles de fait. Une grande partie de la réfutation adressée par Forbonnais aux *Principes* d'Abeille consiste à montrer que, du fait des «circonstances particulières» des structures de production et des mentalités des années 1760, «les gros Fermiers & les Propriétaires» sont dans une position de

---

[16]. ABEILLE, *Principes sur la liberté du commerce des grains*, op. cit., p. 25. C'est moi qui souligne.

[17]. Cité par LE MERCIER DE LA RIVIERE, *L'intérêt général de l'Etat*, op. cit., p. 10.

monopole qui les rend «maîtres du prix» des grains[18]. De même, selon Linguet, le régime des grosses fermes promu par les physiocrates conduit pratiquement à établir un monopole régional sapant toute concurrence entre employeurs :

> une grosse entreprise de culture, je l'avoue, est plus lucrative pour l'entrepreneur; mais elle est infiniment préjudiciable à tout le pays où elle s'établit [...] Elle ruine les journaliers, elle ôte la concurrence. Dix petites métairies se disputoient les secours des aides qu'il falloit soudoyer. Leur rivalité préservoit ces malheureux d'un despotisme auquel le besoin ne les livroit déjà que trop.
>
> Mais dès qu'elles sont confondues dans une ferme immense, le directeur locataire de ce domaine devient l'arbitre du canton: il y donne la loi: il y distribue seul l'ouvrage: il dispose donc des prix de la main d'oeuvre.[19]

Si la libre compétition entre fermes (ou toutes autres entreprises) conduit à leur concentration en quelques mains particulières, la dynamique même de la concurrence finit donc par abolir toute concurrence. Pour peu que des «circonstances particulières» entravent la mobilité des ouvriers, ceux-ci se voient livrés sans recours à un monopole de l'emploi qui rend dérisoire la notion de «conventions libres» à laquelle l'argumentaire libéral confie la fixation des salaires. Employeurs, marchands, spéculateurs, monopoleurs : tous n'arborent les couleurs de la liberté (de droit) que pour masquer le despotisme (de fait) qu'ils peuvent imposer à leurs «partenaires» dans le cadre d'une structure d'échange foncièrement inégale.

En plus de ces tendances immanentes à la logique du marché libre, les anti-physiocrates se plaisent à agiter le fantôme

---

18. FORBONNAIS, *Examen du livre intitulé Principes sur la liberté du commerce des grains*, op. cit., p. 41 (cf. aussi pp. 20 sqq. & 96).

19. LINGUET, *Du pain et du bled*, op. cit., pp. 249-250.

de machinations spéculatives expressément destinées à pervertir les mécanismes «naturels» de la circulation des biens. Ils ne font d'ailleurs en cela que suivre la voie qu'avait ouverte Cantillon, dont le traité se clôt sur la description saisissante d'une collusion entre banquiers et ministres d'Etat unis pour faire artificiellement gonfler certaines valeurs revendues juste avant l'éclatement de la bulle financière ainsi créée. «Voilà ce que les banquiers appellent des spéculations [...] Plusieurs particuliers y sont attrappés faute de savoir au vrai ces opérations, où il y a une infinité de rafinements ou plutôt de fourberies qui ne sont pas de mon sujet»[20]. De la Banque de Law aux délits d'initiés de Wall Street, la nature du commerce en général et l'histoire de la spéculation en particulier semblent marquées par des répétitions d'une monotonie sans égal[21].

En cette fin de XVIIIe siècle, les spéculations que l'on redoute et que l'on dénonce ont généralement trait au commerce des blés. Les adversaires de la libéralisation se plaisent à décrire les scénarios qu'imagineront les spéculateurs pour abuser de la liberté et exercer des pressions purement artificielles sur les prix. Galiani prévoit ainsi qu'une liberté d'exportation illimitée amènera des spéculateurs à acheter de grandes quantités de grains, les faire sortir du pays pour les soustraire au contrôle du gouvernement, attendre que ces enlèvements affament la province et fassent monter les prix, après quoi ils feront rentrer leurs stocks comme s'ils venaient des pays les plus éloignés[22]. D'autres manoeuvres encore plus retorses sont parfois évoquées : un monopoleur disposant d'un fonds de 100 000 livres peut commencer par vendre un peu de blé à perte pour faire baisser

---

20. CANTILLON, *Essai sur la nature du commerce en général*, op. cit., pp. 317 & 391-393.

21. Cf. John Kenneth GALBRAITH, *A Short History of Financial Euphoria*, London, Penguin, 1990.

22. GALIANI, *Dialogues sur le commerce des blés*, op. cit., p. 254.

les prix sur un marché donné; il profitera ensuite du prix artificiellement bas pour accaparer l'essentiel de la production locale censée alimenter le marché en question; après avoir laissé passer assez de temps pour que la pénurie (qu'il aura créée de toutes pièces) effraie les consommateurs et fasse exploser les prix, il pourra finalement rouvrir ses greniers et «gagner jusqu'à 100% avant même que d'avoir fait les frais d'aucun déplacement des grains qu'il vient d'acheter». L'auteur précise que la liberté du commerce qui autoriserait de telles manoeuvres serait impuissante à leur porter remède[23].

On se tromperait en espérant que la pression d'une libre concurrence entre marchands suffise à prévenir des spéculations de cette sorte : «le transport des grains est toujours très-coûteux; d'où il suit que la concurrence qui vous paraît devoir nous tranquiliser & garantir nos provinces des malheurs d'une pareille spéculation ne pourrait s'établir dans des provinces dégarnies par l'accaparement»[24]. Ici encore, la concurrence parfaite n'est qu'une hypothèse irréaliste : tous les critiques des physiocrates s'accordent à montrer combien les difficultés pratiques du commerce du blé — le gros volume qu'il occupe, le temps qu'il faut pour le transporter, la facilité avec laquelle il se gâte, tout cela joint au court terme du besoin qu'il satisfait — constituent autant de «circonstances particulières» qui, malgré la liberté la plus absolue, attribuent un monopole de fait à celui qui dispose d'un stock prêt à alimenter le marché local[25].

---

23. *Lettre à l'auteur des observations sur le commerce des grains*, op. cit., pp. 27-29.

24. Ibid.

25. Tel semble d'ailleurs être le verdict que Steven L. Kaplan donne en conclusion de sa magistrale étude sur les tentatives de réforme du commerce des grains sous Louis XV : la libéralisation aurait finalement échoué parce que les moyens dont disposait la France des années 1760 pour transporter les grains n'assuraient pas une fluidité capable de faire jouer la libre concurrence brillamment théorisée par les économistes. (Cf. Steven L. KAPLAN, *Bread,*

Que les machinations imaginées ci-dessus aient réellement eu lieu ou non importe peu. Ce que leur possibilité démontre, c'est que contrairement aux affirmations de Le Trosne, les prix ne sont pas fixés seulement «par des causes antérieures aux opérations du commerce». Etant donné l'imperfection de la plupart des situations réelles de concurrence, l'«art du marchand» peut bel et bien contribuer à accentuer la différence des prix au lieu de tendre toujours à l'«effacer». L'effet bénéfique d'égalisation résultant des manoeuvres du spéculateur, quoique théoriquement convaincant, risque dans la pratique de se retourner en facteur d'exacerbation des déséquilibres.

Sur cette même question de l'auto-ajustement garanti par la libre concurrence, le rapport entre niveau des prix et niveau des salaires représente le second point de contentieux majeur entre les physiocrates et leurs adversaires[26]. Le but avoué de la déréglementation du commerce des blés était de faire monter le prix des céréales (afin de rendre l'agriculture plus attractive et d'y voir se déverser de nouveaux capitaux qui contribueraient à multiplier les productions, et partant le bien-être de la population). La vulgate économiste proclame allégrement que les salaires suivront...

> Vous verrez les salaires se mettre d'eux-mêmes au taux convenable, suivre le niveau des prix, y atteindre assez promptement & y rester [...] si dans les premiers temps le bon prix des grains & la grande concurrence entre ceux qui ont besoin de salaires les forcent de donner leur travail un peu en dessous de ce qu'il devroit valoir; l'accroissement du revenu apportera toujours un grand bien; les salaires n'augmenteront pas sensiblement pour chaque homme, mais il y aura plus de salariés: les

---

Politics and Political Economy in the Reign of Louis XV, op. cit., vol. II, pp. 677-702.)

26. Voir sur ce point Henri GRANGE, «La loi d'airain des salaires dans la pensée de Linguet et de Necker», *Politeia*, 1998, No 1-2, pp. 177-190.

> journées continueront de ne valoir que 10, 15 & 20 sous, suivant les cantons et les genres de travail, mais il y aura quinze hommes occupés au lieu de dix, & bientôt la concurrence entre ceux qui demanderont leur travail, portera les salaires au point où ils doivent être.[27]

On notera au passage l'emploi d'un temps verbal privilégié par le discours économiste, que l'on pourrait baptiser le *futur théorique*. Lorsque la pleine, parfaite et entière liberté *sera* établie, tout *ira* pour le mieux dans le meilleur des mondes. Un tel usage relève de la foi : on veut croire que les réformes que l'on propose seront adoptées, et pour en convaincre tout le monde, on présente leur résultat au futur plutôt que sur le mode hypothétique. Cela permet aussi de laisser avantageusement implicites les hypothèses sur lesquelles repose la prédiction. Pas besoin de perdre son énergie à spécifier trop précisément quelles *seraient* les conditions nécessaires à l'avènement d'un tel avenir radieux. Quand donc pourra-t-on affirmer que la liberté est enfin pleine, parfaite et entière? D'où le dernier (et plus précieux) avantage du futur théorique : on peut en repousser la date d'accomplissement à l'infini, en trouvant toujours dans quelque imperfection de la liberté une excuse pour le non-accomplissement des prédictions de la théorie. Comme le dénonce Necker: «On dit à l'intérêt personnel et à l'ignorance, je me fie à vous & ils entraînent; s'ils heurtent, s'ils fracassent dans leur route, on ne s'en met point en peine, on demande un ou deux siècles pour en voir l'effet; si la société bouleversée se refuse à cette expérience, on l'accuse d'impatience: elle seule devient coupable & le principe garde encore sa gloire ou ses prétentions»[28].

---

27. LE TROSNE, *Lettre à un ami*, op. cit., pp. 125-126.

28. Jacques NECKER, *Eloge de J.-B. Colbert*, Paris, 1773, p. 38.

Pour nourrir son scepticisme quant aux prophéties des «nouveaux docteurs modernes», Linguet propose d'observer dans le présent les conséquences réelles de la déréglementation : «Examinons seulement ce qui se passe sous nos yeux depuis dix ans. Le prix du pain a doublé. Cela est certain [...] payez-vous la façon de votre habit, celle de vos souliers, le raccommodage de votre linge, son blanchissage, le double de ce que vous le payiez avant 1764?» Puisque ceux «à qui vous n'accordez qu'un salaire passager en échange de l'industrie passagère qu'ils vous consacrent» n'ont visiblement pas «fait monter leurs prétentions au double», c'est sans doute que la liberté n'est pas encore parfaite. Mais surtout cela veut dire que la proportion ne s'est pas établie «entre le travail et son prix», et que c'est le journalier qui fait seul tous les frais d'un tel déséquilibre[29].

Les plus réalistes (ou les plus cyniques) des économistes ne nient pas le fait : «Cet inconvénient est inévitable dans les premiers moments où la liberté du commerce s'établit. [...] Cette révolution ne peut se faire sans occasionner une disproportion passagère entre le prix des blés et celui des travaux. [...] Il est donc moralement impossible que les productions portées d'un trop bas prix à leur prix naturel ne deviennent chères pour le peuple dans les premiers moments. Je conviens qu'il doit souffrir jusqu'à ce que le prix de ses travaux se mette au niveau de celui des productions». Comme souvent lorsque l'économiste s'aventure à évoquer les conséquences sociales de ses théories, tout est donc affaire de patience (et d'euphémismes). Car il ne faudrait surtout pas tirer d'une telle disproportion un argument contre la déréglementation elle-même. Ce n'est pas à cause d'elle que le blé est trop cher, mais seulement parce que le peuple n'est pas assez riche : «la cherté est dans le relatif; il n'y aurait point eu de cherté si le peuple eût eu plus de moyen pour acheter»! La cherté n'est en fait qu'une

---

29. LINGUET, *Du pain et du bled,* op. cit., pp. 112, 113-114 & 108.

apparence : «les blés ne pouvaient avoir *paru* chers pour le peuple que parce qu'il n'avait pas assez de moyens pour les payer»[30]. D'ailleurs, à en croire les *Ephémérides*, «subsister est un terme indéfini»[31]. Certains ascètes ne vivent-ils pas de racines (sans mentionner l'amour et l'eau fraîche)? Quelques commentaires vont même plus loin. Il n'est finalement pas sans avantage de frustrer quelque peu la faim des travailleurs par le haut prix des grains : c'est en effet «un grand inconvénient que d'accoutumer le peuple à acheter le blé à trop bas prix; il en devient moins laborieux, il se nourrit de pain à peu de frais et devient paresseux et arrogant»[32]...

Admettons cependant, ce qui était d'ailleurs sans aucun doute le cas, que les économistes aient sincèrement espéré voir les salaires rattraper la hausse des prix du grain. Par quels mécanismes un tel rattrapage était-il censé s'opérer? Graslin leur fait remarquer qu'il n'y a aucune relation *immédiate* entre l'augmentation du prix des subsistances et le salaire de l'ouvrier : «son travail même ne sera pas payé plus cher, parce que le travail, qui est un objet entier ou partiel d'un besoin quelconque, n'est encore modifié dans sa valeur individuelle que par la rareté ou l'abondance des ouvriers»[33]. Le *prix «naturel» du blé* est fixé

---

[30]. LE MERCIER DE LA RIVIERE, *De l'intérêt général*, op. cit., pp. 392-394 & 386 (je souligne). Galiani ne rate pas l'aberration (assez scandaleuse à vrai dire) de telles déclarations: «On a vu par expérience qu'en disant à un affamé que *la cherté est dans le relatif*, et qu'il n'y aurait point eu de cherté pour le peuple, si le peuple eût eu plus de moyens pour acheter, il se sentait tout aussi content et rassasié comme s'il eût diné. La belle chose que l'évidence» (Ferdinando GALIANI, *La Bagarre. Galiani's "Lost" Parody*, ed. St. Kaplan, The Hague, Martinus Nijhoff, 1979, p. 112).

[31]. *Ephémérides du citoyen*, 1768, tome VI, p. 135.

[32]. QUESNAY, article «Grains», op. cit., p. 248. Notons, pour ne pas démoniser (trop) gratuitement les économistes, ce qu'affirme ailleurs (non sans quelque contradiction) le même Quesnay : «c'est l'état d'aisance qui provoque le travail (...) Jamais l'état d'aisance ne porte le bas-peuple à la paresse, cet état est trop précieux pour s'en détacher» (article «Hommes», op. cit., p. 541).

[33]. GRASLIN, *Essai analytique sur la richesse...*, op. cit., p. 138.

par le point d'intersection entre la demande (peu élastique) de nourriture de la population et l'offre en grain (laquelle dépend du succès des récoltes de l'année précédente). Le *taux «naturel» des salaires* dépend de la quantité de travaux pour lesquels les employeurs ont besoin d'engager des ouvriers et du nombre d'ouvriers disposés à vendre leur force de travail. Dans le *court terme* (c'est-à-dire à l'échelle de quelques mois), on peut très bien imaginer que les deux prix évoluent de manière indépendante. C'est seulement à *moyen terme* que l'ajustement spontané du marché s'opère, à travers le lien nécessaire qui unit le nombre des ouvriers à la quantité de nourriture dont ils ont besoin pour subsister et, réciproquement, à la quantité de nourriture que leur travail peut produire. Or, comme ne manquent pas de le faire remarquer les critiques de la libéralisation, «le peuple a faim trois fois par jour»[34].

Dans le futur théorique des économistes, l'ajustement causera bien quelques inévitables souffrances momentanées, mais s'inscrira toutefois dans une logique d'*expansion*. Le haut prix du blé fournira des bénéfices accrus aux fermiers, lesquels se traduiront (après quelques années) en un produit net gonflé dans la poche des propriétaires, ce qui permettra à ces deux catégories d'engager davantage d'ouvriers pour se livrer à de nouveaux défrichements ou à des modes de culture plus intensifs. La force de travail sera donc relativement plus rare, et les taux de salaire s'élèveront, rattrapant enfin, avec un décalage de quelques mois ou de quelques années, la hausse originelle du prix des grains.

A l'envers de ce scénario idéal, une autre version possible de l'ajustement spontané des salaires fait pourtant surface ici ou là dans le discours économiste. Le même retour à l'équilibre peut en effet passer par une logique de *compression*. On trouve

---

34. *Lettre à l'auteur des observations sur le commerce des grains*, op. cit., p. 27.

ainsi chez Auxiron la remarque suivante, assez tristement révélatrice de la manière dont la pensée économiste traite les conséquences pratiques subies par l'«Ouvrier» au cours des ajustements macro-économiques :

> il faut toujours au moins que son salaire suffise pour vivre et qu'il soit en équilibre avec ses besoins. S'il se trouvait un temps où la chose ne fût pas ainsi, l'Ouvrier souffrirait et diminuerait conséquemment en nombre. Les Ouvriers devenus moins nombreux ne suffiraient plus à l'ouvrage : la main d'oeuvre renchérirait et l'équilibre se rétablirait de lui-même entre les salaires et les besoins.[35]

On a déjà vu que le peuple «doit souffrir», inévitablement, durant la période d'ajustement, jusqu'à ce que la disproportion passagère entre prix du blé et taux de salaires se résorbe. On comprend ici pourquoi cette souffrance est, non moins inévitablement, momentanée : ou bien les emplois se multiplieront, ou bien le nombre des mains à employer se réduira. Dans les deux cas, les salaires remonteront, et l'équilibre «naturel» sera rétabli. Comme le faisait remarquer Galiani, peu importe à la nature — et au physio-crate qui s'en fait la voix — que l'on prenne l'un ou l'autre chemin pour y arriver[36]. Les calculs, les indices et les modèles auxquels il se

---

[35]. AUXIRON, *Principes de tout gouvernement*, op. cit., II, p. 244. (Cf. aussi II, p. 263.)

[36]. On connaît les passages souvent cités où Galiani met en garde contre les conséquences de tels ajustements spontanés : «Que la Nature en liberté tende à l'équilibre, c'est une vérité lumineuse dans la tête d'un métaphysicien, mais ce que vous dites est très faux sous la main d'un praticien, parce que l'homme, quand il agit, devient aussi petit, aussi faible qu'un animal de cinq pieds doit être parce qu'il sent alors le frêle de sa structure, le court espace de sa vie, l'instantanéité de ses besoins, le raboteux des plus petites inégalités, et qu'il ne peut rien compenser, rien rabattre sans souffrir ou sans mourir» (*Dialogues sur le commerce des blés*, op. cit., p. 211).

fie se cantonnent à un niveau d'abstraction régi par l'euphémisme. On n'entre en contact avec la réalité sociale qu'au bout de longues pincettes (mathématiques ou rhétoriques) : l'«Ouvrier» «souffrira» et «diminuera en nombre»... Quesnay, en décrivant la marche idéale de son utopie chinoise, remet brièvement les pieds sur terre : «lorsqu'il survient des années stériles, [les Chinois] meurent par milliers; ils se proportionnent nécessairement aux moïens qu'ils ont de subsister»[37]. Rien ne serait sans doute plus «naturel» ni plus «équilibré» qu'une terre dont tous les hommes auraient été balayés par les forces spontanées du marché. Des taureaux de la Louisiane aux paysans chinois, l'ordre économique semble remarquablement indifférent aux hécatombes sur lesquelles il est assis.

---

[37]. QUESNAY, *Le despotisme de la Chine*, op. cit., p. 87.

Chapitre 11

CLASSES

L'essentiel de la bonne nouvelle économiste consiste, on l'a vu, à *dé-rivaliser* les rapports sociaux. Elle joue en cela un rôle central dans l'euphorie qui caractérise l'esprit des Lumières. En parallèle avec la réflexion sur la perfectibilité humaine et sur le progrès historique, elle peint l'image d'*un monde infiniment expansible*, où plus je m'approprie, plus je laisse aux autres de quoi s'enrichir. On connaît le raisonnement de Locke, selon lequel en soustrayant à la friche commune une parcelle que j'enclos pour la cultiver intensément, je multiplie en réalité la richesse collective, puisque je produis par la culture d'un arpent davantage que ne produiraient dix arpents laissés à l'abandon. Loin de diminuer le bien commun en m'en réservant un arpent, je l'accrois donc de la valeur de la production de neuf arpents supplémentaires[1]. Smith révise ce principe pour l'adapter à l'ère industrielle avec l'exemple célèbre qui ouvre la *Richesse des nations*: si au lieu des vingt aiguilles qu'un ouvrier peut à peine

---

[1]. John LOCKE, *Second Traité du gouvernement civil* (1690) § 37. (Une partie essentielle de ce paragraphe manque de la traduction française de Mazel, republiée par GF.)

produire isolément chaque jour, la division du travail lui permet d'en fabriquer quatre mille huit cents, sans que personne n'ait été spolié de quoi que ce soit au cours de cette opération, il est donc visiblement faux que l'enrichissement de l'un implique nécessairement l'appauvrissement de l'autre. La croissance en productivité du travail humain permet une croissance absolue des biens dont dispose l'humanité dans son ensemble. Le principal problème n'est plus de *s'approprier contre autrui* la plus grande part possible du gâteau commun, mais bien de *s'arranger avec lui* de manière à *accroître ensemble* la taille de ce gâteau. Contre le «proverbe impie *nul ne perd que l'autre ne gagne*, axiome contre Nature maudit de Dieu», Mirabeau assure ainsi que «les progrès de chacun seront des succès pour tous; nul ne gagnera qu'un autre ne gagne, et que par adhérence, tous ne gagnent, ce qui est le voeu de la Nature et l'ordre de l'Eternel»[2].

Si tous sont effectivement *susceptibles de profiter ensemble* d'un accroissement de la productivité de leur travail, nombre d'anti-économistes soulignent toutefois qu'un tel profit n'a aucune garantie d'être *réellement partagé*. «Il est surprenant que ceux qui ne s'occupent toute leur vie que du travail qui doit nourrir les hommes soient néanmoins les plus mal nourris, & que cette portion d'ouvriers, dont dépend la première richesse de l'Etat, en soit précisément la plus pauvre»[3]. Les mêmes années qui voient se mettre en place les grands principes de la «science»

---

2. MIRABEAU, *Théorie de l'impôt*, op. cit., supplément, pp. 56-57.

3. BEARDE DE L'ABBAYE, *Dissertation qui a remporté le prix de la Société libre et oeconomique de St Petersbourg en l'année 1768 sur cette question posée par cette même société : Est-il plus avantageux à un Etat, que les Paysans possèdent en propre du terrein, ou qu'ils n'aient que des biens meubles? Et jusqu'où doit s'étendre cette propriété?*, Amsterdam, Rey, 1769, p. 20-21.

économique sont aussi celles où le terme, sinon la notion, de *classe* fait son entrée dans le vocabulaire politique français.[4] Boisguilbert en donne une généalogie mythique mais néanmoins suggestive, qui nous fait remonter jusqu'au péché d'Adam :

> La condamnation que Dieu prononça contre les hommes en la personne du premier de tous, de ne pouvoir à l'avenir, après son péché, vivre ni subsister que par le travail et à la sueur de leur corps ne fut ponctuellement exécutée que tant que l'innocence du monde dura, c'est-à-dire tant qu'il n'y eut aucune différence de conditions et d'états. [...] Les deux premiers ouvriers du monde, qui en étaient en même temps les deux monarques, se partagèrent ces deux métiers : l'un laboura la terre pour avoir des grains, et l'autre nourrit des troupeaux pour se couvrir, et l'échange mutuel qu'ils pouvaient faire les faisait jouir réciproquement du travail l'un de l'autre.
>
> Mais le crime et la violence s'étant mis, avec le temps de la partie, celui qui fut le plus fort ne voulut rien faire, et jouir des fruits du travail du plus faible, en se rebellant entièrement contre les ordres du Créateur; et cette corruption est venue à un si grand excès, qu'aujourd'hui les hommes sont entièrement partagés en deux classes, savoir l'une qui ne fait rien et jouit de tous les plaisirs, et l'autre qui travaillant depuis le matin jusqu'au soir, se trouve à peine en possession du nécessaire, et en est même souvent privée entièrement.[5]

Suivant de peu la division du travail, la division en classes est donc ce qui vient à la fois réarticuler et parachever le péché originel: en même temps qu'elle dispense certains individus de

---

[4]. Cf. Marie-France PIGUET, *Classe. Histoire du mot et genèse du concept: des physiocrates aux historiens de la Restauration*, Lyon, PUL, 1996.

[5]. BOISGUILBERT, *Dissertation sur la nature des richesses*, op. cit., pp. 398-399.

la nécessité du labeur, elle porte à leur comble la rébellion et la corruption humaines en instaurant le règne de la violence et de l'inégalité. Désormais certains gagneront leur pain à la sueur du front de leur prochain. Bien plus que le simple contraste entre opulence et indigence, c'est cette *structure de dépendance* (à sens unique) que représente la notion de *classe.* Il y a toujours eu des riches et des pauvres, mais il n'y a eu de classes qu'à partir du moment où l'on a inscrit ces deux groupes dans le cadre d'une structure d'exploitation qui fait de la misère des uns la condition de l'aisance des autres.

> C'est une chose dure à penser & pourtant incontestable qu'il faut nécessairement que les trois quarts des hommes soient réduits par l'indigence à un travail continuel. Il faut que leur pauvreté laborieuse nourrisse l'oisiveté opulente de l'autre quart qui les gouverne. [...] C'est aussi l'opulence, il est vrai, qui a doté ces retraites où la misère & le désespoir entassent tant de malheureux. Mais quel gré lui en sçaura-t-on, si l'on pense que c'est elle seule qui les nécessite, & surtout si l'on compare ce qu'elle leur donne avec ce qu'elle prodigue à ses plaisirs?[6]

On imagine que la mise en lumière d'une telle structure d'exploitation peut difficilement coexister avec le principe de convergence des intérêts brandi par les économistes. Comme le souligne Mably : «il faut être bien sûr de son éloquence & de son adresse à manier les sophismes pour oser se flatter qu'on persuadera à un manouvrier qui n'a que son industrie pour vivre laborieusement dans la sueur et dans la peine, qu'il est dans le meilleur état possible, que c'est bien fait qu'il y ait de grands propriétaires qui ont tout envahi & qui vivent délicieusement

---

[6]. LINGUET, *Canaux naviguables*, op. cit., pp. 163 & 270.

dans l'abondance et les plaisirs»[7]. (On a vu toutefois que c'est précisément un tel tour de force rhétorique que mettait en scène l'éducation économique d'Antoine par L'ami Des Hommes.)

Non sans une considérable ironie, c'est un des hommes les plus riches d'Europe, le banquier Necker, qui a introduit avec le plus de force la notion de classe dans le débat économique des années 1770. Ce n'est pas sans raison que Morellet lui reproche d'avoir produit «un ouvrage où l'on recueille et l'on réchauffe les semences de cette guerre sourde, de cette aversion aveugle des pauvres contre les riches, des hommes sans propriété contre les propriétaires»[8]. Necker commence par définir le «peuple» comme une *classe*, c'est-à-dire comme un groupe social déterminé par sa position dans la structure productive : cette «partie de la nation née sans propriété», n'ayant d'autre possession que ses «facultés naturelles», et dont la «subsistance dépend uniquement de son travail journalier». Il se demande ensuite «d'où vient sa misère». Non pas de «l'excès des impôts» ni de l'«ignorance» ou de l'«inconduite» du gouvernement, comme les riches le prétendent (déjà) pour occulter le fait que cette misère «est leur ouvrage, et l'effet inévitable de leurs droits et de l'usage qu'ils en font». La «source éternelle» de la misère du peuple réside en effet dans «le pouvoir qu'ont les propriétaires de ne donner en échange d'un travail qui leur est agréable que le plus petit salaire possible, c'est-à-dire celui qui représente le plus étroit nécessaire». Entre salariants et salariés s'instaure donc un conflit permanent où le luxe des uns résulte directement des «économies» faites sur le revenu des autres : «il

---

[7]. Gabriel Bonnot de MABLY, *Doutes proposés aux philosophes économistes sur l'ordre naturel et essentiel des sociétés politiques*, La Haye, 1768, p. 46.

[8]. André MORELLET, *Analyse de l'ouvrage intitulé "De la législation et du commerce des grains"*, Amsterdam, 1775, p. 18.

s'établit entre ces deux classes de la société une sorte de combat obscur, mais terrible, où l'on ne peut pas compter le nombre des malheureux, où le fort opprime le faible à l'abri des lois, où la propriété accable du poids de ses prérogatives l'homme qui vit du travail de ses mains».

Le point essentiel est que cette guerre sourde met aux prises des adversaires en positions profondément inégales : «dans ce combat d'intérêt entre le propriétaire et l'ouvrier, l'un met au jeu sa vie et celle de sa famille, et l'autre un simple retard dans l'accroissement de son luxe»[9]. Au delà du postulat de la convergence des intérêts, la mise en lumière de ce combat obscur met en cause le mot d'ordre de *laisser faire* sur lequel débouche le scénario libéral[10]. Est-il (moralement) acceptable de rester un observateur passif devant un combat où l'un des adversaires a toutes les armes en main tandis que l'autre en est totalement démuni? N'y a-t-il pas en matières socio-économiques un *devoir d'intervention* exigeant de prévenir ou de corriger les abus qu'un groupe en position de force peut faire subir aux infortunés qu'il tient en son pouvoir?

C'est bien à un tel devoir d'intervention que font appel les anti-économistes lorsqu'ils décrivent l'inégalité des positions à partir desquelles se font face les deux classes des salariants et

---

9. NECKER, *Sur la législation et le commerce*, op. cit., pp. 270 & 242. Sur ces questions, cf. Henri GRANGE, *Les idées de Necker*, Paris, Klincksieck, 1974; Gilbert FACCARELLO, «Galiani, Necker et Turgot. A Debate on Economic Reform and Policy...», art.cit. pp. 120-195; Philippe STEINER, *Sociologie de la connaissance économique*, op. cit., chap. II.

10. C'est bien ainsi qu'il faut comprendre la réécriture parodique que Galiani propose de *L'intérêt général* de Le Mercier de La Rivière : la liberté du commerce des grains n'est que «la liberté des bagarres», le champ libre laissé à la loi de la jungle de la lutte des classes. (Cf. Ferdinando GALIANI, *La Bagarre. Galiani's "Lost" Parody*, ed. by Steve Laurence Kaplan, The Hague Martinus Nijhoff, 1979.)

des salariés. Pour l'évangile libéral, on s'en souvient, il ne s'agissait que de laisser s'arranger librement entre eux des individus également soucieux de préserver leur intérêt personnel et également dépendants les uns des autres : les salaires résultent d'«une discussion libre de part et d'autre, d'où résulte une convention que de part et d'autre on adopte librement; si d'un côté l'ouvrier est pressé par le besoin de subsistance; un entrepreneur de culture ou de tout autre établissement est pressé par le besoin de faire marcher continuellement son entreprise; celui-ci a autant d'intérêt à acheter le travail que l'ouvrier a d'intérêt à le vendre»[11]. On reconnaît bien ici ou là que les employeurs sont «dans un état d'indépendance parce que la source des revenus est entre leurs mains», alors que les salariés sont «dans un état précaire puisqu'ils n'ont de droit au partage des revenus qu'autant qu'ils y ont été appelés par le propriétaire»[12]. On se garde pourtant de tirer les conséquences d'une telle dissymétrie. Et pour cause, puisqu'elles conduisent à rien moins qu'une subversion radicale de tout l'édifice idéologique libéral.

Suivons en effet l'argument que les critiques des physiocrates développent à partir de ce point. Les «conventions libres» dont sont censés résulter les salaires ne sont qu'une illusion dans la mesure où la concurrence ne joue souvent que d'un seul côté des termes de l'échange. Tandis que la main d'oeuvre disponible pour chaque employeur abonde, la plupart des ouvriers n'ont guère de choix dans leur quête d'un patron : «changer de maître : quel sophisme! Songez donc que le nombre de ceux qui font travailler est très petit; et que celui des travailleurs au contraire est immense. A quoi se réduit pour eux

---

11. ABEILLE, *Principes sur la liberté du commerce...*, op. cit., p. 96.

12. Ibid., p. 119.

cette liberté apparente dont vous les avez investis? Ils ne subsistent que du loyer de leurs bras. Il faut donc trouver à qui les louer ou mourir de faim. Est-ce là être libre? [...] Est-ce en vertu d'un contrat librement signé qu'on leur auroit dit : vous ferez tout naître et vous ne jouirez de rien?»[13] Dans tout commerce, comme le remarque Rousseau, «le négoce de l'un étant libre et celui de l'autre forcé, le premier fera toujours la loi au second»[14]. Or c'est l'ensemble des activités confiées par le libéralisme à la régulation du marché qui sont structurées par une telle inégalité de position.

Outre le domaine des *négociations salariales* que l'on vient d'observer, un tel déséquilibre structurel affecte également celui de la *consommation*. Linguet souligne par exemple combien le pauvre est plus exposé que le riche à souffrir des aléas des prix du blé. «Les gens aisés ont des provisions. [...] La consommation de la maison est toujours prête d'avance dans le grenier, & l'on brave avec cette ressource les augmentations éphémères. Le pauvre ne l'a point, ce préservatif utile. Le prix du moment est toujours le sien. Obligé d'acheter à chaque marché, il se sent de toutes les variations qui s'y succèdent». En outre, du fait de la différence de leurs budgets, du côté du bourgeois, «c'est à peine un douzième de son revenu que la cherté emporte», alors que, chez le journalier, «en doublant le

---

13. LINGUET, *Théorie des loix civiles*, op. cit., p. 586 & 446.

14. Jean-Jacques ROUSSEAU, *Projet de constitution pour la Corse* (1765) in *Sur l'économie politique - Considérations sur le gouvernement de la Pologne - Projet pour la Corse*, Paris, GF, 1990, p. 126. Mirabeau reconnaît bien l'existence d'un tel problème dans le cas isolé des rapports entre prêteurs et emprunteurs : «l'un risque tout & l'autre ne risque rien; ainsi nulle égalité de conditions réciproques dans ces engagements nécessités par les besoins de l'emprunteur & où le prêteur viole les droits de l'humanité» (*Philosophie rurale*, op. cit., tome I, p. 291). Mais il n'en tire pas de conclusion plus générale.

prix du pain vous doublez toute sa dépense»[15]. Une inégalité comparable structure le rapport entre le vendeur et l'acheteur de grains : «il n'y a nulle égalité entre le désir de réaliser du blé contre l'argent, et le besoin d'échanger son argent contre du blé». Selon quel principe d'équité peut-on justifier de laisser aux prises «des contractans si inégaux par leurs besoins, qui se présentent au marché, les uns pour vivre aujourd'hui, les autres souvent pour entretenir leur luxe ou leurs commodités»[16]?

C'est jusqu'au domaine du *commerce international* qu'on retrouve des déséquilibres similaires biaisant l'idéal libéral d'une juste concurrence : «est-il juste, est-il raisonnable qu'on admette l'Etranger en concurrence avec le Français à vendre ses denrées à conditions tout à fait égales? [...] Cet Etranger paie-t-il les mêmes tailles? doit-il fournir à son Souverain autant qu'un Français au sien? Si cet Etranger ne paie que des tributs très-modiques, il pourra vendre son bled à un bien plus bas prix et y gagner [...] Une fois admis à la concurrence dans les marchés des Ports de France, avec des armes aussi inégales le combat sera inégal»[17].

On est bien ici au coeur de la critique fondamentale que la plupart des anti-économistes, malgré leurs divergences, leurs idiosyncrasies et leurs excès, adressent ensemble au scénario libéral. Laisser la compétition d'une libre concurrence régir les mécanismes économiques serait en soi parfaitement acceptable si l'on ne donnait pas lieu de la sorte à *un combat à armes inégales* : «il me semble voir deux athlètes auxquels on ordonneroit de lutter ensemble, après avoir coupé les bras au premier, pendant qu'on laisseroit son rival intègre & armé de

---

15. LINGUET, *Du pain et du bled*, op. cit., pp. 62-65.

16. NECKER, *Sur la législation et le commerce...*, op. cit., p. 234.

17. GALIANI, *Dialogues sur le commerce des blés*, op. cit., p. 265-266.

toutes pièces. Que peut-il résulter d'un combat si inégal?»[18] C'est en ces termes que se pose réellement la question de l'égalité. Celle-ci ne consiste nullement à forcer chacun de recevoir un même salaire, travailler un même nombre d'heures ou porter les mêmes habits. Elle n'exige pas une uniformisation des goûts et des mentalités, mais seulement la garantie d'une dotation minimale comparable en moyens de parvenir à un niveau de vie décent. Autrement dit : avant d'ouvrir le champ à la compétition du marché, la société est responsable de s'assurer que les individus y entrent en concurrence à armes égales.

En récusant d'avance l'antinomie factice entre égalité et liberté inlassablement agitée par l'ultra-libéralisme[19], les critiques des physiocrates affirment qu'une certaine égalité des chances est une précondition à l'établissement d'une juste liberté. «J'avoue que si tous les biens, ou, ce qui revient au même, tous les pouvoirs étoient également distribués, il y auroit peu d'inconvénient à laisser chacun libre de faire ce qui lui plairoit touchant l'emploi de ses revenus et de ses richesses. Mais il s'en faut de beaucoup que cela soit ainsi dans l'état actuel des choses»[20]. Gosselin propose à «M. l'Economiste» un défi en forme de fable faite pour illustrer son argument :

> Prenez une bêche & moi aussi (ce n'est point un défi de plume que je vous propose) & qu'il nous soit donné à chacun un terrain égal pour le cultiver. Que s'ensuivra-t-il de ce Cartel, me direz-vous? Rien autre chose, sinon que votre champ & le mien produiront également, ou bien que l'un produira plus que l'autre. Si c'est vous, par

---

[18]. GOSSELIN, *Réflexions d'un citoyen*, op. cit., p. 46.

[19]. Sur ce point, voir la réflexion développée par Etienne BALIBAR, au titre de la «proposition d'égaliberté», dans *Les Frontières de la démocratie*, Paris, La Découverte, 1994.

[20]. GOSSELIN, *Réflexions d'un citoyen*, op. cit., p. 65.

> exemple, qui cultivez le mieux, vous aurez plus de produit, par conséquent plus de jouissance. Or il n'y a rien que de juste à cela; puisque ayant les mêmes moyens, il ne tient qu'à moi de me procurer les mêmes avantages. Maintenant permettez-moi de changer un peu les données. Je prendrai les deux portions de terre, & je vous laisserai votre bêche. Et bien, direz-vous, comme un homme ne peut cultiver qu'une certaine portion de terrain, il faudra, si je veux mettre en valeur les deux parts qui me sont échues, que j'achète votre travail. A la bonne heure; mais je serai le maître de la convention, & si vous faites trop le renchéri, j'apprendrai peut-être à me passer de vous. J'inventerai une paire de boeufs, qui non seulement feront l'ouvrage que vous auriez fait, mais encore celui que plusieurs hommes pourroient faire. Que deviendrez-vous après cela?[21]

Conformément à une image sans doute aussi vieille que le libéralisme lui-même, laisser faire les lois du marché sans en corriger préalablement les rapports de force inégaux revient à laisser le renard libre dans un poulailler libre — c'est-à-dire à repousser l'avènement de la justice propre à la concurrence dans le futur théorique du jour où les poules auront des dents. Ce que les anti-économistes réclament, c'est que l'on reconnaisse (et que l'on s'efforce de remédier à) «l'inégalité naturelle de puissance»[22] qui structure les rapports entre agents économiques. Ce qui implique un devoir d'intervention de l'Etat dans le marché. La «grande vérité» sur laquelle débouche Necker au terme de son traité, «c'est que les institutions politiques et les lois d'administration sont presque les seules qui défendent le peuple». Ce dont ont besoin les salariés, c'est certes

---

21. Ibid., p. 64.

22. NECKER, *Sur la législation et le commerce,,,,* op. cit., p. 287.

d'«humanité» et de «compassion», mais c'est surtout «de lois politiques qui tempèrent envers eux la force de la propriété»[23].

Aujourd'hui comme hier, la finalité des institutions politiques et des «bonnes lois» est de «remédier à l'inégalité naturelle des moyens de subsistance»[24]. Pour le journalier comme pour le propriétaire, pour le sans abri comme pour l'agent boursier, pour l'investisseur français comme pour le paysan indien, la «vraie liberté» ne consiste ni à pouvoir faire tout ce que l'on désire, ni à devoir se soumettre à tout ce qu'une situation défavorisée nous impose, mais bien «à se conformer à des loix qui remédient à l'inégalité naturelle des hommes, c'est-à-dire qui protègent également le riche & le pauvre, les grands et les petits, les souverains et les sujets»[25]. Le meilleur antidote contre l'oppression des marchés réels réside dans l'appel à un principe de justice sociale corrigeant par le droit les iniquités du fait : «la justice se nomme aussi Equité, parce qu'à l'aide des loix, faites pour commander à tous, elle égalise tous les membres de la société, c'est-à-dire les empêche de se prévaloir les uns contre les autres de l'inégalité que la nature ou l'industrie peuvent avoir mis entre leurs forces»[26].

---

23. Ibid., p. 357.

24. Marie Jean Antoine Nicolas Caritat de CONDORCET, *Esquisse d'un tableau des progrès de l'esprit humain* (1793), Paris, GF, 1989, p. 276.

25. Paul Henri Thiry D'HOLBACH, *Le Système social* (1773), Reprint Hildesheim, Georg Olms, 1969, tome II, p. 42.

26. Paul Henri Thiry D'HOLBACH, *Le Système de la nature* (1770), Paris, Fayard, 1990, tome I, p. 171-172.

Chapitre 12

MONDIALISATION

Il ne serait pas absurde de faire des physiocrates les vrais inspirateurs de l'Union Européenne. Non qu'ils soient les premiers à proposer la constitution d'une Europe unie. Sans remonter à Henri IV ni à Emeric Crucé, l'abbé de Saint-Pierre avait dès les années 1710 élaboré le plan d'une fédération européenne autour d'une alliance militaire et politique destinée à garantir l'intégrité des frontières et à assurer une paix perpétuelle entre les nations chrétiennes. En 1761, Rousseau remettait d'actualité cette proposition en publiant un *Extrait du projet de paix perpétuelle de M. l'Abbé de Saint-Pierre*. Il y note que «toutes les puissances de l'Europe forment entre elles une sorte de système qui les unit par une même religion, par un même droit des gens, par les moeurs, par les lettres, par le commerce, et par une sorte d'équilibre qui est l'effet nécessaire de tout cela, et qui, sans que personne songe en effet à le conserver, ne seroit pourtant pas si facile à rompre que le pensent beaucoup de gens»[1]. Il remarque en plus d'un endroit de son oeuvre qu'«il n'y a plus aujourd'hui de Français, d'Allemands, d'Espagnols,

---

[1]. Jean-Jacques ROUSSEAU, *Extrait du projet de paix perpétuelle de M. l'Abbé de Saint-Pierre* (1761) in *Oeuvres complètes*, Paris, Gallimard, Pléiade, 1959, volume III, p. 565.

d'Anglais même, quoi qu'on en dise : il n'y a que des Européens»[2].

Lorsque les physiocrates proposent un modèle d'intégration européenne basé sur l'économie, ils renversent en quelque sorte l'ordre (chrono)logique sur lequel reposaient les projets précédents: alors que, chez l'abbé de Saint-Pierre, l'épanouissement du commerce international était présenté comme l'un des *résultats* (infiniment désirables) apportés par la solution politique des conflits entre nations, les disciples de Quesnay font des échanges économiques la *cause* et le *catalyste* du rapprochement entre les nations. En cela, ils ne font d'ailleurs pas non plus oeuvre originale. Ils s'inscrivent dans toute la ligne de pensée identifiée sous l'étiquette du «doux commerce» dont le fameux chapitre de l'*Esprit des Lois* a donné la formule de base : «L'effet naturel du commerce est de porter à la paix. Deux nations qui négocient ensemble se rendent réciproquement dépendantes : si l'une a intérêt d'acheter, l'autre a intérêt de vendre; et toutes les unions sont fondées sur des besoins mutuels»[3].

S'ils méritent d'être associés à une certaine idée de l'Europe, c'est — en un paradoxe seulement apparent — qu'ils ne se soucient en réalité nullement de construire une entité politique à

---

2. Jean-Jacques ROUSSEAU, *Considérations sur le gouvernement de Pologne* (1770), publié avec *Sur l'économie politique & Projet pour la Corse,* Paris, GF, 1990, p. 171.

3. Charles-Louis de Secondat, baron de MONTESQUIEU, *L'esprit des lois* (1748), Paris, GF, 1979, livre XX, chapitre 2, tome II, p. 10. La pensée de Montesquieu en matière d'économie politique a exercé une influence majeure sur la seconde moitié du XVIIIe siècle, ouvrant la voie à une approche «sociologisante» directement opposée à l'universalisme abstrait des physiocrates. Pour une bonne mise au point sur cet auteur, on consultera le livre récent de Claude MORILHAT, *Montesquieu. Politique et richesse*, Paris, PUF, 1996. On trouve aussi une intéressante discussion du «doux commerce» dans Albert HIRSCHMAN, «Rival Interpretations of Market Society: Civilizing, Destructive or Feeble?», *Journal of Economic Literature*, vol 20, décembre 1982, pp. 1463-1484.

l'échelle continentale. Pas de grand projet de diète commune, pas d'appel à une force d'arbitrage internationale, pas même de perspective d'unification : tout ce que l'on réclame est une zone de libre échange. Plus précisément, les économistes ne prennent pas la peine de former un projet d'intégration parce que de leur point de vue une telle intégration est déjà *un fait accompli* dont il n'y a plus qu'à tirer les inévitables conséquences à l'intérieur de chaque pays. Il s'agit moins de réfléchir sur les modalités d'une coopération supra-nationale à inventer que d'adapter les institutions politiques régionales aux diktats d'une concurrence internationale déjà effective.

Malgré quelques divergences doctrinales, le traité rédigé par un de leurs compagnons de route tardif, Condillac, sur *Le commerce et le gouvernement considérés relativement l'un à l'autre* illustre assez précisément leur position. L'auteur y propose la fiction d'un pays «grand comme l'Angleterre, la France, l'Espagne, ou comme ces trois royaumes ensemble». Il expose d'abord comment, dans un système où «le commerce jouit d'une liberté entière et permanente», chaque région prospérerait grâce à la division optimale du travail instaurée, à force de tâtonnements, par la concurrence entre producteurs et entre consommateurs. Il observe ensuite les conséquences néfastes qu'aurait sur le modèle ainsi créé chacune des atteintes habituellement portées au libre échange (privilèges, prohibitions, impôts, etc.). Il en conclut que «les états de l'Europe, s'ils s'obstinent à ne pas laisser une entière liberté au commerce, ne seront jamais aussi riches ni aussi peuplés qu'ils pourraient l'être»[4]. Comme on l'a déjà vu, on ne peut enfreindre l'ordre libéral sans en payer le prix, que celui-ci soit perte sèche ou simple manque à gagner. Même s'il ne dispose pas encore de la

---

[4]. Etienne Bonnot de CONDILLAC, *Le commerce et le gouvernement considérés relativement l'un à l'autre* (1776), Genève, Slatkine, Ressources, 1980, pp. 231 & 219.

concurrence américaine ou japonaise pour faire sentir combien l'Europe risque, avec ses entraves régulatrices, de rater la caravane de la prospérité, Condillac peut néanmoins déjà présenter son idéal, non pas comme une utopie à construire, mais comme un état de fait dont de malencontreuses résistances passéistes s'obstinent à prévenir le déploiement bienfaiteur. En témoignent certains «secteurs pilotes», comme le commerce de l'or et de l'argent qui, parce que le transport s'en «fait facilement et sans obstacle», s'est déjà aligné sur le modèle libre-échangiste. «Les barrières faibles et idéales en ce genre, qu'on appelle frontières, ne sont rien pour [l'argent]»[5]. En conséquence de quoi «dans tous les marchés de l'Europe, on juge du rapport de l'or à l'argent, comme on en jugerait dans un seul marché commun»[6].

Car en dépit de l'obstination française à faire cavalier seul en s'accrochant à des règlements d'un autre âge, l'intégration économique européenne est déjà en cours — en ces années 1760 — non seulement dans le cas des métaux précieux, mais aussi dans celui des blés : «la concurrence entre les négociants des diverses nations qui ont du grain à vendre et celle entre les négociants des nations qui ont besoin d'acheter déterminent un prix commun entre les principales nations commerçantes qu'on peut considérer comme réunies pour former une espèce de marché général» — marché, ajoute Le Mercier de la Rivière, «dont le prix courant fait la loi à chacune d'elle en particulier». Turgot relève que «les ports de Hollande et d'Angleterre sont pour ainsi dire le lieu où se tient ce marché général». De son côté, Condillac souligne à quel point la France «faite pour être l'entrepôt du nord et du midi» semble naturellement destinée à devenir «le marché commun de toute l'Europe». Dans tous ces cas, on présente la conversion au dogme libre-échangiste comme

5. MIRABEAU, *L'ami des hommes*, op. cit., p. 381.

6. CONDILLAC, *Le commerce et le gouvernement*, op. cit., p. 129.

une nécessité supérieure ne laissant comme alternative que le suicide par isolation[7].

Au delà de ces constantes de l'argumentaire ultra-libéral, les économistes ont le mérite de mettre en lumière — contre la tradition mercantiliste — l'interdépendance et la solidarité de fait qui unissent le bien-être des différentes nations. La convergence des intérêts dont ils font le principe central de leur doctrine en matière de politique intérieure s'applique en effet également au rapport entre Etats. «Aucune nation européenne ne peut dépérir que les autres ne se ressentent de sa décadence»; «l'horloger buvant du vin de Champagne, consommant des huiles de Provence, s'habillant des draps de Louviers, il faut bien que le prix de ses montres soit établi d'après le prix commun de toutes ses consommations. Il est donc vrai que les montres de Genève craignent la gelée, la grêle & la sécheresse; non pas de la même manière que les vins & les huiles, mais aussi réellement quoique par contrecoup»[8]. A la vue d'une telle communauté d'intérêts économiques, Le Mercier de la Rivière va jusqu'à juger réalisable le rêve de l'abbé de Saint-Pierre : «toutes les nations de cette partie de la terre se regardent comme une seule et même société formée par un intérêt commun. [...] Une confédération générale de toutes les puissances de l'Europe n'est donc point une chimère comme bien des gens l'ont imaginé»[9]. A condition cependant que tout le monde se soumette à l'autorité (despotique) qui présidera à une telle confédération: chacun devra en effet apprendre à «regarder le commerce comme le

---

7. TURGOT, *Lettres à l'abbé Terray*, op. cit., p. 315; LE MERCIER DE LA RIVIERE, *L'intérêt général*, op. cit., p. 224; TURGOT, *Lettres à l'abbé Terray*, op. cit., p. 315; CONDILLAC, *Le commerce et le gouvernement*, op. cit., p. 219.

8. ISNARD, *Traité des richesses*, op. cit., p. 149; MORELLET, *Réfutation de l'ouvrage qui a pour titre "Dialogues sur le commerce des bleds"*, Londres 1770, p. 76.

9. LE MERCIER DE LA RIVIERE, *L'ordre naturel...*, op. cit., p. 245.

souverain de la terre et toutes les nations comme autant de provinces de son empire»[10].

Mandeville se demandait déjà, un demi-siècle plus tôt, quel «Tyran inhumain et dépourvu de toute honte» aurait pu «imposer à ses esclaves innocents des services aussi effrayants» que ceux réclamés par le marché mondial. Passant en revue toutes les peines et tous les dangers qu'il a fallu braver pour produire le moindre bout de tissu rouge, depuis le berger et le fileur jusqu'au matelot risquant sa vie sur les océans pour rapporter une teinture d'extrême Orient, il soulignait combien paradoxal est ce nouveau souverain de la terre, dont l'empire semble aussi vaste qu'absolu[11]. A sa suite, quoique le plus souvent sans son cynisme et son esprit critique, la plupart des économistes vont s'émerveiller de *la mondialisation* des échanges commerciaux dont témoignent — en 1770 déjà — les scènes les plus communes de la vie quotidienne : «vous voyez, Madame, dans un simple déjeûner réunies sous vos yeux et sous vos mains, les productions de tous les climats et des deux hémisphères. La Chine a vu former ces tasses et ce plateau; ce café naquit en Arabie; le sucre dont vous l'assaisonnez fut cultivé en Amérique par de malheureux Africains; le métal de votre cafetière vient du Potose; ce lin, apporté de Riga, fut façonné par l'industrie hollandaise; et nos campagnes ne vous ont fourni que le pain et la crème»[12]. Le charme exotique d'une telle énumération n'a pour égal que l'absurdité de la disproportion vertigineuse entre les futiles habitudes de mes papilles et la somme de souffrances impliquées par leur satisfaction. Quelque aigre-doux que puisse être le goût qu'il laisse sur la langue, chacun a conscience d'être pris dans un réseau de production et de consommation étendant

---

[10]. LE MERCIER DE LA RIVIERE, *L'heureuse nation*, op. cit., II, p. 450.

[11]. Bernard MANDEVILLE, *The Fable of the Bees* (1724), «A Search into the Nature of Society», Londres, Penguin Classics, 1989, p. 358-359.

[12]. Nicolas BAUDEAU, *Première introduction...*, op. cit., p. 846.

ses mailles sur l'ensemble de la planète. Dans un monde où «le commerce fait travailler l'habitant de Pékin pour l'habitant de Paris» et où «la richesse du négociant de Genève ou de Berne peut être le mobile du commerce entre Marseilles et Stockholm»[13], les physiocrates contribuent à répandre la conscience d'un *individu planétaire* dont les actes économiques ont des ramifications formidablement complexes.

Derrière la justification des aberrations du marché mondial, la bonne nouvelle économiste recèle un puissant message positif de cosmopolitisme et de fraternité transnationale. «Nul homme n'est étranger à un autre homme, puisque l'intérêt de l'un est inséparable de l'intérêt de l'autre»; «il n'existe dans le monde qu'une société humaine»; «je ne me suis jamais senti moins parent d'un Allemand ou d'un Anglais que d'un François à moi inconnu»; «l'univers n'est qu'un Etat composé de plusieurs de ces grandes familles qu'on appelle Nations. Ce qui ruine une nation, ruine l'Univers et l'humanité entière». L'ordre naturel ayant décrété «que les hommes ne prospéreraient que par la confraternité, que par la *co-négocialité*», «la saine politique consiste donc dans les moyens de rendre ses voisins heureux et riches»[14]. Aujourd'hui même, les apôtres de la mondialisation des échanges ne justifient-ils pas le déplacement d'usines vers des pays à bas salaires en invoquant les bienfaits apportés ainsi à nos «voisins» les moins favorisés, bienfaits dont nous finirons tous par profiter lorsque ces voisins seront devenus assez riches pour acheter «nos» biens et salarier «nos» ouvriers.

Un des problèmes de cette belle fraternité planétaire est toutefois que certains y sont plus frères que d'autres. Le modèle

---

13. ISNARD, *Traité des richesses*, op. cit., pp. XVIII & 155.

14. MIRABEAU, *La science*, op. cit., p. 164; DU PONT DE NEMOURS, *Abrégé des principes de l'économie politique*, op. cit., p. 377; MIRABEAU, *Philosophie rurale*, op. cit., I, 239; ibid., I, p. 267; ibid., II, p. 148; MIRABEAU, *Les économiques*, op. cit., p. 275.

du citoyen du monde projeté par le cosmopolitisme des économistes n'est ni le paysan breton, ni l'artisan lyonnais, ni même le philosophe philanthrope, mais bien le gros négociant capable de faire chevaucher à son capital les vagues sans frontières du profit. On sait à quel point, malgré les excès d'un M. Vanderdendur, de tels marchands du monde ont fasciné un penseur comme Voltaire, dont les *Lettres anglaises* font déjà de la Bourse de Londres le haut lieu de la tolérance et l'emblème de la grande famille humaine[15]. Quoique plus critiques envers le négoce, les physiocrates n'en soulignent pas moins le caractère supra-national du négociant. Au lieu d'être citoyen de tous les pays du monde, il en devient toutefois *l'homme sans patrie*. «Le commerçant en sa qualité de sujet du commerce, d'homme attaché au service du commerce, n'appartient exclusivement à aucun pays particulier; il est nécessairement cosmopolite parce qu'il est impossible que sa profession ne le soit pas»[16]. Qu'on le croie Français, Anglais ou Hollandais, sa seule vraie patrie est «la république générale du commerce», cette «république commerçante universelle répandue dans différents pays»[17]. Son allégeance va à un souverain sans terre mais plein de ressources. D'où une profonde méfiance à son égard : la fortune qu'il apporte ou qu'il accumule représente «une richesse dans la nation» mais non pas «une richesse de la nation»[18].

On aura reconnu la présence latente (ou du moins potentielle) d'un aspect traditionnel du discours antisémite derrière cette représentation du commerçant en apatride.

---

[15]. Sur ce point en particulier et sur le cosmopolitanisme économique en général, cf. Thomas SCHLERETH, *The Cosmopolitan Ideal in Enlightenment Thought, its Form and Function in the Ideas of Franklin, Hume, and Voltaire, 1694-1790*, Notre Dame UP, 1976, chapitre 5, pp. 97-125.

[16]. LE MERCIER DE LA RIVIERE, *L'ordre naturel...*, op. cit., p. 280.

[17]. QUESNAY, *Analyse de la formule arithmétique du Tableau économique* , in *Physiocratie*, op. cit., pp. 225 & 231.

[18]. LE MERCIER DE LA RIVIERE, *L'intérêt général*, p. cit., p. 337.

L'immonde chapitre «Juifs» de *L'an 2440* rend cette présence explicite : «on leur doit [aux Juifs] l'invention des lettres de change, qui protège le commerce contre toute violence, qui le maintient dans toutes les parties du monde; mais aussi depuis cette invention, le négociant, l'homme riche n'ont plus de patrie; ils transportent leur fortune où bon leur semble; et le cosmopolite, qui a tous les moyens de faire écouler ses richesses, n'enfante et ne nourrit aucune idée généreuse ou patriotique»[19]. Cet affleurement d'un antisémitisme ouvert révèle bien le retournement qui s'opère sur la figure du marchand du monde, et à travers lui sur la mondialisation des mécanismes économiques. D'un rêve de fraternité des peuples, on passe soudain au cauchemar du siphonnage des richesses nationales par une minorité de sans-patrie, acculée au statut de bouc émissaire. Parce qu'il s'efforce de parler en termes d'*intérêt* et non de *droits*, le discours libre-échangiste traîne derrière lui, comme son ombre, une tentation xénophobe qui fait immanquablement retomber sur l'étranger (du dehors ou du dedans) la faute de toutes les blessures imposées aux intérêts locaux par les forces du marché global. Faute de cultiver un internationalisme qui valorise la diversité des cultures et le respect des peuples, la vision étroitement économiste de la mondialisation ne peut que creuser un lit de rancoeurs tout prêt à faire fructifier le fiel du premier Front National venu.

Derrière l'image du commerçant, le spectre généré par la globalisation de l'économie est celui du détenteur de tout capital financier. Le Mercier de la Rivière précise lui-même que c'est non seulement le commerce mais aussi bien l'industrie qui «est cosmopolite; elle ne connaît de patrie que les lieux où elle est appelée par son intérêt particulier; sa devise est *ubi bene, ibi patria* : la nature le veut ainsi». Contrairement aux propriétés

---

[19]. Sébastien MERCIER, *L'an 2440* (éd. de 1786), Paris, France Adel, 1977, p. 341-342.

foncières qui sont physiquement attachées à la patrie, les «richesses mobilières et occultes ne font jamais corps avec les richesses de l'Etat et même ne s'accroissent qu'aux dépens de celles de l'Etat»[20]. Ce qui rend inquiétant le détenteur de telles richesses, c'est qu'il se trouve *de facto* «indépendant de l'autorité publique quant à ses biens qu'il peut lui soustraire à tout instant»[21]. Au-dessus des frontières, le marchand du monde est également *au-dessus des lois* — tant qu'il n'y a d'institutions législatives que nationales. Non seulement il peut échapper à la loi commune, mais il se trouve dans une position lui permettant de *faire lui-même la loi aux gouvernements*. Isnard décrit bien le mécanisme qui transforme ainsi «l'homme dont le commerce consiste dans la spéculation» en maître du législateur : «dans l'envie qui paraît devoir régner entre les états [...] pour fixer chez eux ces richesses mobiles, il paraît que les nations doivent se les disputer par l'effet des faveurs et des libertés assurées à l'état du négociant, par l'économie et l'ordre dans les dépenses d'administration»[22]. Comme le souligne également Adam Smith, les gouvernements voient leur capacité à fixer l'assiette des impôts limitée par le chantage que le détenteur de richesses mobiles est en position d'exercer:

> Le propriétaire de capital est proprement citoyen du monde, et il n'est attaché à aucun pays en particulier. Il serait bientôt disposé à abandonner celui où il se verrait exposé à des recherches vexatoires qui auraient pour objet de le soumettre à un impôt onéreux, et il ferait passer son capital dans quelque autre lieu où il pourrait mener ses affaires et jouir de sa fortune à son aise. En emportant son capital, il ferait cesser toute l'industrie que ce capital entretenait dans le pays qu'il aurait quitté.[23]

---

20. LE MERCIER DE LA RIVIERE, *L'ordre naturel...*, p. 234 & 282.

21. MIRABEAU, *Théorie de l'impôt*, op. cit., p. 84.

22. ISNARD, *Traité des richesses*, op. cit., pp. 156-157.

23. Adam SMITH, *Recherches sur la nature et les causes de la richesse*

On sait à quel point les entreprises utilisent aujourd'hui ce bras de levier dont elles disposent pour profiter de la concurrence entre régions et contraindre les gouvernements locaux à leur tailler sur mesure des paradis fiscaux avant de jeter la bénédiction de leurs investissements sur l'heureux élu. On voit aussi chaque jour comment les gouvernements politiques savent se plier en quatre pour multiplier «les faveurs et les libertés», assurer «l'économie et l'ordre dans leurs dépenses d'administration», tout cela afin de courtiser les marchés boursiers et les potentiels investisseurs qu'ils représentent. Dans tous ces cas, «les marchés seuls font la règle, et le gouvernement est obligé de la suivre»[24]. Au lieu de soumettre tous les individus à une loi entérinée par une structure représentative de l'ensemble des citoyens, les gouvernements laissent ainsi quelques agents économiques à la fois enfreindre la règle commune, et entreprendre de la dicter (conformément à leur intérêt éminemment particulier). Certains idéalisent cette nouvelle forme de démocratie en invoquant des myriades de petits investisseurs «votant» pour les meilleures politiques économiques dans cette élection permanente que serait devenue la bourse (mondiale) en ce début de millénaire[25]. C'est ne pas voir que la réalité des marchés boursiers dépend de quelques gros acteurs financiers auxquels les petits spéculateurs du dimanche servent essentiellement de paravent[26]. C'est surtout

---

des nations (1776), livre V, chapitre II, section 2, article 2, trad fr. Garnier, Paris, GF, 1991, volume II, pp. 483-484.

24. CONDILLAC, *Le commerce et le gouvernement*, op. cit., p. 128.

25. «D'une certaine manière, les marchés des capitaux, animés par les décisions de millions d'investisseurs et d'emprunteurs, sont hautement "démocratiques". Ils fonctionnent comme un continuel sondage d'opinion, tenu 24 heures sur 24» (*The Economist*, 7 octobre 1995, Dossier "World Economy", p. 38).

26. Rappelons qu'aux USA en 1992, le 90% des ménages se partageaient moins de 14% des actions en bourse, et moins de 9% des obligations» (cf.

vouloir présenter comme «nouvelle» une forme de gouvernement dont le nom (*ploutocratie*) et l'empire ne datent pas d'hier. Son trait le plus remarquable est peut-être qu'elle n'ait encore jamais osé, au cours de sa longue histoire souterraine, se faire reconnaître officiellement pour ce qu'elle est.

Si les enjeux d'une telle transformation n'étaient à l'évidence pas sensibles à la fin du XVIIIe siècle, alors que la France était encore une monarchie absolue fondée sur les privilèges légaux de certains groupes sociaux, le sentiment de mondialisation de l'économie n'en présentait pas moins de nombreux aspects inquiétants. L'affirmation d'une fraternité et d'une solidarité planétaires entraînait en contrepartie la découverte d'une vulnérabilité et d'une hyper-sensibilité elles aussi planétaires : comment ne pas se sentir exposé au pire lorsqu'on se sait pris «dans cette effrayante complication d'intérêts, qui lient la subsistance, le bien-être d'un individu isolé au système général des sociétés, qui le rend dépendant de tous les accidents de la nature, de tous les événements de la politique, qui étend en quelque sorte au globe entier sa faculté d'éprouver ou des jouissances ou des privations»[27]? Si les montres de Genève craignent la gelée, la grêle et la sécheresse, je dois donc trembler d'avance à l'idée des contrecoups que ne manqueront pas d'avoir sur mon bien-être les ouragans de la Floride, les sécheresses d'Afrique et les inondations du Bengale.

Tout cela risque de m'inquiéter d'autant plus que ce marché global échappe décidément à mes efforts les plus assidus de compréhension. Le système des prix qui en résulte, et qui doit en être le plus précieux fleuron, ne manque pas de me réserver des surprises défiant tout bon sens. Comment expliquer par

---

Lawrence MISHEL et al., *The State of Working America 1996-97*, New York, Sharpe/Economic Policy Institute, 1997, p. 280).

[27]. CONDORCET, *Esquisse d'un tableau...*, op. cit., p. 219.

exemple que «la morue qu'on pêche à grands frais auprès du banc de Terre-Neuve coûte infiniment moins que la truite qu'on a pêchée ce matin dans le ruisseau voisin»[28]? Il faudra sans doute se résoudre à admettre que les voies du marché sont impénétrables. «On s'étonne en Europe comment ces Indiens peuvent subsister en travaillant à si grand marché & comment les étoffes admirables qu'ils nous envoient coûtent si peu»[29]. Une fois le premier moment d'étonnement passé, certains s'empressent de tirer avantage de la situation : «vous savez qu'il y a plusieurs personnes à Paris qui font broder, qui font même faire leurs habits à la Chine»; «et pourquoi ne profiterions-nous pas du bon marché qu'on nous offre?»[30]

Même si nos ouvriers «refusent de se réduire à la grande épargne» qui caractérise la consommation des travailleurs de l'Orient, on commence à soupçonner derrière les surprises du marché une loi cyclique de migration de la prospérité économique. Dès les années 1730, Cantillon a en effet décrit comment l'excédent commercial dont jouit une nation entraîne fatalement une hausse des prix intérieurs qui finit par rendre ses productions trop chères pour faire face à la concurrence des pays plus pauvres. Ces derniers en profitent alors pour conquérir ses marchés et accumuler à leur tour un excédent commercial qui leur donnera à leur tour une suprématie tout aussi passagère[31]. Ce mouvement continuel de *translatio prosperitatis* est repris à leur compte par les économistes de la génération ultérieure (non sans se retrouver aussi chez Hume). Turgot décrit par exemple un phénomène similaire à propos d'une des innombrables «crises» de la métallurgie : cette industrie étant très gourmande

---

28. BEARDE DE L'ABBAYE, *Examen de la science...*, op. cit., p. 74.

29. CANTILLON, *Essai sur la nature du commerce...*, op. cit., p. 235.

30. GALIANI, *Dialogues sur le commerce des blés*, op. cit., p. 144; LE TROSNE, *De l'intérêt social*, op. cit., p. 1001.

31. CANTILLON, *Essai sur la nature du commerce*, op. cit., pp 227-231.

en bois, elle tend à se déplacer toujours vers des régions possédant de vastes forêts incultes «jusqu'à ce que, ces pays se peuplant à leur tour, et toutes les nations se trouvant à peu près en équilibre à cet égard, l'augmentation du prix des fers devienne assez forte pour qu'on retrouve de l'intérêt à en fabriquer dans le pays même où l'on en avait abandonné la production, faute de pouvoir soutenir la concurrence des nations pauvres». Quand bien même la compétition internationale forcerait ainsi à sinistrer toute une région, «ce serait un malheur inévitable qu'il serait inutile de chercher à prévenir». Il ne reste alors qu'à espérer que ce commerce sera «remplacé par d'autres productions plus lucratives»[32]. Ce qui bien entendu ne manquera pas d'être le cas, car une telle migration de la prospérité est finalement au bénéfice de tous. En un texte qui rassemble toutes les ficelles de l'analogie hydrostatique, Condillac explique que l'auto-ajustement d'un commerce entièrement libre au sein d'une (fictionnelle) Europe unie ne pourra «jamais aller jusqu'à mettre la misère en opposition avec l'opulence» :

> Tous les peuples travailleront à l'exemple les uns des autres, parce que tous voudront participer aux mêmes avantages; dans cette concurrence, les manufactures tomberont peu à peu dans les provinces qu'elles auront enrichies, et où la main-d'oeuvre aura haussé, pendant qu'elles se relèveront dans d'autres provinces qu'elles doivent enrichir, et où le prix de la main d'oeuvre est plus bas; elles passeront de province en province; partout elle déposeront une partie des richesses de la nation, et le commerce sera comme un fleuve qui se distribuerait dans une multitude de canaux, pour arroser successivement toutes les terres. Cette révolution ne s'achèvera que pour recommencer. [...] Cette révolution sera sans inconvéniens, parce qu'elle se fera naturellement et sans

[32]. TURGOT, «Lettre ... sur la marque des fers», op. cit., p. 382.

violence. C'est insensiblement que quelques provinces perdront une partie de leur commerce; c'est insensiblement que d'autres en recouvreront ce qu'elles auront perdu.[33]

Quelques (ex-)ouvriers de la métallurgie, des mines, de la construction automobile, des chantiers navals, de l'horlogerie (la liste serait longue) pourraient objecter qu'au vu de leur expérience directe, de telles révolutions sont moins «insensibles» qu'il n'y paraît aux yeux de l'(apprenti) économiste. Mais puisque toutes les omelettes commencent par casser des oeufs, et puisqu'une certaine aide aux industries en transition n'est pas radicalement incompatible avec une certaine foi dans les vertus de la mondialisation, passons sur de telles objections. Morelly en formule une plus sérieuse, dont la résonance n'a fait que grandir au fil des deux siècles qui nous séparent de lui :

> Quoi! dira-t-on, le commerce qui lie les Citoyens et les peuples de la terre, tout fondé qu'il est sur les intérêts particuliers, n'est-il pas une source féconde de commodités, de richesses, de magnificence, d'industrie, de bon goût, de politesse, etc.? Oui; mais il n'y a pas un tiers des hommes qui en profite; le reste a pour lui les travaux et les inquiétudes, avec à peine de quoi ne pas mourir de faim[34].

En deux siècles, la «co-négocialité» des peuples de la terre n'a ni équilibré leurs niveaux de vie ni altéré sérieusement la (dis)proportion entre ceux qui «jouissent» du marché global sur leur table de déjeuner et ceux qui en «essuient les travaux» avec

---

33. CONDILLAC, *Le commerce et le gouvernement*, op. cit., pp. 253-4.

34. MORELLY, *Naufrage des Iles Flottantes ou Basiliade*, 1753, tome I, p. 74.

«à peine de quoi ne pas mourir de faim»[35]. Est-ce vraiment parce qu'après deux siècles de fait accompli, comme veut nous le faire croire le futur théorique des économistes, la liberté du commerce international n'est toujours pas «pleine et entière»? Peut-on encore croire qu'elle s'établ*ira* sitôt que tel règlement, telle entrave, telle résistance à la libre circulation des biens et des capitaux *aura été* supprimée? Si l'on croit vraiment à l'équilibre spontané de *toutes* les forces du marché, pourquoi ne réclame-t-on pas plus souvent la libre circulation des individus, qui saurait sans doute égaliser les disparités régionales bien plus rapidement que tous les accords multilatéraux d'investissement ne pourraient jamais rêver de le faire? Attendrons-nous deux siècles de plus pour constater une fois encore que seul un tiers de la planète jouit vraiment des fruits du marché commun? Qui prendra donc l'initiative de convoquer de nouveaux Etats Généraux en charge d'abolir les privilèges grâce auxquels l'aristocratie occidentale perpétue sa domination sur le Tiers Monde, avec le concours d'une bonne partie du clergé économiste?

---

[35]. Rappelons qu'en 1992, 20% de la population mondiale concentraient en leurs mains plus de 82% du revenu global, tandis que les 60% les plus pauvres n'avaient que 5,6% de ce revenu à se partager (selon le Rapport annuel du Programme des Nations Unies pour le Développement).

Chapitre 13

MATIERE HUMAINE

Les économistes et leurs adversaires peuvent parfois tomber d'accord. Même s'ils en représentent des versants distincts, tous (ou presque) s'inscrivent consciemment dans le mouvement des Lumières, et dans le grand chambardement idéologique qu'aura représenté ce mouvement. Il n'est donc guère étonnant de les voir se rapprocher autour de tel ou tel point central de l'esprit du temps. En prenant l'enfilade entre quelques-uns de ces points, on peut voir s'esquisser, au coeur du libéralisme, la voie de son dépassement. S'il est vrai que les Lumières sont un projet inachevé, l'économisme représente certainement l'ornière où l'entreprise s'est embourbée. Essayons de voir où le chemin s'est perdu.

Qu'on en déplore les conséquences au sein d'un ordre social inégalitaire (comme Rousseau) ou qu'on en fasse le signe d'une moralité «physique» (comme les physiocrates), tout le monde s'accorde à mettre *l'interdépendance* des diverses activités humaines au coeur de sa doctrine. «Tout est lié, tout se tient sur la terre», remarque Du Pont de Nemours; «tout se tient dans l'Etat», reconnaît Necker[1]. De même que, comme on vient de le

---

[1]. DU PONT DE NEMOURS, *De l'exportation et de l'importation des grains,*

voir, toutes les nations de la planète sont affectées par ce qui arrive à la moindre d'entre elles, de même y a-t-il «une liaison si intime entre les parties de la société qu'on ne saurait en frapper une, que le contrecoup ne porte sur les autres»[2]. Tous *solidaires*, nous sommes également tous *co-responsables* de l'état des choses : «celui même qui croit son existence la plus indifférente & indépendante influe néanmoins de tout son poids physique sur la rotation politique, par l'effet de sa dépense, dans le cercle économique»[3]. Emportés dans le bateau social, que nous le voulions, le sachions, ou non, nous contribuons tous à son mouvement, ne serait-ce que par la force d'inertie ajoutée par notre simple présence à bord.

L'«effrayante complication d'intérêts» qui nous rend dépendants les uns des autres nous impose une prudence qui risque facilement de se transformer en paralysie. S'il est vrai «que tout se tient, je vois que tous les problèmes deviennent difficiles à résoudre; il faut prendre garde à tout. On ne saurait frapper un coup nulle part que le contrecoup n'en retentisse en tous sens à la ronde». «Quel est l'homme qui fait un geste, qui dit un mot intéressant sur autrui, qui peut s'assurer jusques où le bien et le mal qui en résulte peut aller? Et nous exerçons au hasard ce pouvoir décisif sur le sort de notre semblable, sans en connaître les conséquences, sans savoir que nous traitons du patrimoine d'autrui»[4].

---

op. cit., p. 50; NECKER, *Sur la législation et le commerce...*, op. cit., p. 246.

2. MELON, *Essai politique sur le commerce*, op. cit., p. 709.

3. MIRABEAU, *Philosophie rurale*, op. cit., tome I, p. 170.

4. GALIANI, *Dialogues sur le commerce des blés*, op. cit., p. 204; *Ephémérides du citoyen*, 1770, tome XI, p. 195. La même angoisse (poussée au paroxysme paranoïaque) anime et hante tous les textes autobiographiques de Rousseau; cf. mon article «Fabrique de l'opinion et folie de la dissidence: Le "complot" dans *Rousseau juge de Jean Jaques*», in Phillip KNEE & Jean-Pierre ALLARD (éd.), *Rousseau, Juge de Jean-Jacques: Etudes sur les Dialogues*, Ottawa, La Pensée Libre, 1998, pp. 101-114.

Cette conscience de l'*hypercomplexité du social* est précisément ce qui fonde l'appel ultra-libéral au laisser-faire (de Turgot à Hayek et Friedman). «L'impossibilité de gouverner les détails et l'ensemble d'une opération aussi vaste» que l'approvisionnement quotidien en pain de vingt millions de Français doit forcer tout administrateur honnête à reconnaître ses limites et à abandonner toute prétention de pouvoir diriger le commerce des grains : «son étendue et sa complication avertissent les hommes ordinaires & font sentir plus qu'à d'autres aux hommes supérieurs, qu'il faut laisser aller de soi-même ce qui est au-dessus de toute capacité humaine»[5].

C'est toutefois à ce même argument qu'ont recours les anti-physiocrates pour critiquer l'édit de libéralisation. Comment ses partisans peuvent-ils donc assurer avec autant de confiance que le nouveau système apportera à chacun son lot de pain quotidien? Ont-ils donc pris en compte tout ce nombre infini de variables qu'ils évoquent pour mettre en lumière la fatale impuissance de l'administration actuelle? Si tel n'est pas le cas, de quel droit lancent-ils le peuple de France dans une aventure dont ils ignorent l'issue? Le régime de la police des grains n'est certainement pas parfait mais, bon an mal an, il parvient bien à nourrir (presque) tout le monde. Qui peut garantir que la déréglementation en fera de même? «La société renferme tellement d'obligations, elle est le résultat de tant d'intérêts différents, les circonstances où se trouvent ses membres ont tant de divers rapports, cette multitude de combinaisons doit être envisagée sous tant de faces, & enfin toutes ces différences mêmes varient si souvent qu'il est impossible de proposer une

---

[5]. ABEILLE, *Principes sur le commerce des grains*, op. cit., p. 46. Forbonnais répond ainsi à cet argument : «l'auteur confond continuellement une administration minutieuse, sans cesse occupée à la pourvoirie de chaque village, avec l'effet d'une loi générale, conséquemment à laquelle les choses arriveraient d'elles-mêmes à leur terme» (*Examen du livre intitulé "Principes sur la liberté du commerce des grains"*, op. cit., p. 83).

opération unique qui puisse remplir tous les objets & suffire à la diversité de tant de besoins. Cependant la Science nouvelle promet tout cela & bien plus encore»[6].

Au-delà du commerce des blés, c'est donc le statut de la nouvelle science dans son ensemble qui se trouve remis en question par l'hypercomplexité de la réalité sociale. Dans tout ce qui touche aux questions économiques, remarque Grimm, «il y a pour chaque effet un si grand concours de causes différentes, agissantes en sens divers et par différents degrés, qu'il est impossible d'en reconnaître l'influence et l'infinité des combinaisons avec une certaine exactitude»[7]. Ici encore, des formulations similaires se retrouvent de part et d'autre des lignes traditionnelles de démarcation. Ainsi voit-on Turgot employer des termes analogues à ceux de Béardé et de Grimm pour résumer la «doctrine» de Gournay : son fameux slogan se base sur le fait que l'économie consiste en «une multitude d'opérations que leur immensité seule empêcherait de connaître, et qui de plus dépendent continuellement d'une foule de circonstances toujours changeantes qu'on ne peut ni maîtriser ni prévoir»[8]. En un remarquable paradoxe, la Science des économistes accouche d'une théorie politique (le *laisser faire*) dont les prémisses mêmes (l'impossibilité de comprendre l'hypercomplexité du social) sapent ses prétentions de scientificité...

---

[6]. BEARDE DE L'ABBAYE, *Examen d'une science nouvelle*, op. cit., p. 2.

[7]. GRIMM, *Correspondance littéraire*, op. cit., février 1767, tome VII, p. 235. Cf. aussi : «il n'en est pas des vérités morales & politiques comme des vérités géométriques; & notre auteur a tort de les confondre. Les géomètres raisonnent sur des objets simples. (...) Ayant nécessairement les mêmes idées des objets qui les occupent, ils s'entendent toujours; mais les Politiques et les Moralistes méditant sur des questions très compliquées n'ont pas le même avantage. Leur attention doit se porter à la fois sur dix objets différents & tous ont cent faces différentes qu'il faut considérer avec la même attention» (MABLY, *Doutes proposés aux philosophes économistes*, op. cit., p. 57).

[8]. TURGOT, *Eloge de Gournay*, op. cit., p. 102.

Une des causes principales de la difficulté que l'on trouve à saisir (et à contrôler) les phénomènes sociaux apparaît comme un trait fondamental de l'anthropologie des Lumières : la *malléabilité* du matériau humain. Dès les *Lettres philosophiques*, Voltaire proclamait déjà qu'«on apprend tout aux hommes»; «on fait de l'homme tout ce qu'on veut», répétera d'Holbach. La nature humaine se contente de «fournir la matière»; c'est à l'éducation, aux exemples, aux expériences qu'il appartient de «donner la forme»[9]. Face aux prétentions des économistes à «assujettir au calcul» la marche des sociétés, l'argument (tiré de Locke, et réactualisé par la statue de Condillac) prend une dimension nouvelle :

> L'homme lui-même est une quantité indéterminable. Il est (si j'ose me servir de l'expression) une matière ductile par la filière de l'habitude. Il prend tous les plis, toutes les formes qu'on veut, sans se détruire; on donne par l'habitude à ses forces, à sa nature, à son être primitif une extension qui paraissait impossible d'abord; et ce qui est plus singulier, aussitôt qu'il s'y est fait, il trouve que cela lui est tout naturel.[10]

On sait avec quelle rigueur Rousseau tirera les conséquences de «cette ductilité de l'homme» : tout ce que les philosophes considèrent comme «la nature humaine» n'a rien de naturel (ni par conséquent de nécessaire), mais résulte de l'organisation particulière des sociétés où évoluent les individus. En modifiant cette organisation, on peut réformer la nature humaine elle-même. Réflexion ouvrant le champ le plus vaste (et le plus vertigineux) au projet d'autonomie: puisque les

---

[9]. VOLTAIRE, *Lettres philosophiques* (1733), Paris, Gallimard, Folio, 1986, Lettre XXV, p. 178; Paul Henri Thiry, baron D'HOLBACH, *Système social*, Londres, 1773, (Reprint Hildesheim, Georg Olms, 1969), tome I, p. 12; D'HOLBACH, *Système de la nature*, op. cit., tome I, p. 183.

[10]. GALIANI, *Dialogues sur le commerce des blés*, op. cit., p. 204.

humains peuvent altérer les lois régissant le jeu social qui détermine leur «nature», ils sont eux-mêmes (collectivement) créateurs de leur être. Non sans paradoxe, c'est sous la plume d'un (ex-?)physiocrate, Le Mercier de la Rivière, que l'on trouve l'une des expressions les plus claires et les plus audacieuses de ce principe d'autonomie :

> Tout au contraire des Brutes, les hommes sont absolument factices; oui, ils tiennent tout de l'art, de l'instruction, des circonstances, mais principallement de leurs pensées, de leurs opinions; et comme ils en sont eux-mêmes créateurs, on peut dire avec vérité que ce sont eux-mêmes qui se font ce qu'ils sont. [...] Les Brutes ne font qu'obéir aux lois de la nature; c'est toujours l'instinct qui agit en elles; au lieu que les hommes guidés par leurs pensées, ne reçoivent que d'eux-mêmes les lois qu'ils suivent; c'est à eux-mêmes qu'ils doivent ce qu'ils deviennent.[11]

Quoique le texte où figure cette citation se situe par de nombreux aspects (à commencer par sa date tardive, 1792) en dehors du cadre de la Science Nouvelle dont il constitue un dépassement radical, il est révélateur des rapports complexes qu'ont entretenus la doctrine économiste et les idéaux des Lumières. On sait par exemple que Diderot a commencé par partager l'enthousiasme physiocratique à la première lecture de *L'ordre naturel et essentiel des sociétés politiques*, avant de réunir sa voix à celle de ses amis Galiani et Grimm, pour dénoncer les risques et les mystifications de la pensée économiste. On sait aussi qu'un Du Pont ou un Turgot n'hésitaient pas à professer leur admiration pour l'oeuvre de Rousseau, dont pourtant, sous quelques convergences

11. LE MERCIER DE LA RIVIERE, *L'heureuse nation*, op. cit., pp. LX & LXVI.

rhétoriques de surface, les principes sont en opposition directe avec ceux des disciples de Quesnay[12].

La prise en compte de la malléabilité du matériau humain ainsi que l'affirmation du projet d'autonomie, dont Rousseau s'est fait l'avocat le plus éloquent dans le domaine politique, sapent en effet les bases de l'*ordre économique* révélé et révéré par les physiocrates. S'il est vrai que les hommes sont (collectivement et historiquement) les auteurs des formes d'organisation qui régissent leurs interactions, en quoi ces formes, cet «ordre» peuvent-ils être dits «naturels»? Comme le dénonce Graslin, en définissant les normes universelles et prétendument nécessaires du monde social, les «Ecrivains économiques» «ont plutôt considéré l'état actuel des choses [...] que l'ordre et la loi de la nature». Or, loin d'être un «ordre naturel et essentiel», l'état actuel des choses n'est qu'un désordre intolérable : «quel désordre que les trois quarts des hommes ne puissent qu'à peine gagner leur pain, lors même que le travail de chacun d'eux est vingt fois plus grand qu'il ne le serait dans un partage égal!»[13] On répondrait en vain que les disciples de Quesnay prétendaient réformer ce désordre social (causé par les interventions désordonnées et désordonnantes du gouvernement dans la logique du marché) pour le conformer à une norme naturelle toujours étouffée jusqu'alors. Comme on l'a déjà remarqué à propos de la capacité d'esquive propre au futur théorique, l'argumentaire de la Science nouvelle tourne sans cesse autour d'une ambiguïté constitutive : il présente l'ordre économique *à la fois comme une nécessité d'airain* à laquelle nul ne saurait

---

12. Pour une riche discussion des rapports entre la pensée de Rousseau et la physiocratie, voir les études receuillies par Reinhard BACH dans *Etudes Jean-Jacques Rousseau*, 11, 1999, No spécial «Rousseau: économie politique».

13. GRASLIN, *Essai analytique sur la richesse*, op. cit., pp. 113 & 61.

échapper *et comme un idéal jamais réalisé* dans la pratique observable.[14]

Dans le contexte des Lumières, il ne faut pas s'étonner de voir d'Holbach remettre en cause l'objectivité revendiquée par le terme d'*ordre*. «C'est dans notre esprit seul qu'est le modèle de ce que nous nommons *ordre* ou *désordre.* [...] L'ordre et le désordre de la nature n'existent point; nous trouvons de l'ordre dans tout ce qui est conforme à notre être, et du désordre dans tout ce qui lui est opposé. [...] Les orages, les vents, les tempêtes, les maladies, les guerres, les pestes et la mort sont aussi nécessaires à sa marche [de la nature] que la chaleur bienfaisante du soleil, que la sérénité de l'air, que les pluies douces du Printemps, que les années fertiles, que la santé, que la paix, que la vie»[15]. Même si d'Holbach ne vise pas ici directement les raisonnements physiocratiques, il parle dans un esprit (d'inspiration spinoziste) que l'on retrouve exprimé dans les pages où Galiani nous avertit de «ne pas laisser à la nature le soin de nos petites guenilles» puisque, si elle finit bien par «remettre toutes les choses en équilibre», les frêles insectes que nous sommes auront péri dans l'attente du retour de cet équilibre[16]. Ou tout est naturel et nécessaire, y compris les interventions de l'Etat dans le marché, ou rien ne l'est, le libre jeu de la concurrence pas davantage que les barrières fiscales. L'ordre économique n'est ni naturel, ni essentiel, ni

---

14. Béardé avait déjà été sensible à cette mystification dans sa lecture critique de l'ouvrage de Le Mercier de la Rivière : «L'ordre naturel et essentiel des sociétés politiques. Voilà le titre. Il est très difficile de deviner s'il annonce l'ordre que les sociétés politiques ont eu essentiellement jusqu'ici ou celui qu'elles devraient avoir. [...] Cet ordre n'est donc pas essentiel aux sociétés politiques, puisqu'elles ont toutes subsisté et subsistent encore sans lui; il n'est pas naturel, non plus suivant le titre, car comment prouverait-on qu'une chose qui n'a jamais existé est naturelle» (*Examen d'une science nouvelle*, op. cit., pp. 9 & 25).

15. D'HOLBACH, *Le système de la nature*, op. cit., I, pp. 89, 93 & 268.

16. GALIANI, *Dialogues sur le commerce des blés*, op. cit., pp. 210-11.

objectivement imposé aux hommes par quoi que ce soit d'extérieur à leurs décisions politiques et à leurs choix éthiques.

Et qu'en est-il alors des *besoins*?, ne manqueront pas de demander tous ceux qui prétendent ancrer en nature (*physio-*) le pouvoir (*-cratie*) accordé aux forces du marché. Non moins que Linguet, Galiani ou Gosselin, les économistes répètent à l'envi qu'il faut à la machine humaine sa triple ration de pain quotidien, sans quoi son fonctionnement s'éteint. N'y a-t-il pas là une réalité éminemment *physique* et incontestablement objective sur laquelle construire — comme prétendent justement le faire les physiocrates avec leur «loi du pain» — un ordre naturel des sociétés humaines? Ne touche-t-on pas ici du doigt la première *évidence* sur laquelle pourra s'échafauder *une science* de la production des biens nécessaires à satisfaire ces indéniables besoins?

La malléabilité de l'humain vient ici encore nuancer la portée d'une telle évidence. Sans nullement songer à dénier la prégnance des besoins corporels (dont près d'un cinquième des humains souffrent encore tragiquement aujourd'hui), on peut en effet se demander quel est le rôle joué par la satisfaction de tels besoins «fondamentaux» dans la dynamique de l'économie mondiale. Si ce rôle était aussi essentiel que l'évidence mentionnée ci-dessus semblait le suggérer, notre planète compterait moins d'affamés, ainsi sans doute que moins de postes de télévision. Quelles qu'aient pu être sur ce point les illusions de perspective propres aux années 1760, où c'est bien la question de l'approvisionnement *en blé* qui était à l'ordre du jour, deux siècles de développement du marché nous ont appris que celui-ci tend constamment à produire davantage de «besoins» que d'objets destinés à satisfaire ces besoins. La société de consommation qui s'est installée dans nos pays, forte des sommes astronomiques qu'elle consacre aux activités publicitaires, prouve, avec une *évidence* qui n'a rien à envier à la précédente, qu'il faut définir les besoins «non plus du tout, selon la thèse naturaliste/idéaliste, comme force innée, infuse, appétence spontanée, virtualité anthropologique, mais comme *fonction induite* dans les individus par la logique interne du système, plus exactement, *non pas comme force consommative «libérée»* par la société d'abondance, mais bien *comme force productive* requise par le fonctionnement du système lui-même, par son processus de reproduction et de survie». Malgré le refus obstiné de la «science» économique contemporaine à tirer les conséquences d'une telle évidence, qui la force en fait à renverser l'essentiel de ses fondements, il apparaît aujourd'hui clairement que «nulle part l'homme n'est en face de ses propres besoins» :

> Au-delà du seuil de survie l'Homme ne sait plus ce qu'il veut : c'est là où il devient proprement «social» pour l'économiste, c'est-à-dire aliénable, manipulable, mystifiable. [...] En fait, le «minimum vital anthropologique» n'existe pas : dans toutes les sociétés, il est déterminé résiduellement par l'urgence fondamentale d'un excédent : la part de Dieu, la part du sacrifice, la dépense somptuaire, le profit économique. C'est ce prélèvement de luxe qui détermine négativement le niveau de survie et non l'inverse (fiction idéaliste). Partout, il y a précession du bénéfice, du profit, du sacrifice dans la définition de la richesse sociale, précession de la dépense «inutile» sur l'économie fonctionnelle et la subsistance minimale.[17]

---

[17]. Jean BAUDRILLARD, «La genèse idéologique des besoins» in *Pour une critique de l'économie politique du signe*, Paris, Gallimard, 1972, pp. 87, 92 & 85. Plus d'un quart de siècle après la parution de ce texte, il semble, malheureusement, que la conclusion qu'il propose ait gardé toute sa valeur programmatique : «C'est dans la mesure où les «besoins», les comportements de consommation, les comportements culturels sont ainsi non seulement récupérés, mais systématiquement induits et produits comme forces productives qu'une analyse structurale de la consommation, sur la base de cette abstraction et de cette systématisation tendancielle totale, est possible» (p. 94). Quels sont

Si la description d'une telle dynamique sociologique — également applicable au produit net des propriétaires de 1760 et aux actionnaires de l'an 2000 — rappelle les sombres conclusions d'un Linguet, la réflexion sur les *besoins artificiels* (induits en nous depuis l'extérieur) s'inscrit dans la continuité directe de la pensée de Rousseau. Sur le modèle de ces «commodités» qui, selon un passage crucial du second *Discours,* perdirent par l'habitude tout leur agrément originel, au point que «la privation en devint beaucoup plus cruelle que la possession n'en étoit douce»[18], une telle réflexion réfute l'idée que l'individu arriverait au monde avec un stock de besoins prédéterminés qu'il s'agirait simplement de satisfaire de la manière la plus efficace possible, en suivant les conseils maximisateurs des économistes. C'est là un thème traditionnel du moralisme civique contre lequel le consumérisme inhérent à l'«économie politique» aura eu à se battre tout au long du siècle. Mably en est un porte-parole typique, lorsqu'il proclame par exemple qu'il y a, «pour les sociétés comme pour les simples citoyens, de faux besoins dont il faut se défier & qui sous une apparence séduisante, mais trompeuse, cachent un malheur véritable. [...] Le Philosophe qui, en entrant dans le palais d'un riche voluptueux, s'écria: que de choses dont je n'ai pas besoin! n'étoit-il pas plus près du bonheur que le possesseur de ces insipides & rassasiantes superfluités?»[19]

---

les économistes «orthodoxes» qui ont intégré une telle perspective à leur programme de recherche? Pour le texte fondateur de l'«économie générale» sous-jacente aux remarques de Baudrillard, cf. Georges BATAILLE, *La part maudite* (1949), Paris, Editions de Minuit, 1967.

18. ROUSSEAU, *Discours sur l'origine et les fondements de l'inégalité parmi les hommes*, op. cit., p. 98.

19. Gabriel Bonnot de MABLY, *De la législation*, Amsterdam, 1776, tome I, pp. 13 & 15.

Si les physiocrates ont été amenés ici ou là à relativiser la notion de besoin, comme lorsque la polémique sur l'ajustement des salaires au prix du pain les vit affirmer que «subsister est un terme indéfini», ils partagent toutefois avec la plupart des économistes modernes le postulat que le *plus* (de productions) équivaut à un *mieux*(-être). Un des mérites principaux de la construction théorique élaborée par Graslin est de récuser un tel postulat. Dans le cadre de pensée qu'il met en place, la richesse ne se définit pas comme une accumulation potentiellement infinie d'objets de jouissance, mais comme *une somme finie*, limitée par les besoins donnés des individus. «L'homme qui posséderait les objets de tous les besoins qu'il connaît, dans une quantité proportionnée à ses consommations, serait aussi riche qu'il lui fût possible de l'être; et conséquemment aussi riche que quelque homme que ce fût, qui connaissant plus de besoins, possèderait de même les objets de tous ses besoins». «On ferait autant pour la richesse en resserrant les besoins mêmes qu'en étendant les limites de la dépense avec celles du travail.» Les publicitaires sont payés pour savoir que «les besoins inconnus ne sont pas des besoins». Au lieu d'apporter une précieuse contribution à la croissance du PIB, comme dans les calculs des économistes modernes, ils n'apparaîtraient aux yeux d'une science construite selon les principes de Graslin, que comme des facteurs d'*appauvrissement*. En s'efforçant de générer de nouveaux besoins chez les consommateurs, ils contribueraient en effet à diminuer la richesse de ces derniers. Dans le meilleur des cas, ces consommateurs se verraient amenés à travailler davantage pour jouir d'un niveau équivalent de richesse : «la dépense qui aurait trait à de nouveaux besoins, en supposant que celui qui la fait mît son travail personnel à la masse, serait encore nulle pour la richesse; parce qu'en augmentant la somme des besoins en même proportion que celle du travail, on n'augmente pas le rapport de la dernière à la première; ce qui seul peut accroître la richesse»[20].

On peut discuter des difficultés heuristiques auxquelles se trouverait confronté un économiste adoptant le cadre conceptuel proposé par Graslin[21]. Sans doute serait-il difficile de déterminer et de quantifier rigoureusement en quoi consistent «tous les besoins connus» par un individu donné. Sans doute serait-il non moins difficile (mais certainement très dangereux) de vouloir limiter et contrôler les «besoins connus» de chacun — quoique encore une fois, le rôle central que joue la publicité dans la culture contemporaine ne conduise pas à autre chose. L'important est ailleurs. En dépit des difficultés techniques, voire morales, qu'elle soulève, la science économique de Graslin a pour mérite principal de mettre en question la conception non seulement naïve, mais grossièrement fourvoyante que la science économique traditionnelle se fait (le plus souvent implicitement, d'ailleurs) des concepts de besoin, d'«utilité», de «rareté» ou de «préférence». En faisant comme si le problème central de l'économie consistait à produire plus et mieux afin de maximiser la satisfaction de préférences préexistantes, les Docteurs Modernes nous empêchent de comprendre la dynamique viciée qui entraîne nos sociétés de consommation à courir désespérément après leur queue — non sans ravager en chemin leur milieu naturel et humain.

Occupées davantage à profiter de la «ductilité» humaine pour générer un excédent de nouveaux besoins qu'à satisfaire ceux qu'elles sèment sur leur passage, nos économies ont pris au

---

20. GRASLIN, *Essai analytique sur la richesse et sur l'impôt*, op. cit., pp. 17, 107, 17 & 109.

21. On pourrait d'ailleurs considérer que la «révolution marginaliste» a constitué un premier pas, timide et inconséquent, fait dans cette direction. Sur les enjeux épistémologiques et culturels de cette révolution, cf. Jean-Joseph GOUX, «La double révolution esthétique et économique de 1870», *Esprit*, No 247, novembre 1998, pp. 177-189.

pied de la lettre la plaisanterie que Grimm renvoyait aux prophéties d'abondance lancées par Quesnay : «Je demande à M. Q. qui pousse d'un trait de plume sa culture en France à un petit surplus de quatre vingt millions de setiers, ce qu'il compte en faire? Puisque l'Europe entière n'a besoin pour vivre que d'une circulation de dix millions de setiers, il nous apprendra sans doute le secret de manger le double et le triple, le jour que, pour le bonheur de la France, il aura pris soin de sa culture»[22]. A en juger d'après la ferveur avec laquelle sont promues en parallèle la consommation de viande et la fréquentation des salles de *fitness*, c'est bien en quête d'un tel secret que paraissent lancées nos sociétés en ce début de XXIe siècle.

[22]. GRIMM, *Correspondance littéraire*, op. cit., février 1767, tome VII, p. 236.

Chapitre 14

FORMES SOCIALES

Qu'ont donc à offrir les anti-économistes en alternative à la dynamique circulaire du productivisme et du consumérisme? Un retournement de perspective qui entraîne un renversement de priorités: «ne transposons pas les choses; c'est *la culture des hommes*, c'est-à-dire ce sont les vertus sociales qui serviront de base au bonheur de la société : voilà le premier objet de la politique; nos champs viendront après»[1]. Derrière des poses inspirées par un stoïcisme déjà passé de mode en 1768, Mably vise ici un autre point sur lequel la pensée des physiocrates se voit subvertie par son ancrage même dans le projet des Lumières. La malléabilité du matériau humain a en effet pour corollaire la nécessité pour la société de lui *imprimer une forme* adéquate. D'où l'insistance des Philosophes à réfléchir sur les problèmes d'éducation, égalée seulement par l'insistance des physiocrates à faire de l'instruction économique des sujets du royaume une précondition essentielle à l'instauration de l'ordre naturel.

---

[1]. MABLY, *Doutes proposés aux philosophes économistes*, op. cit., p. 35. Je souligne. L'expression «culture des hommes» apparaît également chez un autre critique des physiocrates, VERDIER, *Observations critiques sur le système des économistes*, in *Journal Oeconomique*, juin 1772, p. 247.

Or, en un de ces croisements rhétoriques dont on a déjà observé plusieurs exemples, les économistes vont voir se retourner contre eux les images et les principes qu'ils ont contribué à répandre. Puisant abondamment dans le réservoir de métaphores mises au goût du jour par «l'engouement rural»[2] des disciples de Quesnay, le clan des Philosophes paraît en effet s'ingénier à décrire l'éducation comme une «agriculture de l'esprit» : «semblable à la terre, en raison de ses dispositions naturelles, de la culture qu'on lui donne, des fruits que l'on y sème, des saisons plus ou moins favorables qui les conduisent à la maturité, nous sommes assurés que l'âme produira des vices ou des vertus, des *fruits moraux* utiles ou nuisibles à la société»[3].

C'est obstinément à travers l'image de l'*arbre*, et du soin qu'en prend (ou néglige d'en prendre) le jardinier, que l'époque exprime l'importance sociale de l'éducation. Image instable à l'intérieur du discours physiocratique. D'une part, elle y est convoquée pour illustrer le caractère intouchable des processus organiques spontanément agencés par l'ordre naturel. Le Tableau économique est ainsi le symbole de «l'arbre de vie»[4] en ce qu'il représente le mouvement du revenu dans la société sur le modèle de la circulation (indépendante des volontés humaines) de la sève entre les racines, le tronc, les feuilles et les fruits. Quesnay utilise une telle image pour dénoncer les dangers des interventions gouvernementales dans l'ordre spontané du marché: «l'autorité souveraine peut et doit, il est vrai, instituer des lois contre le désordre bien démontré, mais elle ne doit pas empiéter sur l'ordre naturel de la société. Le jardinier doit ôter la mousse qui nuit à l'arbre, mais il doit éviter d'entamer l'écorce par laquelle cet arbre reçoit la sève qui le fait végéter. [...] La constitution de l'arbre est l'ordre naturel même, réglé par des lois

---

2. MABLY, *Doutes proposés aux philosophes économistes*, p. 33.
3. D'HOLBACH, *Système de la nature*, op. cit., tome I, p. 236.
4. Cf. MIRABEAU, *Philosophie rurale*, op. cit., tome I, pp. III & 412.

essentielles et irréfragables, qui ne doivent point être dérangées par des lois étrangères».[5]

D'autre part, comme le suggère aussi cette même citation de Quesnay, les physiocrates s'accordent avec leurs critiques pour saluer l'intervention nécessaire du jardinier. «Un arbre ne rapporte pas de bon fruit, s'il ne passe par vos mains», dit Mirabeau; «tous les jours on ente un fruit dont le suc est doux sur un arbre dont la sève est amère», précise Linguet[6]. Sur la base d'une telle unanimité peut alors se développer un dépassement majeur de la logique économiste. Tandis que celle-ci présuppose des individus tout faits, des entités aux caractères, aux propriétés, aux facultés, aux dotations déjà déterminées, que la libre concurrence du marché a pour tâche d'organiser de la manière la plus efficace, l'image de l'arbre et du jardinier problématise *le processus d'individuation* dont ces individus sont le fruit. Helvétius comparait déjà les hommes «à ces arbres de la même espèce dont le germe, indestructible et absolument le même, n'étant jamais exactement dans la même terre, ni précisément exposé aux mêmes vents, au même soleil, aux mêmes pluies, doit, en se développant, prendre nécessairement une infinité de formes différentes»[7]. D'Holbach répétera que «l'arbre languissant sans culture dans un désert aride et sabloneux, qui l'a rendu difforme et tortueux, eût peut-être étendu son feuillage au loin, eût fourni des fruits délectables, eût procuré un ombrage frais si son germe eût été placé dans un terrain plus fertile, ou s'il eût éprouvé les soins attentifs d'un cultivateur habile»[8].

---

[5]. QUESNAY, *Despotisme de la Chine*, op. cit., p. 642.

[6]. MIRABEAU, *Les économiques*, op. cit., p. 315; LINGUET, *Théorie des lois civiles*, op. cit., p. 154.

[7]. HELVETIUS, *De l'esprit*, op. cit., p. 210.

[8]. D'HOLBACH, *Le système de la nature*, op. cit., tome I, p. 267.

Il aurait été difficile aux chantres de l'agriculture de soutenir que les vergers les plus productifs sont ceux où l'on se contente de *laisser faire* la nature. La logique interne de la comparaison force à reconnaître le rôle actif que doit jouer la société dans la production, c'est-à-dire la *formation*, de l'individu. «Ce n'est pas assez de planter des arbres. Il faut les cultiver et les tailler. Si le jardinier les abandonne à leur faiblesse, s'il néglige de leur donner des appuis, s'il ne les arrose pas à propos, ils languissent et sèchent bientôt sur le sein même de la terre à qui il les a confiés. On peut dire la même chose des enfants»[9].

Quoique l'esprit des Lumières ait depuis longtemps imposé de telles idées, au point qu'elles en ont pris l'air de truismes, elles n'en constituent pas moins une subversion de l'idéologie économiste aujourd'hui dominante. L'interaction libre des agents économiques sur le marché prend en effet une dimension radicalement nouvelle si on la resitue au sein de structures co-responsables de la dotation originelle desdits agents (en capital corporel, cognitif, psychologique, financier, etc.). Au lieu d'avoir des arbres produisant plus ou moins de fruits plus ou moins savoureux, on a des vergers dotés d'un humus plus ou moins riche et de jardiniers plus ou moins consciencieux. Au lieu d'avoir des entités indéterminées qui trouvent leur juste place dans la société à travers le jeu de la libre concurrence, on a des compétiteurs qui entrent en lice à partir de positions originellement inégales et dont les résultats reflètent (au moins) autant les handicaps de départ que les mérites propres. Au lieu de passer pour de simples résultantes des interactions, les structures sociales apparaissent comme premières. A l'origine étaient non pas les individus, mais *les structures productrices des individus*.

---

[9]. LINGUET, *Théorie des lois civiles*, op. cit., pp. 87-88.

Dans un tel cadre de pensée, aussi bien les succès de l'homme d'affaires que les crimes du récidiviste apparaissent comme les fruits d'une entreprise commune, à laquelle tous les membres de la société participent de fait. Ici encore, il est frappant de voir à quel point les physiocrates font écho aux Philosophes. A la suite d'Helvétius affirmant que «l'homme de génie n'est que le produit des circonstances dans lesquelles cet homme s'est trouvé», Le Mercier de la Rivière souligne combien «notre intelligence, ce don si précieux, est une espèce de patrimoine commun»[10]. Mêmes convergences dans l'explication de ces «fruits pernicieux» que sont les crimes. «Quand la pauvreté frappe à la porte d'une maison, la vertu s'en va par la fenêtre», remarque Mirabeau; «l'indigence est la mère des crimes», confirme d'Holbach. «Quand les spéculations politiques d'une nation la dérangent, elles altèrent son fonds; les moeurs deviennent frivoles, les besoins forcent les hommes à recourir aux expédients les plus désordonnés; la pauvreté, l'apreté & la rapine s'emparent des moeurs : pourquoi? c'est qu'où tous ont besoin et peu travaillent, là sont les voleurs, la misère enfin»[11]. Contrairement aux ultra-libéraux modernes, dont une conception paradoxale de la liberté entraîne une explosion vertigineuse du nombre des prisonniers[12], la plupart des physiocrates auraient souscrit aux protestations articulées par d'Holbach, en des termes dont la pertinence est plus actuelle que jamais :

---

10. HELVETIUS, *De l'esprit*, op. cit., p. 371; LE MERCIER DE LA RIVIERE, *L'ordre naturel et essentiel des sociétés politiques*, op. cit., p. 3.

11. MIRABEAU, *Philosophie rurale*, tome I, p. 241; D'HOLBACH, *Système social*, op. cit., tome III, p. 34; MIRABEAU, *Philosophie rurale*, tome I, p. 135.

12. Selon le Département de la Justice, une personne sur vingt, parmi les résidents américains nés en 1997, va passer par la prison si les taux de criminalité et d'incarcération se maintiennent à leur niveau de 1991. Parmi les classes les plus défavorisées, ce taux grimpe à un sur six (chez les hommes hispaniques) et jusqu'à un sur quatre (chez les hommes noirs). Le taux moyen d'incarcération actuel aux USA est plus de six fois supérieur au taux français.

> La loi n'est pas en droit de punir ceux à qui elle n'a point présenté les motifs nécessaires pour influer sur leurs volontés; elle n'a pas le droit de punir ceux que la négligence de la société a privés des moyens de subsister, d'exercer leur industrie et leurs talents, de travailler pour elle. Elle est injuste quand elle punit ceux à qui elle n'a donné ni éducation, ni principes honnêtes, à qui elle n'a point fait contracter les habitudes nécessaires au maintien de la société. Elle est injuste quand elle les punit pour des fautes que les besoins de leur nature et que la constitution de la société leur ont rendu nécessaires. Elle est injuste et insensée lorsqu'elle les chatie pour avoir subi des penchants que la société elle-même, que l'exemple, que l'opinion publique, que les institutions conspirent à leur donner.[13]

Conformément encore à un principe essentiel des Lumières, la co-responsabilité de la société dans le développement des individus est conçue à un niveau fondamentalement *politique*. Dans «la culture des hommes» évoquée par Mably, non moins que les pères, les précepteurs ou les prêtres, ce sont «les princes [qui] sont les cultivateurs; les hommes qui sont les mêmes par leur nature se diversifient entre leurs mains; suivant les lois qu'ils leur donnent, ils produisent des fruits agréables ou pernicieux»[14]. Cette co-responsabilité passe donc par la médiation incontournable de *la loi*. «Pour se rendre utiles à l'univers, les philosophes doivent considérer les objets du point de vue d'où le législateur les contemple»; «c'est donc uniquement par de bonnes lois qu'on peut former des hommes vertueux»; «les vices et les vertus d'un peuple sont toujours un

---

13. D'HOLBACH, *Système de la nature*, op. cit., tome I, p. 253.

14. Ibid., tome I, p. 310. Ou encore : «Notre opinion est que c'est le gouvernement et que ce sont les loix qui donnent à chaque nation son génie, son caractère et ses moeurs» (AUXIRON, *Principe de tout gouvernement*, tome II, p. 51).

effet nécessaire de sa législation»[15]. Malgré leur méfiance envers les interventions des législateurs humains, les physiocrates sont eux aussi amenés à reconnaître le rôle échu à l'Etat dans l'«art de former des hommes» : «dans l'ordre des choses humaines, le véritable instituteur de l'homme moral, c'est le système public du gouvernement»[16].

Tout le monde accepte-t-il dès lors, en dépit d'appels répétés à la déréglementation, que l'appareil législatif constitue la véritable *fabrique de l'humain*[17]? qu'avant de «laisser faire» les forces du marché, il faille commencer par mettre en place une structure en charge de «donner forme à la matière humaine», c'est-à-dire de «fabriquer des individus» en les dotant du «capital humain» qui leur permette *ensuite* de se faire une place dans ledit marché? Peut-être. L'ambiguïté constitutive du discours libéral paraît le forcer à la fois à reconnaître ces principes abstraits et à refuser d'en tirer les conséquences pratiques en matière de législation. Tout dépend donc de l'endroit où se stabilise, à chaque époque, la limite entre les principes auxquels on souscrit et les conséquences que l'on occulte.

Admettre en particulier que l'indigence est une cause essentielle de criminalité implique que l'on entreprenne de

---

15. HELVETIUS, *De l'esprit*, op. cit., pp. 139, 196 & 325.

16. LE MERCIER DE LA RIVIERE, *L'ordre naturel et essentiel des sociétés politiques*, op. cit., p. 356.

17. Sur cette notion d'une *fabrication de l'individu*, on se référera aux écrits de Cornélius CASTORIADIS, par exemple à ce passage de «Nature et valeur de l'égalité» in *Domaines de l'Homme*, Paris, Seuil, 1986, p. 316 : «L'individu incarne une imposition de cette institution [de la société] à une psyché qui est, par nature, asociale. L'individu est création sociale comme forme en général : cela ne pousse pas, si l'on fait pousser quelqu'un dans une forêt sauvage, il sera un enfant loup, un enfant sauvage, un fou ou ce que vous voudrez, il ne sera pas un individu. Mais l'individu est aussi chaque fois, et dans chaque type donné de société, une fabrication, je dis bien fabrication, une production — presque production en série — socialement spécifique. Cette création [...] est aussi chaque fois création d'un *type* (*eidos*) historique *spécifique* d'individu, et «fabrication en série» d'exemplaires de ce type».

résoudre les problèmes posés par cette dernière autrement qu'à force de répression et de prêches moraux. Comme le proclame Gosselin, «il faut, si [les gouvernements] veulent que nous pratiquions la vertu, qu'ils commencent par nous en aplanir le chemin»[18]. Comment donc prévenir les crimes et s'attaquer aux racines qu'ils plongent dans la misère? L'essentiel du combat mené par les anti-économistes vise à répondre à cette question — autant d'ailleurs par peur égoïste des conséquences d'une révolte des miséreux que par préoccupation morale pour leur sort.

Du côté des économistes, pour autant que l'on aille au-delà d'un optimisme aveugle et dogmatique dans l'équilibration spontanée du marché, on reconnaît qu'il puisse y avoir de «vrais» pauvres, entendons des individus prêts à travailler auxquels le marché soit (momentanément) incapable de fournir un revenu suffisant. Qu'en faire? Et dans leur pratique d'administrateurs et dans les écrits spécialisés qu'ils consacrent à cette question, les économistes deviennent soudain difficiles à distinguer de leurs adversaires. On sait que Turgot, intendant de Limoges, a organisé des «ateliers de charité» pour assurer un emploi et un revenu aux indigents de sa région. Il précise par ailleurs qu'il appartient «plutôt à la justice qu'à la charité» que les employeurs d'hier se sentent responsables du sort des chômeurs d'aujourd'hui[19]. L'abbé Baudeau veut lui aussi aller au-delà des emplâtres de l'aumône et de la charité privée :

> Il faut que le gouvernement interpose son autorité pour forcer le Riche insensible à s'acquitter d'une obligation si réelle & si sacrée. [...] Si l'autorité temporelle ne devoit pas ses soins à la subsistance des

---

18. GOSSELIN, *Réflexions d'un citoyen*, op. cit., p. 15.

19. Anne Robert Jacques TURGOT, «Ordonnance qui enjoint aux propriétaires de domaines de pourvoir à la subsistance de leurs métayers ou colons (28 février 1770)», in *Oeuvres de Turgot*, Daire, éd. cit., tome II, p. 46.

> pauvres, ils ne seroient plus des concitoyens, encore moins des sujets; ils seroient plutôt les vrais Ennemis de tous les riches. [...] Un vrai Pauvre, dans quelque état que le Ciel l'ait fait naître, ne doit donc point sentir le sentiment de la honte, proprement dite, lorsqu'il reçoit du trésor public les secours que sa condition présente lui rendent nécessaires. C'est une dette qu'on lui paie.[20]

Demander l'intervention des pouvoirs publics, non seulement pour «soulager la misère» des indigents, mais plus radicalement pour «prévenir les besoins de ceux qui peuvent travailler en leur fournissant des occupations»[21], voilà une exigence que même les socialistes d'aujourd'hui osent à peine exprimer! Il ne s'agit pas, bien entendu, de peindre soudain les physiocrates en précurseurs de l'Etat Providence. Il est important toutefois de comprendre à quel point leur parenté avec le projet des Lumières a fait de leur pensée (et de la tradition économiste qui en est issue) un mixte instable et difficile à saisir.

Rien ne vérifie mieux cette ambiguïté que la question sous-jacente aux divers débats précédents, celle de la définition du rôle de l'Etat. A première vue, comme on l'a admis (et vérifié) dans nombre de chapitres antérieurs, les physiocrates, comme les ultra-libéraux d'aujourd'hui, se battent en général pour un *moins d'Etat* — même si un tel slogan s'inscrit évidemment dans des

---

[20]. Nicolas BAUDEAU, *Idées d'un citoyen sur les besoins, les droits et le devoirs des vrais pauvres*, (1765), Reprints München, Kraus-Thomson, 1980, tome I, pp. 177, 187 & 89. Notons que ce texte date d'avant la conversion physiocratique de l'auteur.

[21]. *Ephémérides du citoyen*, 1768, tome IV, p. 250. On retrouve un écho lointain mais fidèle de cette exigeance dans la *Déclaration des droits de l'homme* proposée par Robespierre en 1793 : «La société est obligée de pourvoir à la subsistance de tous ses membres, soit en leur procurant du travail, soit en assurant les moyens d'exister à ceux qui sont hors d'état de travailler» (Maximilien ROBESPIERRE, «Sur la propriété, suivi du projet complet de

contextes historiques trop hétérogènes pour avoir une signification identique. Le débat sur le commerce des blés, central dans la constitution de leur doctrine, les voit réclamer que le gouvernement *se retire* d'une sphère d'activité qu'il contrôlait jusqu'alors, pour laisser le champ libre au jeu des intérêts particuliers spontanément équilibrés par le marché. (Et en cela, il n'est pas illégitime de proposer des comparaisons, et d'esquisser des continuités, entre leur programme et celui des avocats des récentes vagues de déréglementation.) Cela ne veut toutefois pas dire que l'Etat n'ait aucun rôle à jouer dans le modèle de société qu'ils envisagent. En un texte qui synthétise bien la pensée de l'école sur ce point, Mirabeau dégage trois grandes fonctions dans le rôle de l'Etat ou, ce qui revient au même, dans «la destination du revenu public» :

> 1° L'instruction ne sauroit être trop étendue & trop complette. Or les hommes qui vaquent à ce soin qui demande tout leur travail, il faut les payer & les surveiller. 2° La sûreté du pays & des propriétés qui comprend la police, la justice, la défense & tout ce qui en impose au dedans & au dehors, tout cela employe bien des hommes, demande beaucoup de salaires & de bons salaires; car tout ce qui sert le public doit être mis fort à l'abri des craintes de la nécessité. 3° Les travaux publics qui renferment l'entretien & l'amélioration, qui ne peuvent jamais être trop forts, & dont les dépenses peuvent être immenses. [...] Les rues, les places, les ponts, les quais, les chemins, les canaux surtout, les ports & les rivières : l'entretien & l'amélioration de toutes ces choses est, après l'instruction, la principale fonction de l'autorité souveraine; & les dépenses qu'elles exigent sont, selon l'ordre, à la charge du trésor public.[22]

déclaration des droits de l'homme et du citoyen (24 avril 1793)» in *Ecrits,* Paris, Messidor/Editions sociales, 1989, art. X, p. 249).

22. MIRABEAU, *La science*, op. cit., pp. 189-191.

Il est révélateur de l'ambiguïté fondamentale du libéralisme que chacune des trois fonctions ainsi décrites puisse — pour autant que l'on veuille bien en pousser les conséquences assez loin — donner lieu à des interventions de l'Etat assez massives pour coïncider finalement avec le programme socialiste auquel on a aujourd'hui l'habitude de l'opposer. Sous la rubrique de l'*instruction*, on voit par exemple mis au premier rang des tâches de l'Etat précisément le travail de *formation* du matériau humain dont on a vu les enjeux dans les pages précédentes. Dès lors que l'on admet (a) qu'un enfant doit bénéficier d'une certaine qualité d'environnement humain avant de pouvoir s'intégrer avec succès dans une salle de classe, et (b) que l'«instruction» nécessaire à la formation d'un individu convenablement socialisé va au-delà de lui apprendre à lire (des slogans publicitaires) et à compter (les dettes accumulées sur sa carte de crédit), on devine qu'en attribuant à l'Etat les soins d'éducation, on le met en position de contrôler virtuellement tout l'environnement social où se développent les individus.

La fonction de *protection* résumant la seconde catégorie ouvre des perspectives non moins étendues. A côté des budgets d'armement et d'architecture carcérale à laquelle les ultra-libéraux s'efforcent de la restreindre, on peut par exemple y inclure la nécessité d'assurer la subsistance des citoyens. Mirabeau lui-même, en un texte antérieur, exigeait du gouvernement en premier lieu de «pourvoir à l'abondance, qui comprend la subsistance et les commodités»[23]. Même s'il entendait vraisemblablement par là que le législateur doit laisser le marché maximiser la production, on a vu qu'un Turgot ou qu'un Baudeau n'hésitent pas à mobiliser les ressources publiques pour parer aux excès de la misère. Les critiques des économistes suggèrent une dimension plus large encore: selon eux, si l'on veut «rendre justice à tous», il faut commencer par

[23]. MIRABEAU, *Théorie de l'impôt*, op. cit., p. 14.

«protéger le pauvre contre la tyrannie du riche»[24]. Une telle exigence en arrive même à s'infiltrer jusque chez le père (souvent indigne, il est vrai) de la doctrine libérale puisqu'elle pourrait s'entendre à l'horizon du «devoir de protéger, autant qu'il est possible, chaque membre de la société contre l'injustice ou l'oppression de tout autre membre», dont Adam Smith fait un des trois devoirs de l'Etat[25]. Pour peu que l'on souhaite voir le marché apporter une compétition «juste» et non «oppressive», ne doit-on pas attendre de l'Etat une redistribution des privilèges qui mette chacun en position de concourir à armes, sinon égales, du moins comparables. S'il est vrai que la loi «est injuste quand elle punit ceux à qui elle n'a donné ni éducation, ni principes honnêtes, à qui elle n'a point fait contracter les habitudes nécessaires au maintien de la société», l'«administration de la justice» implique donc un travail de *reconfiguration* du terrain social qui recoupe celui imposé tout à l'heure au nom de l'instruction.

Quant à la troisième fonction, celle de l'*aménagement du territoire*, on a déjà vu lors d'un chapitre précédent qu'elle traduit en termes de géographie physique l'exigence d'égalisation du terrain et de *réaménagement social* qui est au coeur du projet politique des Lumières. Au point de contact entre la réalité physique et le domaine des échanges inter-humains, l'espace du marché, comme lieu de rencontre entre vendeurs et acheteurs, illustre bien la nécessité d'une intervention préalable de la force publique avant que les intérêts particuliers puissent interagir de manière satisfaisante. Les *Ephémérides* relèvent en effet que «les marchés, les halles, les poids, les mesures publiques sont de très bonnes inventions, fort

---

[24]. ROUSSEAU, Article «Economie politique», op. cit., p. 80.

[25]. SMITH, *Richesse des nations*, op. cit., livre IV, chap. IX, tome II, p. 309. La définition fameuse des tâches de l'Etat que donne Adam Smith reprend les mêmes catégories que celle de Mirabeau, quoiqu'en les inscrivant sous des rubriques légèrement différentes.

commodes et qu'on doit bien payer, vu les embarras, les frais et les pertes qu'elles épargnent»[26]. De même qu'il faut des routes et des canaux pour amener les marchandises et les hommes sur les lieux de l'échange, de même a-t-on besoin de poids et de mesures, ainsi que d'instruments monétaires dignes de confiance[27], qui, en égalisant les références de chacun, établissent artificiellement un espace public où les sujets privés pourront s'entendre.

En jargon physiocratique, les investissements versés dans de tels travaux d'intérêt public s'appellent les *avances souveraines* : «on appelle ainsi les frais de toute espèce qui ont rendu le territoire entier, & ce qu'on peut appeler le corps de l'Etat, habitable. Toutes ces choses doivent être entretenues puisque ce sont des barrières contre le chaos social»[28]. C'est seulement à l'intérieur d'un espace rendu ainsi «habitable» par des «avances souveraines» qu'une institution aussi complexe et fragile qu'un marché peut se développer. Qu'il s'agisse du toit des halles protégeant les marchands contre les intempéries, d'une armée nationale garantissant le pays contre des agressions extérieures, d'une force de police préservant l'intégrité des propriétés privées, d'une agence d'assistance assurant l'approvisionnement des plus pauvres en objets de première nécessité, ou d'un appareil législatif garantissant l'accès de tous aux institutions éducatives, chaque citoyen est censé bénéficier ainsi d'un espace «habitable», c'est-à-dire entouré de «barrières» qui le protègent contre le «chaos» de la force brute (que ce soit celle de l'orage, de la guerre, du brigandage, du dénuement ou de l'argent).

---

[26]. *Ephémérides du citoyen*, 1968, tome V, p. 108.

[27]. Voir Michel AGLIETTA & André ORLEAN, *La violence de la monnaie*, Paris, PUF, 1982.

[28]. MIRABEAU, *Théorie de l'impôt*, op. cit., supplément, p. 17.

De même que «le père a fait au fils les avances dont dépendait sa vie»[29], de même la société a-t-elle initialement doté chacun de ses membres d'un capital physique et psychologique indispensable à son intégration dans la collectivité — et ce à une échelle que, malgré les jérémiades conservatrices de notre fin de siècle, la cellule familiale est incapable d'assurer à elle seule. C'est un mérite essentiel de la pensée parallèle des physiocrates et des Philosophes que d'avoir été sensible aux implications de telles «avances». «Il n'est aucun individu de la société qui n'ait reçu gratuitement quelque bienfait. Nous ne saurions méconnaître cette bienfaisance générale et nous devons acquitter envers les infortunés la dette que nous contractons à chaque instant»[30]. C'est en effet comme une contrepartie des avances reçues par chacun qu'il faut interpréter le motif de la *dette sociale*, motif remarquablement récurrent dans les écrits politiques du XVIIIe siècle, de Rousseau à d'Holbach et de Mirabeau à Robespierre.

On en a vu un exemple tout à l'heure lorsque Baudeau faisait de l'assistance publique à l'indigent «une dette qu'on lui paie». La formule se retrouve dans les écrits physiocratiques, aussi bien que dans les textes de leurs adversaires. «L'aumône n'est pas un acte de charité mais une restitution». «Chacun se souvient qu'il n'existe que par le bon effet d'une multitude de secours gratuits que les autres lui ont donnés quand il était dans l'enfance ou en maladie. Chacun sait donc qu'il doit des secours, également gratuits et généreux, à l'enfance et à l'infirmité. On ne peut rendre aucun service de ce genre dont on n'ait déjà reçu le prix pendant une longue suite d'années, avant qu'on fût soi-même capable de travail. Lorsqu'à son tour on se livre à ces actes de bienfaisance, on ne fait rigoureusement que

---

29. MIRABEAU, *La science*, op. cit., p. 11.

30. *Ephémérides du citoyen*, 1768, IV, p. 249.

payer une dette»[31]. Les plus radicaux de ces penseurs précisent qu'une telle «bienfaisance» ne doit pas se concevoir sur un mode individuel, mais bien *structurel*, c'est-à-dire politique. De même qu'une large partie des services dont j'ai bénéficié transcendent le domaine des choix personnels de ceux qui me les fournissent, de même le repaiement de la dette que j'ai ainsi contractée doit-il être assuré par la médiation de l'Etat. «Il faut que le gouvernement interpose son autorité pour forcer le Riche insensible à s'acquitter d'une obligation si réelle & si sacrée»; «le gouvernement doit faire en sorte que la dette du riche envers le pauvre soit acquittée»; «les secours indispensables à celui qui manque du nécessaire sont une dette de celui qui possède le superflu : il appartient à la loi de déterminer la manière dont cette dette doit être acquittée»[32].

Outre l'indéniable prégnance de la tradition chrétienne, où l'aumône représente un *debitum* de charité, la dette du riche envers le pauvre manifeste la vive conscience qu'avaient les hommes des Lumières de l'interdépendance unissant tous les membres de la société. Plus j'ai acquis, plus j'en suis redevable à ce que j'aurai reçu d'autrui. Au delà des services pour lesquels j'aurai fourni une compensation financière, je bénéficie constamment d'une infinité d'avances qui, comme celles venant de mes parents, «ne peuvent jamais être entièrement restituées»[33]. Directement après l'idée «impie» que les intérêts particuliers puissent ne pas converger, «la seconde erreur dont la lumière nous préserve est de croire que l'homme puisse arriver seul à quoi que ce puisse être. [...] L'activité de tous est

---

31. MIRABEAU, *Les économiques*, op. cit., p. 338; DU PONT DE NEMOURS, *Philosophie de l'univers*, op. cit., p. 107.

32. BAUDEAU, *Idées d'un citoyen*, op. cit., tome I, pp. 177 & 187; Paul Henri Thiry D'HOLBACH, *Ethocratie ou le gouvernement fondé sur la Morale* (1776), Reprint Hildesheim, Olms Verlag, 1973, p. 148; ROBESPIERRE, «Sur la propriété», op. cit., art. XI, p. 249.

33. MIRABEAU, *La science*, op. cit., p. 78.

nécessaire à tous. [...] Puisque tous les biens nous viennent du concours et de la réunion de nos forces, c'est-à-dire des secours mutuels, nous devons tout à la société»[34].

Ce que dénoncent d'avance toutes les citations recueillies dans ce chapitre, c'est l'idéologie qui en est arrivée à symboliser par excellence les illusions de l'*homo economicus*, celle du *self-made man.* Toute l'ambiguïté des Lumières tient en ce qu'elles ont pu donner naissance à la fois à cette idéologie et à sa réfutation. Avec sa fable de la statue acquérant d'elle-même toutes les connaissances humaines en l'absence d'aucun contact avec autrui, Condillac affirme en 1754 que «l'homme n'est rien qu'autant qu'il a acquis»[35]. En soulignant la responsabilité collective et politique qui préside au développement du potentiel humain, d'Holbach lui répondra vingt ans plus tard que tout individu est «forcé de reconnaître qu'il ne possède rien qu'il n'ait reçu»[36]. Selon qu'on assied son anthropologie sur l'une ou l'autre citation, on aboutit soit à une vision étroitement *économiste* soit à une approche proprement *socialiste* de la réalité humaine.

Face à tous ceux qui, comme Margaret Thatcher, affirment avoir bien rencontré des individus, mais jamais de société, c'est l'ensemble de la «bienfaisance» structurelle articulée au fil des citations précédentes dont il faut réaffirmer l'importance. Même si sa nécessité ne devient malheureusement sensible que lorsqu'il cesse de fonctionner proprement, c'est bien cet espace protégé et formateur, rendu habitable par les avances communes, qui constitue une «société». Lorsqu'on néglige son «entretien», ni ce que le marché peut avoir de bénéfique, ni ce que les

---

[34]. MIRABEAU, *Les économiques*, op. cit., I, pp. 146, 147 & 184.

[35]. Etienne Bonnot de CONDILLAC, *Traité des sensations* (1754), Paris, Fayard, 1984, p. 267. Sur ce texte, voir mon article «Fragile euphorie: la statue de Condillac et les impasses de l'individu», *Studies on Voltaire and the Eighteenth Century*, No 323, 1994, Oxford, pp. 279-321.

[36]. D'HOLBACH, *Le système de la nature*, op. cit., tome I, p. 265.

individus ont à offrir à la collectivité ne lui survivent longtemps. Faute des «avances» sociales nécessaires, et faute d'un appareil législatif supérieur à la logique marchande qui assure l'afflux de telles avances, le «capital humain» dont dépend le bon fonctionnement de nos économies ne saurait se constituer. Même si le projet des Lumières est voué à rester toujours inachevé, l'ornière de l'économisme le condamne à une paralysie mutilante. S'y joue le destin même des institutions qui donnent à notre réalité forme humaine.

POST-LUDDE

On aura sans doute remarqué qu'une bonne part des chapitres précédents débouchent sur une conclusion similaire: le leurre fondamental de l'argumentaire économiste consiste à prétendre sanctionner du sceau du *droit* ce qui relève simplement des rapports de force constatés dans le *fait*. La distribution des services et des biens opérée par les mécanismes spontanés du marché est présentée non seulement comme supérieurement efficace, mais aussi bien comme «conforme à la justice par essence», pour reprendre le jargon physiocratique. Certes l'économie politique ultérieure a en général été plus prudente dans ses prétentions à la justice du marché : Adam Smith n'hésite pas à décrire ici ou là des mécanismes où le «système naturel de la liberté» des agents économiques conduit à des aberrations morales. Même si elle a été réprimée en surface des textes, la question de la justice des allocations spontanées du marché continue cependant à hanter le projet libéral[1].

Parmi les auteurs qui ont le mérite d'affronter cette question sans fausse pudeur, Friedrich von Hayek est sans doute celui dont les vues sont le plus représentatives, sinon certes de la profession économique dans son ensemble, du moins de la dérive économiste qui la menace depuis les physiocrates jusqu'à Milton Friedman et Robert Lucas. Malgré d'évidentes

---

[1]. Sur cette question, voir l'ouvrage excellent de Jean-Pierre DUPUY, *Libéralisme et justice sociale. Le sacrifice et l'envie*, Paris, Calmann-Lévy/Hachette «Pluriel», 1992/1997.

différences de vocabulaire et de points de référence historique, la somme *Law, Legislation and Liberty* qu'il publia à la fin de sa vie peut se lire comme le descendant direct de l'*Ordre naturel et essentiel des sociétés politiques*. Même ambition d'articuler l'analyse économique à une épistémologie, une éthique et une théorie politique, même affirmation que «la loi est antérieure à la législation» (humaine), même méfiance envers des institutions démocratiques qui se prétendraient libres de créer leurs lois propres, même conscience de l'hypercomplexité incontrôlable des relations interhumaines, même dénonciation des interventions étatiques dans l'ordre spontané du marché, même restriction du rôle de la puissance publique à faire respecter le jeu abstrait des échanges volontaires de propriétés, même suspicion envers les instincts primitifs d'une charité sentimentaliste qui viendrait troubler la distribution efficace des ressources. Il est d'autant plus frappant de voir Hayek construire sa démonstration autour du refus central d'accorder toute crédibilité à la notion de «justice sociale»[2]. Parce qu'elle a le courage de l'extrémisme, la pensée de Hayek exprime une logique profonde qui structure bon nombre des prises de positions ultra-libérales omniprésentes dans le débat politique contemporain. C'est pourquoi j'en résumerai brièvement le

---

2. «Le plus grand service que je puis encore rendre à mes frères humains serait de rendre les orateurs et les écrivains irrémédiablement honteux d'employer une seule fois de plus le terme "justice sociale" (...) La justice "sociale" (parfois appelée justice "économique") en est arrivée à passer pour un attribut que les "actions" de la société, ou le "traitement" des individus et des groupes par la société, devraient présenter. [...] C'est un signe de l'immaturité de nos esprits que de ne nous être pas débarrassés de ces concepts primitifs et d'exiger encore d'une procédure impersonnelle, qui apporte une satisfaction des désirs humains supérieure à ce que n'importe quelle organisation délibérée pourrait atteindre, qu'elle se conforme aux préceptes moraux qui ont été développés pour guider les actions individuelles.» (Friedrich von HAYEK, *Law, Legislation and Liberty. A new statement of the liberal principles of justice and political economy*, Londres, Routledge & Kegan Paul, 1973-1979, volume II, p. 97 & 62-63. Ma traduction.)

mouvement général, qui nous fera reparcourir une dernière fois le chemin ouvert il y a deux cents ans par les physiocrates.

Tout repose sur une double constatation qui bat au coeur de la conscience postmoderne : la réalité des interactions humaines est trop complexe, et nos connaissances en sont trop limitées, pour qu'un projet volontariste de maîtrise du social par une planification dirigiste soit crédible. Faire son deuil de l'ambition hégélienne d'un savoir absolu oblige à reconnaître l'existence d'un certain type d'ordre découlant des actions (intentionnelles) des individus, mais dont les résultats sont trop complexes pour ne pas échapper à toute tentative de contrôle collectif. Les activités économiques sur lesquelles repose la reproduction matérielle de nos sociétés constituent précisément ce type d'ordre spontané au-delà de toute maîtrise intentionnelle. Hayek donne la description la plus saisissante de cet ordre spontané, qui est celui du marché, à travers ce qu'il nomme *le jeu de la catallaxie*. Ce jeu est créateur de richesse (et non à somme nulle) parce que «les revenus attribués aux efforts de chaque joueur ont la fonction de signaux qui lui permettent de contribuer à la satisfaction de besoins qu'il ne connaît pas, et cela en tirant profit de conditions qu'il ne connaît aussi qu'indirectement, à travers leurs reflets en termes de prix des facteurs de production à utiliser». Dans la recherche de son profit personnel, chacun est ainsi stimulé à diriger ses efforts vers ce qui satisfera le mieux les besoins d'autrui. A travers une série virtuellement infinie de médiations trop complexes pour être saisies par une connaissance totalisante, les prix manifestent spontanément les besoins que les agents économiques ont les uns des autres.

D'où un modèle qui dénie toute «justice» (rétributive) aux prix : «les rémunérations que détermine le marché ne sont pas, pour ainsi dire, liées à ce que les gens *ont fait*, mais seulement à ce qu'ils *doivent faire*». L'étiquette attachée à une marchandise, la facture d'un service, le salaire payé pour un travail donné ne sont pas *des récompenses* dues à des efforts, des anticipations ou des contrats *antérieurs*, mais seulement des *indicateurs* de ce que chacun doit faire *dans le présent* pour satisfaire les besoins d'un *avenir* incertain. Qu'une soudaine innovation technologique permette de fabriquer en quinze minutes ce qui m'aura pris quinze ans à produire, seul le dernier quart d'heure de mon labeur «méritera» de recevoir salaire. En décevant (parfois cruellement) mon attente, le nouveau prix dissuadera autrui d'imiter mon mode de production, et maximisera l'efficacité de l'allocation des ressources. «Même si nul ne peut prédire la part de chacun, puisqu'elle dépendra seulement en partie de ses capacités et de son accès à l'information, mais aussi en partie de purs accidents, telle est la condition qui seule pousse l'intérêt de tous à se conduire d'une manière qui maximise le produit agrégé dont ils tireront une part imprévisible»[3].

Cette description, qui n'a rien d'original en soi puisqu'elle est sous-jacente à toute description du marché, devient intéressante par les conséquences qu'en tire Hayek. Son extrémisme consiste à ne chercher ni à dissimuler le rôle du hasard dans les revenus qu'assure (ou plutôt que *n'*assure *pas*) le marché libre, ni à tempérer les conséquences sociales de tels aléas. Il n'hésite pas au passage à saper la prétention de «méritocratie» qui soutient généralement l'argumentaire (ultra-) libéral. Aussi «consciencieux», aussi «travailleurs», aussi «entreprenants» que soient les individus, «les valeurs qu'auront leurs services aux yeux de leurs prochains n'auront souvent aucune relation à leur mérites ou à leurs besoins individuels». Cela ne va pas sans soulever un problème, d'ordre toutefois strictement rhétorique (et nullement éthique): «il est certainement important dans l'ordre imposé par le marché (ou

---

3. Ibid., pp. 116 & 122.

société basée sur la libre entreprise, faussement appelée "capitalisme") que les individus *croient* que leur bien-être dépend principalement de leurs propres efforts et décisions»; or s'il est inévitable que, dans un tel système, «certains doivent souffrir de déceptions imméritées», «c'est un vrai dilemme que de savoir dans quelle mesure on doit encourager chez les jeunes la croyance qu'ils réussiront pour peu qu'ils essaient vraiment, ou dans quelle mesure on devrait plutôt souligner le fait que certains vont réussir sans le mériter tandis que d'autres, qui méritent le succès, échoueront»[4].

On voit le rôle central occupé par *le modèle du jeu* dans une telle doctrine. (Est-ce un hasard que la mode des *game theories* en économie soit contemporaine d'un retour en force de l'ultra-libéralisme?) Le jeu de la catallaxie «comme tous les jeux, suit des règles qui guident les actions de participants dont les buts, les capacités et les connaissances sont différents, avec cette conséquence que le résultat sera imprévisible et qu'il y aura régulièrement des gagnants et des perdants. Et même si, comme dans un jeu, nous avons raison d'insister pour qu'il soit équitable (*fair*) et que personne ne triche, il serait absurde de demander que les résultats des différents joueurs soient justes. Il seront nécessairement déterminés en partie par leurs capacités et en partie par la chance»[5]. En admettant que les «exclus» de la prospérité soient simplement les «perdants» du jeu catallactique, et en reconnaissant qu'un manque de mérite ne suffit pas à expliquer leur «défaite», Hayek est logiquement conduit à congédier la notion même de justice sociale. La seule «justice» à laquelle doit prétendre le libre jeu catallactique du marché consiste à ce que les mêmes règles (formelles) s'appliquent à chacun. Les résultats du jeu, l'opulence de l'un ou la misère de l'autre, peuvent apparaître comme réjouissants ou malheureux,

---

4. Ibid., pp. 71, 72 & 74. Je souligne.

5. Ibid., p. 71.

encourageants ou décevants, mais ils échappent comme tels à la question du «juste» ou de l'«injuste». Parce que personne n'a eu l'intention de nuire aux «perdants», parce la logique propre du jeu exige son lot de victimes pour assurer la maximisation du bien-être général (toute intervention redistributrice menaçant l'existence même de la catallaxie), rien ni personne n'est à blâmer pour la souffrance desdites victimes. «Nous n'avons bien entendu pas tort de sentir que les effets des procédures d'une société libre sur les destins des différents individus ne sont pas distribués conformément à un principe de justice immédiatement identifiable. Où nous nous trompons, c'est lorsque nous en concluons que ces procédures sont injustes et que quelqu'un doit en être responsable»[6]. L'exigence subjective de justice sociale n'est qu'un reste de mentalité animiste, un produit du même instinct qui pousse les peuples «primitifs» à attribuer la foudre ou la sécheresse à la colère d'un dieu, alors qu'il faut n'y voir qu'un mécanisme *naturel*, *phys(iocrat)ique*, échappant à notre contrôle et à toute question de justice.

Il n'est pas sûr que les disciples de Quesnay se soient reconnus dans un tel argumentaire. Leur utopisme et leur foi naïve en un ordre naturellement juste les a empêchés de faire sérieusement face au fatales iniquités générées par le marché. On aura pourtant remarqué à quel point les formulations d'Hayek font écho au «droit de vitesse», au «tourbillon de hasards» ou à la malheureuse maladie du père d'Antoine, sur lesquels débouchent les fables de la propriété chez Le Mercier de la Rivière et chez Mirabeau. Leurs adversaires ne s'y sont pas trompés : c'est bien sous les traits du diable amoralo-ludique de la catallaxie hayekienne que les anti-économistes ont peint les physiocrates sur la muraille de leurs pamphlets. S'il est en effet un point commun à la plupart des critiques, qu'elles viennent des défenseurs de l'Ancien Régime, des démocrates

[6]. Ibid., p. 69-70.

utopistes, ou des avocats des manouvriers agricoles, c'est que la doctrine économiste menace les fondements éthiques de l'ordre social (quelle que soit d'ailleurs la forme qu'on donne à ce dernier). L'historien anglais Edward P. Thompson, dans une étude classique publiée en 1971, a lancé le terme d'«économie morale» pour décrire les formes populaires de résistance à la hausse des prix du pain dans l'Angleterre du XVIIIe siècle[7]. Au lieu de ne voir dans les émeutes frumentaires qu'un mouvement purement impulsif, irrationnel et désordonné, il a suggéré d'y reconnaître des structures de comportement relativement stables, basées sur des principes de légitimation porteurs d'une vision de la société alternative à celle du marché libre. Au lieu de simplement piller les entrepôts, la foule affamée prenait souvent la peine de «payer» ceux qu'elle «volait», en fixant ce qu'elle considérait être le «juste prix» du blé. En imposant sa loi aux spéculateurs ou en faisant la tournée des maisons riches, la foule instaurait ainsi des taxations populaires dont le but était de *réparer les injustices* distributives causées par les aberrations du marché libre. Derrière leurs nombreux excès, parfois sanglants, de tels mouvements semblent réclamer une *moralisation* de l'économie, au sens où la distribution des produits devrait être soumise à une loi garantissant à chacun la jouissance du fruit de ses peines (passées) ainsi qu'une satisfaction de ses besoins de base (présents), *en plus de* refléter les «signaux» que les prix de la catallaxie envoient pour orienter la production globale (future) vers son maximum.

Quoique sous des formes diverses, les textes de Mably, Graslin, Linguet, Béardé, Galiani, Mercier ou Necker offrent tous une articulation théorique à cette économie morale sous-

---

[7]. Edward P. THOMPSON, «L'économie morale de la foule dans l'Angleterre du XVIIIe siècle» in Florence GAUTHIER & Guy-Robert IKNI (éd.), *La Guerre du blé au XVIIIe siècle*, Paris, Editions de la Passion, 1988, pp. 31-92. Publication originelle dans *Past and Present*, No 50, février 1971.

jacente aux mouvements populaires qui secouaient l'époque[8]. On pourrait montrer sans grande peine la continuité liant cette économie morale à l'«économie politique populaire» que la Montagne a essayé d'appliquer en 1793 et, au-delà, à toute la tradition socialiste[9]. Ce qui s'y affirme, c'est l'exigence d'une *justice* non seulement *économique*, mais proprement *sociale*, telle que le projet des Lumières en porte la promesse.

Dans les révoltes frumentaires étudiées par Thompson, à côté d'épisodes de taxation populaire relativement bien organisés, d'innocents boulangers laissaient parfois la vie en de sanglants éclats de colère collective. Au siècle suivant, le luddisme cassera les machines dont les travailleurs déplacés ou licenciés se sentaient les victimes. Le désarroi des «perdants» face à la logique amorale du marché n'a guère changé aujourd'hui. Les ouvriers de General Motors dont les usines ont fermé à Flint, Michigan, sous la pression de la compétition internationale paient un dollar pour aller asséner un coup de masse sur une voiture japonaise érigée en bouc émissaire. Les foules de tel pays du Sud soumis aux plans d'ajustement du FMI brûlent et pillent les centres villes au cours d'«émeutes du pain». Les jeunes sans avenir des quartiers ravagés par le chômage et l'échec scolaire se tirent dessus en de dérisoires luttes de clans. Les communautés dévastées (ou menacées) par l'exode industriel se replient autour de leur clocher en quête de l'«intrus» à «renvoyer chez lui». Alors que le «développement» du Tiers Monde avait autrefois bonne presse (tant qu'il se

---

[8]. Pour d'excellentes remarques sur ce point, cf. Philippe STEINER, *Sociologie de la connaissance économique*, op. cit., pp. 89-102.

[9]. Sur ce point voir les travaux de Florence GAUTHIER, en particulier «De Mably à Robespierre. De la critique de l'économique à la critique du politique, 1775-1793» in *La Guerre du blé au XVIIIe siècle*, op. cit., pp. 111- 144, les études réunies par Reinhard BACH dans *Rousseau: économie politique,* ainsi que l'excellente collection publiée par Gilbert FACCARELLO & Philippe

contentait d'acheter nos armes au prix d'une dette dont nous collectons aujourd'hui encore les intérêts), on n'y voit plus désormais qu'une intolérable hémorragie d'emplois occidentaux.

Bien entendu, aucune de ces réactions néo-luddiques n'est à mettre au compte direct de l'économisme. On n'aurait sans doute pas tort de suggérer que la menace la plus immédiate qui pèse sur le projet d'autonomie lancé par les Lumières ne vient pas de la «rationalité économiste», mais d'une régression à la logique irrationnelle du rituel sacrificiel. Les deux sont pourtant liés: c'est clairement le désarroi face aux impasses morales et culturelles de l'économisme qui attise le retour actuel vers des idéologies pré-libérales (axées généralement sur la religion et l'ethnie)[10]. Pour parer à cette double menace, la tâche qui s'impose est de développer une pensée et un discours qui parviennent à exprimer ce désarroi, et à l'articuler en une critique rationnelle des dangers de l'économisme — suivant en cela l'exemple du travail accompli par les anti-économistes des années 1760 et 1770. On pourrait même espérer qu'après deux siècles de débats, notre époque soit aussi en mesure d'aller plus loin, et d'orienter cette critique (essentiellement négative) vers la construction (positive) d'une nouvelle communauté humaine planétaire.

Entre le ludisme amoral de la pensée ultra-libérale et le luddisme viscéral des victimes de la catallaxie, les chapitres qui précèdent ont tenté de se livrer à une critique, aussi rationnelle que possible, de la logique économiste. En conclusion, on esquissera les bases de ce qui pourrait constituer *un post-luddisme*. Il n'y s'agit ni de casser les machines, ni de

---

STEINER, *La pensée économique pendant la Révolution française*, Presses universitaires de Grenoble, 1990.

10. Voir sur ce point les réflexions récentes d'Etienne BALIBAR réunis dans *Les frontières de la démocratie*, op. cit., et dans *La crainte des masses*, Paris, Galilée, 1998.

s'abandonner aux emballements d'un jeu inhumain, mais de soumettre la maximisation aveugle opérée par le marché au contrôle d'un législateur chargé de minimiser les infractions à un idéal de justice sociale. Pour que cela soit possible, il faut toutefois pouvoir orienter ce législateur par un certain nombre de grands principes directeurs exprimant cet idéal ainsi que le système de valeurs auquel il s'articule.

L'invention de tels principes a une infinité de voies ouvertes devant elle. Outre une meilleure compréhension du «postfordisme» qui caractérise la phase actuelle du développement du capitalisme[11], on peut par exemple proposer une lecture plus exigeante du «système d'égalité démocratique» que Rawls oppose au système de «liberté naturelle» caractérisant la pensée d'un Hayek, et en tirer les conséquences radicales qui s'imposent si l'on prend au sérieux les principes de liberté et d'égalité des chances[12]; on peut aussi mettre à jour les effets de «contreproductivité» sur lesquels débouche l'obsession productiviste, et en tirer la structure d'une nouvelle relation à notre environnement naturel et culturel[13]; on peut également dénoncer les leurres de l'idéologie de la compétition et élaborer un nouveau contrat social planétaire basé sur la reconnaissance d'un «bien commun» dont chacun de nous est à la fois l'auteur

11. Cf. Michel AGLIETTA, Postface à *Régulation et crises du capitalisme*, op. cit., pp. 409-477.

12. Cf. par exemple Jean-Pierre DUPUY, *Libéralisme et justice sociale. Le sacrifice et l'envie*, op. cit., en particulier le chapitre 5 «John Rawls, le refus de l'arbitraire et ses limites».

13. Cf. les travaux discutés dans Jean-Pierre DUPUY, «Némésis de l'économie» in *Ordres et désordres. Enquêtes sur un nouveau paradigme*, Paris, Seuil, 1982, pp. 29-57. Voir aussi René PASSET, *L'économique et le vivant* (1979), Paris, Economica, 1996, 2e éd.

et le bénéficiaire[14]; on peut enfin redéfinir l'action politique comme un questionnement du «partage du sensible» sur lequel se basent les calculs économiques, et remettre constamment sur le tapis la revendication d'une «part des sans-part»[15].

L'étude des polémiques générées par la physiocratie n'est sans doute pas le moyen le plus direct de contribuer à ce travail. Quelques intuitions fondamentales se sont pourtant exprimées dans la seconde moitié du XVIIIe siècle, qui restent d'actualité deux cents ans après leur formulation originale. En guise de post-ludde, on les passera brièvement en revue, pour faire le point (nullement final) sur les perspectives qu'elles ouvrent. La critique de l'économie politique y esquisse les bases d'une politique économique dont le projet peut déjà sembler familier, mais dont la réalisation est encore à peine commencée.

[L'homme] n'est-il pas forcé de reconnaître qu'il ne possède rien qu'il n'ait reçu?[16] — Il n'y a pas de *self-made man* à l'échelle individuelle. Chacun tient l'essentiel de ses capacités d'«avances originelles» fournies par les institutions qui régissent et administrent la production sociale des individus (famille, communautés locales, Etat national, etc.). Admettre que l'individu est le *produit* d'institutions collectives autant que la *donnée* de base des sociétés libérales conduit à relativiser (sans l'abolir) la notion de mérite personnel : nous sommes *tous* co-responsables aujourd'hui, par l'intermédiaire de notre capacité à modifier ces institutions, de ce que *chacun* fera demain.

---

14. Cf. le rapport du Groupe de Lisbonne, *Limites à la compétitivité*, Bruxelles/Paris, Labor/La Découverte, 1996, ainsi que Riccardo PETRELLA, *Le bien commun. Eloge de la solidarité*, Bruxelles, Labor, 1996.

15. Cf. les travaux de Jacques RANCIERE, en particulier *La mésentente*, Paris, Galilée, 1995 et *Aux bords du politique*, Paris, Osiris, 1990.

16. D'HOLBACH, *Système de la nature*, op. cit., tome I, p. 265.

La richesse des uns résulte de la réunion de beaucoup de petites parts enlevées à tous les autres.[17] — Même si la dynamique capitaliste est effectivement créatrice de richesses, grâce aux gains de productivité qu'elle promeut à travers le temps, la distribution des produits à chaque moment donné n'en est pas moins un jeu à somme nulle, où ce qui est gagné par les uns est pris aux autres. Des disproportions extrêmes de fortune ou de revenus peuvent s'expliquer, mais non se justifier, par les seuls mécanismes de marché. La démonstration «claire» que ces disproportions sont conformes à l'avantage de la collectivité dans son ensemble, et des plus défavorisés en particulier — selon le modèle avancé par John Rawls[18] — serait seule susceptible de les rendre tolérables, mais la complexité des intérêts entrecroisés et l'arbitraire des critères de mesure rendent le plus souvent, en une telle matière, toute «clarté» illusoire.

La plupart des lois prohibitives qu'on poursuit au nom de la liberté sont presque toujours la sauvegarde du pauvre contre le riche.[19] — Contrairement à la pseudo-évidence agitée par le discours ultra-libéral, les réglementations ne sont pas l'*opposé*, mais la *condition* de la liberté. Un rapport de contradiction entre ce qu'interdit la loi et la liberté de «faire ce que l'on veut» n'existe que dans le contexte de la jungle naturelle. Au sein d'une société politique, la loi est ce qui *protège et garantit*, non moins que ce qui *restreint*, la liberté de chacun. Puisque nous entrons tous sur le marché avec des forces fatalement inégales, un cadre de réglementations politiques est nécessaire pour prévenir qu'une libre compétition économique n'entraîne l'oppression du plus faible par le plus fort.

---

17. LINGUET, *Du pain et du bled*, op. cit., pp. 268-269.

18. John RAWLS, *A Theory of Justice*, Cambridge MA, Harvard University Press, 1971. Traduction française par Catherine Audart, *Théorie de la justice*, Paris, Seuil, 1987.

19. NECKER, *Sur la législation et le commerce...*, op. cit., p. 276.

Sans doute [la nature] remet toutes les choses en équilibre: mais nous n'avons que faire d'attendre ce retour et cet équilibre. Nous sommes trop petits.[20] — Dans la mesure où la compétition du marché joue «naturellement» en faveur du plus fort, il est nécessaire de corriger l'ordre spontané des échanges marchands par une redistribution des biens primaires indépendante de l'auto-régulation du marché. Même en admettant que cette dernière assure effectivement à long terme un équilibre global optimal des préférences individuelles, la rapidité ou la lenteur de certains mécanismes correcteurs spontanés engendre souvent des souffrances humaines qui offensent d'autant plus notre sens de la justice qu'elles sont remédiables à faible coût. De telles corrections redistributives vont dans l'intérêt des privilégiés eux-mêmes : en écho inversé du second principe de Rawls, il est probable que l'amélioration du sort des plus défavorisés bénéficie en retour à celui des privilégiés. La (fragile) «nécessité» d'une redistribution équitable des biens primaires ne tient toutefois pas à un calcul d'intérêts, mais à une exigence morale. Nous «devons» la désirer, à moins de reconnaître sans limites le chaos du hasard et de la force. L'idéal visé (inatteignable en soi) est d'assurer l'égalité des chances de chacun, en compensant autant que possible l'inévitable inégalité des dotations initiales.

Des voleurs conquérans ont été nos premiers Législateurs. Leurs ordonnances n'ont eu d'abord pour objet que le partage et la possession du butin. C'est sur cette base souillée de sang et de rapine que les Jurisconsultes postérieurs ont été contraints d'élever la statue de la justice.[21] — On aurait raison de qualifier d'«idéaliste» l'appel à un principe de *justice* et de *droit* répété jusqu'à lasser dans les pages et les chapitres qui précèdent. Dans une démocratie non moins qu'ailleurs, les lois ne sont pas

---

20. GALIANI, *Dialogue sur le commerce des blés*, op. cit., pp. 209-210.

21. LINGUET, *Théorie des lois civiles*, op. cit., pp. 21-22.

instituées parce qu'elles sont «justes» ou «équitables», mais parce qu'elles correspondent aux intérêts des groupes sociaux qui contrôlent les institutions politiques. La reconnaissance de l'autonomie des sociétés humaines implique de reconnaître aussi que ce sont des rapports de *force* qui décident en dernière analyse de ce que ces sociétés identifient comme *droit*. Fût-ce pour nous indiquer la voie d'un monde pacifié, la statue de la justice ne s'élève jamais que sur une base souillée de sang et de rapine. De même que l'autonomie est un *projet* (jamais pleinement réalisable comme tel), de même la justice est-elle un *idéal*, qui n'a d'emprise sur la société que pour autant qu'on parvienne à le rendre crédible et attrayant. Savoir qu'hormis quelques moments historiques exceptionnels, cet idéal joue plus souvent le rôle de prétexte que de guide du législateur n'empêche pas de travailler patiemment à reconfigurer ses formes pour les adapter au présent. Avec l'espoir que le frayage ainsi opéré facilite à l'avenir le passage des mesures auxquelles on vise[22].

Il n'existe dans le monde qu'une société humaine.[23] — Quelque idéal politique qu'on se fixe, il n'est plus envisageable aujourd'hui que dans le cadre d'institutions régulatrices planétaires. Les polémiques autour du rôle du FMI ou de l'OMC, les angoisses causées par la délocalisation des appareils productifs, la position de maître-chanteur dont profitent les compagnies supra-nationales pour faire la loi aux gouvernements régionaux, tous ces symptômes manifestent la nécessité de concevoir la justice sociale et ses mécanismes redistributifs à l'échelle d'une société humaine globale. Si, dans ce domaine

---

22. Selon les procédures rhétoriques et politiques bien analysées par Jacques RANCIERE au titre de *La mésentente*, procédures par lesquelles les «sans-part» prennent les privilégiés à la lettre des principes universels utilisés pour justifier leurs privilèges.

23. DU PONT DE NEMOURS, *Abrégé des principes de l'économie politique*, op. cit., p. 377.

des relations internationales, les rapports de force règnent encore sans partage aussi bien dans la sphère économique que dans l'arène politique, il faut dès à présent se doter des outils analytiques et des principes moraux capables de gérer la planétarisation croissante du lien social. Affirmer l'égalité en droits de tous les «citoyens du monde», de Paris à Bornéo, n'est qu'une vaine et imprudente formule, tant que l'on ne travaille pas à élaborer une théorie capable d'aménager la coexistence pacifique de cultures potentiellement incompatibles.

On ferait autant pour la richesse en resserrant les besoins mêmes qu'en étendant les limites de la dépense avec celles du travail.[24] — Même si le modèle néo-classique s'articule prudemment en termes de «préférences» plutôt que de besoins, cette dernière notion sert implicitement de fondement à l'approche économiste : l'efficacité productrice maximale induite par le marché libre trouve sa justification dans la plus grande somme de biens et de services ainsi produits, lesquels tiennent leur raison d'être de ce qu'ils satisfont les besoins ou les désirs des consommateurs. L'analyse pose ainsi comme une «donnée» première (les préférences-besoins-désirs) ce qui n'est en réalité, dans une «société de consommation», qu'un *effet induit* par le système de production lui-même. Sans nier les agréments du confort qu'elle a apporté, et sans en faire un mal en soi, il faut reconnaître que la spirale consumériste tend à engendrer d'absurdes contreproductivités, qui menacent et nos possibilités de bonheur futur et notre qualité de vie présente. En d'autres termes, et en un paradoxe seulement apparent, la logique du marché tend à générer chez les consommateurs des préférences qui font obstacle à leur satisfaction. A quoi l'on ne saurait répondre qu'une manipulation de ces préférences relèverait du totalitarisme — à moins de reconnaître qu'un tel totalitarisme structure de plus en plus directement nos

---

24. GRASLIN, *Essai analytique sur la richesse...*, op. cit., p. 107.

économies libérales où l'infiltration des stratégies publicitaires est en progrès constant.

Voilà comment la justesse et l'exactitude de l'arithmétique deviennent une erreur et une injustice.[25] — En ne prenant en compte que les biens et les services faisant l'objet de transactions financières, et en se basant sur les prix empiriquement donnés (sans intégrer les «externalités» qui en altèrent le coût réel), la quasi totalité des mesures économiques (à commencer par le Produit Intérieur Brut) offrent une perspective fondamentalement déformée du bien commun. L'effort de rigueur investi dans la formalisation des modèles fait oublier qu'ils n'ont à traiter que des données bricolées souvent de la manière la plus arbitraire. Malgré la prudence des économistes eux-mêmes, les prédictions qui sortent desdits modèles sont généralement investis dans le débat politique d'un poids sans rapport avec leur portée réelle. Au lieu d'en cantonner les efforts aux marges de la discipline, les économistes devraient mettre au coeur de leurs recherches le développement d'un appareil de mesure plus adéquat des réalités économiques. Avec pour effet immédiat de multiplier les mises en garde contre la surinterprétation de leurs prédictions.

Lorsqu'on fait des établissements, on doit moins avoir égard au profit, qu'à l'effet du profit.[26] — L'économie néo-classique ne saurait produire une mesure adéquate de la quantité et de la qualité réelles des biens et des services fournis par un état donné de l'économie (soit une mesure qui «internaliserait» toutes les «externalités» actuelles du PIB) sans abolir du coup ses prémisses fondamentales. De même que la notion d'«utilité» tend à se dissoudre dès lors que les «préférences» apparaissent comme un effet largement endogène de la production des biens et des services, de même les bases de l'approche néoclassique se

---

25. BEARDE DE L'ABBAYE, *Examen de la science...*, op.cit., p. 169.

26. SAINT SUPPLIX, *Le Consolateur*, op. cit., p. 362.

fissurent-elles dès lors qu'on ne se contente pas de conceptualiser le travail comme simple «désutilité», c'est-à-dire comme un pur sacrifice sans autre récompense que monétaire. Dans nos choix de consommateurs comme dans nos gestes de producteurs, les significations essentielles de nos actes tiennent moins aux profits financiers mesurés par les modèles économiques qu'aux effets, toujours complexes et souvent pervers, de ces profits. L'économiste ne saurait en être blâmé (dans la mesure où il ne prétend pas avoir le dernier mot sur le sens de la vie). A nous de savoir resituer ses conseils dans la perspective limitée qui est la sienne.

L'objet le plus important [de l'art politique] ne serait-il point de rendre chacun de ses concitoyens tout ce que la nature lui permet d'être?[27] — En rappelant aux physiocrates que la culture des champs ne mène à rien de bon si l'on en oublie la culture des hommes, les anti-économistes rétablissent une priorité que la passion productiviste moderne tend constamment à renverser. Que l'on choisisse de manger pour vivre ou de vivre pour manger, la visée ultime d'une société libérale devrait être non tant de multiplier les biens de consommation que de donner aux individus les meilleurs moyens de développer leur potentiel humain singulier. Or le dévoiement consuméro-productiviste conduit à une double impasse : les uns mangent tellement qu'ils en oublient de vivre entre les repas; les autres s'affairent tellement à vivre qu'ils ne songent même plus à goûter ce qu'ils mangent à la hâte. Quelle que soit la variante subie, on ne sait ni vivre ni manger. La faillite suprême du «modèle de société» américain est peut-être moins à situer dans la misère rampante d'un cinquième de la population que dans la pathétique impuissance des privilégiés eux-mêmes à tirer de leurs montagnes de biens la moindre forme d'épanouissement.

[27]. VERDIER, *Observations critiques sur le système des économistes*, op. cit., p. 247.

Plus on monte vers le haut de l'échelle sociale, plus on accumule de richesses, moins on prend «la peine» de bien manger, moins on a le temps de se demander «pour quoi» on vit. A tous les niveaux, au lieu de cultiver la créativité, la logique compétitive du marché insinue un oppressant conformisme. Plus les chaînes de télévision se multiplient, plus les messages et les formes s'uniformisent. Si le défi (historiquement unique) des sociétés libérales consiste à produire des individus autonomes, et si la créativité est une dimension fondamentale de l'autonomie, le type de société qui m'entoure aux USA semble avoir renoncé à se donner les moyens de ses ambitions.

De Paris à Pittsburgh, en passant par Bornéo, la fable de l'économiste débouche-t-elle sur une morale autre que ce vide central autour duquel s'affairent de plus en plus frénétiquement nos sociétés de consommation? Faut-il incriminer la mauvaise foi du marchand si les biens qu'il nous prodigue échouent à satisfaire notre soif de sens? Faut-il voir en la logique économiste l'imposture centrale de la modernité, ou au contraire l'accomplissement de sa rationalité la plus avancée? Les deux à la fois.

En faisant de son protagoniste un marchand de (mauvaise) foi, la fiction de Diderot invite à reconnaître en l'économiste le théologien de notre époque. Le formalisme prétentieux et encombrant de la scolastique néo-classique fera sans doute autant sourire nos descendants que les syllogismes ampoulés des dialecticiens médiévaux. Le caractère évanescent de leurs objets ultimes respectifs (la maximisation de l'«utilité», équivalent du «Salut de l'âme» de jadis) laissera probablement plus d'un historien perplexe quant aux «fondements scientifiques» des deux entreprises. La foi des Docteurs Modernes en est-elle pour autant mauvaise? Sans doute guère plus que celle de leurs prédécesseurs du XIIIe siècle. Comme eux, ils fournissent une approche, un langage et des méthodes qui permettent d'articuler des réponses (ni parfaites, ni totalement insensées) aux problèmes concrets de leur temps. Comme eux, ils expriment une vérité fondamentale de l'état de civilisation qui caractérise leur époque. Mieux qu'eux, toutefois, on peut espérer qu'ils savent mettre à distance critique le statut de leur entreprise. Assez pour douter de la valeur des remèdes et des beaux discours qu'ils nous débitent. Assez pour devenir philosophes sur leurs vieux jours, et s'amuser de voir prêcher contre le pouvoir de l'évidence…

BIBLIOGRAPHIE

TEXTES DU XVIIIe SIECLE

Louis Paul ABEILLE, *Principes sur la liberté du commerce des grains*, Amsterdam & Paris, 1768

Claude-Camille-François ALBON, *Eloge historique de Quesnay* (1775) in QUESNAY, *Oeuvres économiques et philosophiques*, éd. Onken (Peelman, 1888), Reprint Scientia Verlag, 1965

Claude François Joseph d'AUXIRON, *Principes de tout gouvernement ou Examen des causes de la splendeur ou de la foiblesse de tout Etat considéré en lui-même & indépendamment des moeurs* (1766), Münich, Kraus-Thomson, 1980

Abbé Nicolas BAUDEAU, *Explication du tableau économique à Madame de* *** (1770), in Eugène DAIRE, *Physiocrates*, Paris, Guillaumin, 1846

— , *Première introduction à la philosophie économique ou Analyse des états policés* (1771), in Eugène DAIRE, id.

— , *Idées d'un citoyen sur les besoins, les droits et le devoirs des vrais pauvres* (1765), Reprints München, Kraus-Thomson, 1980

BEARDE DE L'ABBAYE, *Dissertation qui a remporté le prix de la Société libre et oeconomique de St Petersbourg en l'année 1768 sur cette question posée par cette même société : Est-il plus avantageux à un Etat, que les Paysans possèdent en propre du terrein, ou qu'ils n'aient que des biens meubles? Et jusqu'où doit s'étendre cette propriété?*, Amsterdam, Rey, 1769

— , *Recherches sur les moyens de supprimer les impôts, précédées de l'Examen de la nouvelle science*, Amsterdam, Rey, 1770

Nicolas BERGASSE, *Discours prononcé à l'hôtel de ville de Lyon, le 21 décembre 1774*, Lyon, 1775

Pierre le Pesant de BOISGUILBERT, *Le détail de la France, Factum de la France et opuscules divers* in DAIRE, *Economistes financiers du XVIIIe siècle*, Paris, Guillaumin, 1843

— , *Pierre de Boisguilbert ou la naissance de l'économie politique*, Paris, INED, 1966

Richard CANTILLON, *Essay de la nature du commerce en général* (1755), Tokyo, Kinokuniya, s.d.

Marquis de CHASTELLUX, *De la félicité publique ou Considérations sur le sort des hommes dans les différentes époques de l'histoire* (1772), éd. Basoni, Paris, Publications de la Sorbonne, 1989

Simon CLICQUOT-BLERVACHE, *Considérations sur le commerce et en particulier sur les compagnies et maîtrises*, 1758

Etienne Bonnot de CONDILLAC, *Traité des sensations* (1754), Paris, Fayard, 1984

— , *Le commerce et le gouvernement considérés l'un relativement à l'autre* (1776), Genève, Slatkine, 1980

Marie Jean Antoine Nicolas Caritat de CONDORCET, *Du commerce des bleds, pour servir à la réfutation de l'Ouvrage sur la Législation et le Commerce des grains*, Paris, 1775

— , *Mélanges d'économie politique* in Eugène DAIRE, *Mélanges d'économie politique*, tome XIV, première partie, Paris, Guillaumin, 1848

— , *Esquisse d'un tableau des progrès de l'esprit humain* (1793), Paris, GF, 1989

Emeric CRUCE, *Le nouveau Cynée* (1623), éd. Balch, Philadelphie, Allen, Lane & Scott, 1909

Eugène DAIRE, *Economistes financiers du XVIIIe siècle,* Paris, Guillaumin, «Collection des principaux économistes», 1843

— , *Physiocrates*, Paris, Guillaumin, «Collection des principaux économistes», 1846

— , *Mélanges d'économie politique*, Paris, Guillaumin, «Collection des principaux économistes», 1850

Denis DIDEROT, *Oeuvres*, éd. Versini, tome III, *Politique*, Paris, Robert Laffont, 1995

— , «Marchand de mauvaise foi» in *Ephémérides du citoyen*, 1769, tome V, pp. 133-134

H. L. DUHAMEL DU MONCEAU, *Réflexions sur la police des grains*, 1764

Pierre Samuel DU PONT DE NEMOURS, *Oeuvres Politiques et Economiques*, Nendeln, KTO Press, 1979

— , *Oeuvres économiques*, in DAIRE, *Physiocrates*, Paris, Guillaumin, «Collection des principaux économistes», 1846

— , *L'enfance et la jeunesse de Du Pont de Nemours racontées par lui-même*, Paris, Plon, 1906

— , *Philosophie de l'Univers*, Paris, 1796

Ephémérides du Citoyen, douze volumes par an entre 1767 et 1772

La Félicité publique considérée dans les paysans cultivateurs de leurs propres terres, Lausanne, 1770

François Véron de FORBONNAIS, *Elémens du commerce*, Leyde, 1754

— , *Principes et Observations économiques*, Amsterdam, Rey, 1767

— , *Examen du livre intitulé "Principes sur la liberté du commerce des grains"*, 1768

Ferdinando GALIANI, *Dialogues sur le commerce des blés* (1770), Paris, Fayard, 1984

— , *La Bagarre. Galiani's "Lost" Parody*, ed. by Steve Laurence Kaplan, The Hague Martinus Nijhoff, 1979

— , *Correspondance avec Mme d'Epinay*, Paris, Desjonquères, 1992-1996

Charles Robert GOSSELIN, *Réflexions d'un citoyen adressées aux notables sur la question proposée par un grand roi "En quoi consiste le bonheur des peuples & quels sont les moyens de le procurer"...*, s.l., 1787

Vincent de GOURNAY, *Traité sur le commerce de Josiah Child avec les Remarques inédites de Vincent de Gournay*, éd. Takumi Tsuda, Tokyo, Kinokuniya, 1983

Henri GOYON DE LA PLOMBANIE, *La France agricole et Marchande* (1762), München, Kraus Reprint, 1980

Jean Joseph Louis GRASLIN, *Essai analytique sur la richesse et sur l'impôt*, (1767), Paris, Geuthner, 1911

— , *Correspondance entre M. Graslin et M. l'Abbé Baudeau sur un des principes fondamentaux de la doctrine des soi-disants Philosophes Economistes* (1777), Catania, C.U.E.C.M., 1988

Friedrich Melchior GRIMM, *Correspondance littéraire, philosophique et critique*, éd. Tourneux, Paris, Garnier, 1877-1882

Guillaume GRIVEL, *L'Isle inconnue*, Paris, 1783

Claude Adrien HELVETIUS, *De l'Esprit* (1758), Paris, Marabout, 1973

Paul Henri Thiry d'HOLBACH, *Le Système de la nature* (1770), Paris, Fayard, 1990

— , *Le Système social* (1773), Reprint Hildesheim, Georg Olms Verlag, 1969

— , *Ethocratie ou le gouvernement fondé sur la Morale* (1776), Reprint Hildesheim, Georg Olms Verlag, 1973

David HUME, *Essays. Moral, Political and Literary* (1741-1760), éd. Miller, Indianapolis, Liberty Fund, 1987

ISNARD, *Traité des richesses*, Londres & Lausanne, 1781

John LAW, *Considérations sur le numéraire et le commerce*, in DAIRE, *Economistes financiers du XVIIIe siècle*, Paris, Guillaumin, 1843

Jean Charles François LEGROS, *Examen et analyse du système des philosophes économistes par un solitaire*, Genève, Bardes, 1787

Pierre François Joachim Henri LE MERCIER DE LA RIVIERE, *L'ordre naturel et essentiel des sociétés politiques* (1767), Paris, Geuthner, 1910

— , *L'intérêt général de l'Etat ou la liberté du commerce des blés*, Amsterdam, 1770

— , *Lettre sur les économistes*, seconde édition, s.l.n.d.

— , *L'heureuse nation ou relation du gouvernement des Féliciens*, Paris, 1792

— , *Mémoires et textes inédits sur le gouvernement économique des Antilles*, édités par Louis Philippe May, Paris, CNRS, 1978

Guillaume François LE TROSNE, *Lettre de M. Le Trosne à M. Rouxelin sur l'utilité des discussions économiques*, in *Journal de l'agriculture, du commerce et des finances,* tome VI, première partie, juillet 1766, pp. 8-85

— , *Lettres à un ami sur les avantages de la liberté du commerce des grains et le danger des prohibitions*, Amsterdam/Paris, 1768

— , *De l'intérêt social* (1777), in DAIRE, *Physiocrates*, Paris, Guillaumin, 1846

Lettre à l'auteur des Observations sur le commerce des grains, Amsterdam, 1775

Simon-Nicolas-Henri LINGUET, *Théories des lois civiles ou principes fondamentaux de la société* (1767), Paris, Fayard, 1984

— , *La Pierre philosophale. Discours économique, prononcé dans l'Académie Impériale de Fong-Yang-Fou, par le Lettré Kong-Kia*, La Haie, 1768

— , *Canaux navigables*, Amsterdam, 1769

— , *Lettres sur la Théorie des lois civiles*, Amsterdam, 1770

— , *Réponse aux docteurs modernes ou Apologie pour l'auteur de la Théorie des loix et des Lettres sur cette théorie, avec la Réfutation du système des philosophes économistes*, Paris/Londres, 1771

— , *Du Pain et du bled*, Londres, 1774

— , *Théorie du libelle, ou l'art de calomnier avec fruit*, Amsterdam, 1775

— , *Annales politiques, civiles et littéraires du dix-huitième siècle,* Londres et Paris, 1777-1792, Reprints Slatkine, 1970

John LOCKE, *Traité du gouvernement civil* (1690), trad. Mazel, Paris, GF, 1984

Gabriel Bonnot de MABLY, *Des droits et des devoirs du citoyen* (1758), éd. Lecercle, Paris, Didier, STFM, 1972

— , *Doutes proposés aux philosophes économistes sur l'ordre naturel et essentiel des sociétés politiques*, La Haye, 1768

— , *Du commerce des grains* (1775), Paris, 1790

— , *De la législation*, Amsterdam, 1776

Bernard MANDEVILLE, *The Fable of the Bees*, (1705-1724), Londres, Penguin Books, 1989

Jean François MELON, *Essai politique sur le commerce* (1734), in DAIRE, *Economistes financiers du XVIIIe siècle*, Paris, Guillaumin, 1843

Louis Sébastien MERCIER, *L'an 2440* (1770), Paris, France Adel, 1977

— , *Tableau de Paris*, Paris, Mercure de France, 1994

Victor de Riqueti, Marquis de MIRABEAU, *L'ami des hommes ou Traité de la population* (1757), Paris, Guillaumin, 1883

— , *Notes inédites sur Boisguilbert* (1758) in *Revue d'histoire des doctrines économiques et sociales*, Paris, Geuthner, 1910

— , *Théorie de l'Impôt* (1760), Réimpression Scientia Verlag, 1972

— , *Philosophie rurale ou Economie générale et politique de l'agriculture réduite à l'ordre immuable des Loix physiques & morales, qui assurent la prospérité des empires* (Amsterdam, 1763), Réimpression Scientia Verlag, 1972

— , *Eléments de la philosophie rurale*, La Haye, 1767

— , *Les Economiques* (Amsterdam, 1769), Réimpression Scientia Verlag, 1972

— , *Leçons économiques*, Amsterdam, 1770

— , *La Science ou les droits et les devoirs de l'homme* (Lausanne, 1774), Réimpression, Scientia Verlag, 1970

— , *Eloge funèbre de M. François Quesnay* (1774) in QUESNAY, *Oeuvres économiques et philosophiques*, éd. Onken (Peelman, 1888), Reprint Scientia Verlag, 1965

— , *Extrait des éloges des hommes à célébrer. Article de Boisguilbert*, Stockholm, 1774 in *Boisguilbert Parmi nous*, Paris, INED, 1989, pp. 381-440

Antoine de MONTCHRESTIEN, *Traité de l'oeconome politique* (1616), Genève, Slatkine Reprints, 1970

Charles-Louis de Secondat, baron de MONTESQUIEU, *L'esprit des lois* (1748), Paris, GF, 1979

André MORELLET, *Fragment d'une lettre sur la police des grains*, Bruxelles, 1764

— , *Réfutation de l'ouvrage qui a pour titre "Dialogue sur le commerce des bleds"*, Londres, 1770

— , *Analyse de l'ouvrage intitulé "De la legislation et du commerce des grains"*, Amsterdam, 1775

— , *Théorie du paradoxe*, Amsterdam, 1775

— , *Réponse sérieuse à M. L***, Amsterdam, 1775

MORELLY, *Naufrage des isles flottantes ou Basiliade du célèbre Pilpai*, A Messine, 1753

— , *Code de la nature* (1755), Paris, Editions sociales, 1953

Jacques NECKER, *Sur la législation et le commerce des grains* (1775) in DAIRE, *Mélanges d'économie politique*, Paris, Guillaumin, 1850

— , *Eloge de J.-B. Colbert* (1773), Paris, 178

Observations sur le commerce des grains, Amsterdam, 1775

Charles-Etienne PESSELIER, *Doutes proposés à l'auteur de la* Théorie de l'Impôt, 1761

Louis Joseph PLUMARD DE DANGEUL, *Remarques sur les avantages et les désavantages de la France et de la Grande Bretagne par rapport au commerce*, Dresde, 1754

Politique et Economie au temps des Lumières, Textes et Etudes réunies par Gérard Klotz, Publications de l'Université de Saint Etienne, 1995

François QUESNAY, *Physiocratie* (1767), Paris, Garnier-Flammarion, 1991

— , *Oeuvres Economiques et philosophiques*, éd. Onken (Peelman, 1888), Reprint Scientia Verlag, 1965

— , *François Quesnay et la Physiocratie*, Paris, INED, 1958

Maximilien ROBESPIERRE, *Ecrits*, Paris, Messidor/Editions sociales, 1989

Pierre Joseph André ROUBAUD, *Récréations économiques ou Lettres de l'auteur des Représentations aux Magistrats à M. le chevalier Zanobi*, Amsterdam, 1770

Jean-Jacques ROUSSEAU, *Discours sur l'origine et les fondemens de l'inégalité parmi les hommes* (1754), éd. Starobinski, Paris, Gallimard, Folio, 1985

— , "Sur les richesses" in *Oeuvres complètes*, tome V, éd. Gagnebin & Raymond, Paris, Gallimard, 1995, pp. 469-481

— , *Extrait du projet de paix perpétuelle de M. l'Abbé de Saint Pierre* (1761) in *Oeuvres complètes*, vol. III, Paris, Gallimard, Pléiade, 1959

— , *Du contrat social et autres textes politiques*, Paris, Gallimard, Folio, 1964

— , *Sur l'économie politique - Considérations sur le gouvernement de la Pologne - Projet pour la Corse*, Paris, GF, 1990

— , *Correspondance complète de Jean Jacques Rousseau*, éd. Leigh, Oxford, the Voltaire Foundation, 1978

ROUSSELOT DE SURGY, *Mélanges intéressans et curieux*, Paris, 1763, tomes IV et V sur la Chine

Sebastien-Alexandre Coste, Baron de SAINT-SUPPLIX, *Le Consolateur, pour servir de réponse à la Théorie de l'impôt et autres écrits sur l'économie politique*, Bruxelles et Paris, 1763

Jean-Baptiste SAY, *Cours d'économie politique et autres essais*, Paris, GF-Flammarion, 1996

Emmanuel-Joseph SIEYES, *Ecrits politiques*, Paris, Edition des Archives contemporaines, 1985

Etienne SILHOUETTE, *Idée générale du gouvernement et de la morale des Chinois*, Paris, Quillau, 1731

Sismonde de SISMONDI, *Nouveaux Principes d'Economie Politique* (1819), Paris, Calmann-Lévy, 1971

Adam SMITH, *The Theory of Moral Sentiments*, ed. Raphael & Macfie, Oxford University Press, 1976

— , *Recherches sur la nature et les causes de la richesse des nations* (1776), trad fr. Garnier, Paris, GF, 1991

Le Songe de Maurepas ou les Mannequins du gouvernement français (1776) in Jean-Louis SOULAVIE, *Mémoires historiques et politiques du règne de Louis XVI*, Paris, 1801, tome III, 106-127

Jérôme TIFAUT DE LA NOUE, *Réflexions philosophiques sur l'impôt, où l'on discute les principes des Economistes et où l'on indique un Plan de perception patriotique*, Londres & Paris 1775

Très humbles et très respectueuses supplications des Etats de la Province de Languedoc au Roi sur le commerce des grains, 1768

Anne Jacques Robert TURGOT, *Ecrits économiques*, Paris, Calmann-Lévy, 1970

— , *Oeuvres de Turgot*, éd. Daire, Paris, Guillaumin, 1844

Jean-François VAUVILLIERS, *Examen historique et politique du gouvernement de Sparte... en réponse aux doutes proposés par M. l'abbé de Mably*, Paris, Dessaint, 1769

Dr. VERDIER, *Observations critiques sur le système des économistes*, in *Journal Oeconomique*, juin 1772, pp. 245-255

François Marie Arouet, VOLTAIRE, *Lettres philosophiques* (1733), Paris, Gallimard, Folio, 1986

— , *L'homme aux quarante écus* (1767) in *Romans et contes*, éd. Pomeau, Paris, GF, 1966

ETUDES CRITIQUES ET THEORIQUES

Michel AGLIETTA, *Régulation et crises du capitalisme*, (1974), Paris, Odile Jacob, réédition 1997

— , «Nouveau régime de croissance et progrès social», Entretien avec Olivier Mongin, *Esprit*, 247, nov. 1998, pp. 142-163

Michel AGLIETTA & André ORLEAN, *La violence de la monnaie*, Paris, PUF, 1984

Jean AIRIAU, *L'opposition aux Physiocrates à la fin de l'Ancien Régime*, Paris, Pichon & Durand-Auzias, 1965

M. ALBAUM, «Moral Defenses of the Physiocrats'*Laissez-Faire*», *Journal of the History of Ideas*, XVI, 2 (1955), 179-197

Aspects de l'économie politique en France au XVIIIe siècle, No spécial de *Economies et Sociétés*, Grenoble, Cahiers de l'ISMEA, série PE, 1984

ATTAC, *Tout sur Attac*, Paris, Mille et une nuits, 2000

Jacques ATTALI, *Bruits. Essai sur l'économie politique de la musique*, Paris, PUF, 1977

Jacques ATTALI et Marc GUILLAUME, *L'anti-économique*, Paris, PUF, 1974/1990

Reinhard BACH, «Rousseau et les physiocrates: une cohabitation contradictoire», *Etudes Jean-Jacques Rousseau*, 11, 1999, No spécial "Rousseau: économie politique", pp. 9-82

S. Z. BAE, *Index Verborum Physiocraticorum*, dactylographié, 1994-1997

Etienne BALIBAR, *Les frontières de la démocratie*, Paris, La Découverte, 1994

— , *La crainte des masses*, Paris, Galilée, 1998

Michel BARILLON, «Diderot dans la première bataille du libéralisme économique», présentation de DIDEROT, *Apologies*, Marseille, Agone, 1998, pp. 7-62

Daniel BARUCH, *Simon-Nicolas-Henri Linguet ou l'irrécupérable*, Paris, Julliard, 1991

Georges BATAILLE, *La part maudite*, Paris, Editions de Minuit, 1967

Jean BAUDRILLARD, *Pour une critique de l'économie politique du signe*, Paris, Gallimard, 1972

Gary BECKER, *The Economic Approach to Human Behaviour*, University of Chicago Press, 1976

— , «Nobel Lecture : The Economic Way of Looking at Behavior», *Journal of Political Economy*, 1993, vol 101, No 3, pp. 385-409

Gary BECKER & George STIGLER, «De Gustibus Non Est Disputandum», *American Economic Review*, vol 67 (2), mars 1977, pp. 76-90

Max BEER, *An Inquiry into Physiocracy*, New York, Russell & Russell, 1966

Alain BERAUD & Gilbert FACCARELLO, *Nouvelle histoire de la pensée économique*, Paris, La Découverte, 1992

Jacques BERCHTOLD et Michel PORRET (éd.), *Etre riche au siècle de Voltaire*, Genève, Droz, 1996

G. BERGER, «Les origines du libéralisme : Pierre Nicole», *Commentaire*, 14, 1981, pp. 275-284

Mark BLAUG, *The Methodology of Economics : or How Economists Explain*, Cambridge University Press, 1980

Christian BORDES & Jean MORANGE (éd.), *Turgot, économiste et administrateur*, Paris, PUF, 1981

J.-R. BOUDEVILLE, «Les Physiocrates et le circuit économique», *Revue d'économie politique*, mai-juin 1954, pp. 456-481

Pierre BOURDIEU, *Contre-feux. Propos pour servir à la résistance contre l'invasion néo-libérale,* Paris, Raisons d'agir, 1998

— , *Les structures sociales de l'économie*, Paris, Liber/Seuil, 2000

Charles BOURTHOUMIEUX, *Le mythe de l'ordre naturel en économie politique depuis Quesnay*, Paris, Rivière, 1935

— , *Essai sur le fondement philosophique des doctrines économiques. Rousseau contre Quesnay*, Paris, Rivière, 1936

Cynthia BOUTON, *The Flour War: Gender, Class, and Community in Late Ancient Régime French Society*, Pennsylvania State University Press, 1993

Fernand BRAUDEL, *Civilisation matérielle, économie et capitalisme XVe-XVIIIe siècle*, 3 vol., Paris, Armand Colin, 1979

— , *La dynamique du capitalisme*, Paris, Flammarion, «Champs», 1985

Fernand BRAUDEL & Ernest LABROUSSE, *Histoire économique et sociale de la France* II (1660-1789), Paris, PUF, coll. «Quadrige», 1970

George P. BROCKWAY, *The End of Economic Man*, New York, Norton and Co, 1991

Alain CAILLE, *Critique de la raison utilitaire*, Paris, La Découverte, 1989

Jean CARTELIER, «L'économie politique de François Quesnay ou l'Utopie du Royaume agricole», introduction à François QUESNAY, *Physiocratie* (1767), Paris, Garnier-Flammarion, 1991, pp. 9-64

Cornélius CASTORIADIS, *L'institution imaginaire de la société* Paris, Seuil, 1975

— , *Domaines de l'homme. Les carrefours du labyrinthe II*, Paris, Seuil, 1977

— , *Le monde morcelé. Les carrefours du labyrinthe III*, Paris, Seuil, 1990

— , *La montée de l'insignifiance. Les carrefours du labyrinthe IV*, Paris, Seuil, 1996

Roger CHARBONNAUD, *Les idées économiques de Voltaire*, New York, Franklin, 1970

Paul CHRISTENSEN, «Fire, Motion and Productivity: the proto-energetics of nature and economy in François Quesnay», in MIROWSKI (éd.), *Natural Images in Economic Thought. "Markets Read in Tooth & Claw"*, Cambridge University Press, 1994, pp. 249-288

Yves CITTON, «Fragile euphorie: la statue de Condillac et les impasses de l'individu», *Studies on Voltaire and the Eighteenth Century*, No 323, 1994, pp. 279-321

— , «La richesse est un crime. (Im)moralité de l'accumulation de John Locke à Isabelle de Charrière» in Jacques BERCHTOLD & Michel PORRET, *Etre riche au siècle de Voltaire*, Genève, Droz, 1996, pp. 47-65

— , «Monsieur Jaques chez l'ami des hommes : visite de Rousseau au coeur de l'économisme», *Annales de la Société Jean-Jacques Rousseau*, 42, 1999

— , «Rousseau et les physiocrates. La richesse entre produit net et pitié», *Etudes Jean-Jacques Rousseau*, No 11, 1999, pp. 161-181

Huguette COHEN, «Diderot's Machiavellian Harlequin: Ferdinando Galiani», *Studies on Voltaire and the 18th Century*, 256 (1988): 129-148

David COLANDER, *Why Aren't Economists as Important as Garbagemen? Essays on the State of Economics*, New York, M. E. Sharpe, 1991

William COLEMAN, *Rationalism and Anti-Rationalism in the Origins of Economics : The philosophical Roots of 18th Century Economic Thought*, Elgar, 1995

Rosena DAVISON, *Diderot et Galiani : étude d'une amitié philosophique* Oxford, Voltaire Foundation, *Studies on Voltaire and the Eighteenth Century*, No 237, 1985

— , «Diderot, Galiani et Vico: un itinéraire philosophique», *Diderot Studies*, 23 (1988), pp. 39-53

Jean-Pierre DAVIET, *Nouvelle Histoire économique de la France contemporaine*, volume 1 : *L'économie préindustrielle 1750-1840*, Paris, La Découverte, 1993

André DELAPORTE, *L'idée d'égalité en France au XVIIIe siècle*, Paris, PUF, «Histoire», 1987

Bernard DELMAS & Al., *La Diffusion internationale de la physiocratie (XVIII-XIXe siècles)*, Grenoble, Economies & Sociétés, série PE 22-23, 1995

Pierre DOCKES, *L'espace dans la pensée économique du XVIe au XVIIIe siècle*, Paris, Flammarion, 1969

Louis DUMONT, *Homo Aequalis. Genèse et épanouissement de l'idéologie économique*, Paris, Gallimard, 1985

— , *Essais sur l'individualisme. Une perspective anthropologique sur l'idéologie moderne*, Paris, Seuil, 1983

Jean-Pierre DUPUY, *Ordres et désordres. Enquête sur un nouveau paradigme*, Paris, Seuil, 1982

— , «L'individu libéral, cet inconnu: d'Adam Smith à Friedrich Hayek» in *Individu et justice sociale : autour de John Rawls*, Paris, Seuil, «Points Politique», 1988, pp. 73-125.

— , *Libéralisme et justice sociale. Le sacrifice et l'envie*, Paris, Calmann-Lévy/Hachette «Pluriel», 1992/1997

Alfred EICHNER, *Why Economics is not yet a Science*, M. E. Sharpe, 1983

Walter ELTIS, «L'Abbé de Condillac and the Physiocrats», *History of Political Economy*, 27:2, 1995, pp. 217-236

Gilbert FACCARELLO, *Aux origines de l'économie politiques libérale : Pierre de Boisguilbert*, Paris, Anthropos, 1986

— , «Galiani, Necker and Turgot. A Debate on Economic Reform and Policy in 18th-Century France» in *Studies in the History of French Political Economy*, Londres, Routledge, 1998, pp. 120-195

Gilbert FACCARELLO & Philippe STEINER, *La pensée économique pendant la Révolution française*, Presses universitaires de Grenoble, 1990

Jean-François FAURE-SOULET, *Economie politique et progrès au siècle des Lumières*, Paris, Gauthier-Villars, 1964

V. FOLEY, «An Origin of the Tableau économique», *History of Political Economy*, No 5, Spring 1973, pp. 121-150

Michel FOUCAULT, *Les mots et les choses*, Paris, Gallimard, 1966

François FOURQUET, *Richesse et puissance : une généalogie de la valeur, XVIe-XVIIIe siècle*, Paris, La Découverte, 1989

Elisabeth FOX-GENOVESE, *The Origins of Physiocracy : Economic Revolution and Social Order in 18th century France*, Ithaca, Cornell University Press, 1976

François Quesnay et la physiocratie, Paris, INED, 1958

Milton FRIEDMAN, «The Methodology of Positive Economics» in *Essays in Positive Economics*, University of Chicago University Press, 1953

— , «Nobel Lecture: Inflation and Unemployment», *Journal of Political Economy*, 1977, vol. 85, No 3, pp. 451-472

Milton & Rose FRIEDMANN, *Free to Choose. A Personal Statement* (1979), San Diego : Harvest Book, 1990

John Kenneth GALBRAITH, «Power and the Useful Economist», *American Economic Review*, vol LXIII, No 1, March 1973, pp. 1-11

— , *A Short History of Financial Euphoria*, London, Penguin, 1990

R. GALLIANI, «Le rôle de Voltaire et de Rousseau dans le débat sur le luxe (1772-1778)», in *Rousseau et Voltaire en 1978. Actes du colloque international de Nice*, Genève, Slatkine, 1981, pp. 107-117

— , «L'idéologie de la noblesse dans le débat sur le luxe (1699-1756)», in *Etudes sur le XVIIIe siècle*, X, *Idéologies de la noblesse*, Editions de l'Université de Bruxelles, 1984, pp. 52-64

Florence GAUTHIER, «De Mably à Robespierre, un programme économique égalitaire 1775-1793», *Annales historiques de la Révolution française*, 1985, 57 (261) pp. 265-289

— , «La guerre du blé au XVIIIe siècle. Linguet critique des économistes», *Politeia*, CPU de Reims, No 1-2, 1998, pp. 157-175

— , «Mably critique de l'économie politique despotique. Physique sociale contre liberté en société», *Etudes Jean-Jacques Rousseau*, 11, 1999, pp. 195-220

Florence GAUTHIER & Guy-Robert IKNI (éd.), *La Guerre du blé au XVIIIe siècle*, Paris, Editions de la Passion, 1988

Gérard GAYOT & Jean-Pierre HIRSCH (éd.), *La Révolution française et le développement du capitalisme*, Revue du Nord, No 5 hors-série, 1989

J. GIACOMETTI, «Physique et métaphysique dans l'ordre naturel: le *Tableau Economique* de F. Quesnay», *Oeconomia. Histoire. Epistémologie. Méthode*, Cahiers de l'ISMEA, Octobre 1984, No 2, pp. 173-196

P. GILLES & J.P. BERLAN, «Economie, histoire et genèse de l'économie politique. Quesnay, Turgot et Condorcet, Say, Sismondi», *Revue économique*, Mars 1991, 42 (2), pp. 367-393

Dena GOODMAN, *The Republic of Letters : a Cultural History of the French Enlightenment*, Ithaca, N.Y. : Cornell University Press, 1994

Pierre-Henri GOUTTE, «Evidence, ordre naturel et science économique dans l'oeuvre de Quesnay» in Gérard KLOTZ (éd.), *Ordre, nature, propriété*, Presses Universitaires de Lyon, 1985, pp. 119-178

— , «Les *Ephémérides du Citoyen*, instrument périodique au service de l'ordre naturel (1765-1772)», *Dix-huitième siècle*, No 26, 1994, pp. 139-161

Jean-Joseph GOUX, «La double révolution esthétique et économique de 1870», *Esprit*, 247, nov. 1998, pp. 177-189

Henri GRANGE, *Les idées de Necker*, Paris, Klincksieck, 1974

— , «La loi d'airain des salaires dans la pensée de Linguet et de Necker», *Politeia*, N0 1-2, 1998, No Spécial Linguet, pp. 177-190

Jean-Yves GRENIER, *L'économie d'Ancien Régime. Un monde de l'échange et de l'incertitude*, Paris, Albin Michel, 1996

— , «De la richesse à la valeur: les métamorphoses d'une notion au XVIIIe siècle» in Jacques BERCHTOLD et Michel PORRET (éd.), *Etre riche au siècle de Voltaire*, Genève, Droz, 1996, pp. 17-45

Shirley GRUNER, *Economic Materialism and Social Moralism. A Study in the History of Ideas in France from the Latter Part of the 18th Century to the Middle of the 19th Century*, La Haye, Mouton, 1973

Bernard GUERRIEN, *L'économie néo-classique*, Paris, La Découverte, collection «Repères», 1993

A. GUERY, «Echanges et marchés d'Ancien Régime», *Bulletin du MAUSS*, No 9, pp. 117-130

Friedrich HAYEK, *Individualism and Economic Order*, University of Chicago University Press, 1948; Midway Reprint 1980

— , *Law, Legislation and Liberty*, London, Routledge and Kegan Paul, 3 vol., 1973, 1976, 1979.

Jacqueline HECHT (éd), *Boisguilbert parmi nous*, Actes du colloque de Rouen (22-23 mai 1975) Paris, 1989

Robert HEILBRONER, «Rhetoric and Ideology» in Arjo KLAMER, Donald MCCLOSKEY & Robert SOLOW, *The Consequences of Economic Rhetoric*, Cambridge University Press, 1988, pp. 38-45

Gilles HENRY, *Mirabeau père, 5 octobre 1715 - 11 juillet 1789*, Paris, Tallandier, 1989

Lars HERLITZ, «The Tableau économique and the Doctrine of Sterility», *Scandinavian Economic History Review*, volume IX, No 1, 1961, pp. 3-55

— , «Trends in the development of Physiocratic doctrine», *Scandinavian Economic History Review*, No 2, 1961, pp. 105-151

— , «From Spending and Reproduction to Circuit Flow and Equilibrium: The Two Conceptions of Tableau Economique», *European Journal of the History of Economic Thought*, 1996

Edward S. HERMAN, *Triumph of the Market. Essays on Economics, Politics and the Media*, Boston, South End Press, 1995

Albert O. HIRSCHMAN, *The Passions and the Interests. Political Arguments for Capitalism before its Triumph*, Princeton Univesity Press, 1977; trad. fr. *Les Passions et les intérêts, justifications politiques du capitalisme avant son apogée*, Paris, PUF, 1980

— , «Rival Interpretations of Market Society: Civilizing, Destructive or Feeble?», *Journal of Economic Literature*, vol 20, décembre 1982, pp. 1463-1484

Jack HIRSHLEIFER, «The Expanding Domain of Economics», *The American Economic Review*, décembre 1985, pp. 53-68

Istvan HONT & Michael IGNATIEFF, «Needs and justice in the *Wealth of Nations*: an introductory essay» in *Wealth and Virtue : the Shaping of Political Economy in the Scottish Enlightenment*, Cambridge University Press, 1982, pp. 1-44

M. E. JOEL, «L'économie de l'assistance dans la période prérévolutionnaire», *Economies et Société*, Série PE, 1, 1984, pp. 199-231

Steven Laurence KAPLAN, *Bread, Politics and Political Economy in the Reign of Louis XV*, The Hague, Martinus Nijhoff, 1976 (trad. fr. par M. A. Revellat, *Le pain, le peuple et le roi*, Paris, Perrin, 1986)

Arjo KLAMER, *Conversations with Economists. New Classical Economists and Opponents Speak Out on the Current Controversy in Macroeconomics*, New York, Rowman & Allanheld, 1983

Arjo KLAMER & Thomas LEONARD, «So what's an economic metaphor?», in MIROWSKI (éd.), *Natural Images in Economic Thought. "Markets Read in Tooth & Claw"*, Cambridge University Press, 1994, pp. 20-51

Arjo KLAMER, Donald MCCLOSKEY & Robert SOLOW, *The Consequences of Economic Rhetoric*, Cambridge University Press, 1988

Gérard KLOTZ (éd), *Ordre, Nature, Propriété*, Lyon, PUL, 1985

— (éd.), *Politique et Economie au temps des Lumières*, Publications de l'Université de Saint-Etienne, «Lire le 18e siècle», 1995

Gérard KLOTZ & Catherine LARRERE (éd.), *Economie et politique*, numéro 26 de *Dix-huitième siècle*, 1995

Philip KNEE, *Penser l'appartenance. Enjeux des Lumières en France*, Presses de l'Université du Québec, 1995

Philip KOCH, édition critique de GALIANI, *Dialogues entre M. le Marquis de Roquemaure et M. Le Chevalier Zanobi. The autograph manuscript of the Dialogues sur le commerce des bleds*, Frankfurt am Main, Klostermann, 1968

V. KOEN, «Du dilettantisme au professeur : le cas des économistes français, 1758-1910», *Revue internationale des sciences sociales*, 1984, 36 (101), pp. 583-591

Cynthia KOEPP, «Before Liberty: The ideology of Work, Taste and the Social Order» in Alain PLESSIS (éd.), *Naissances des libertés économiques: Liberté du travail et liberté d'entreprendre*, Paris, Ministère de l'Intérieur, 1994

Cynthia KOEPP & Steven KAPLAN, *Work in France: Representations, Meanings, Organization, and Practice*, Ithaca, Cornell University Press, 1986

Paul KRUGMAN, *Peddling Prosperity. Economic Sense and Nonsense in the Age of Diminished Expectations*, New York, Norton, 1994

— , *Pop Internationalism*, Cambridge, MA, MIT Press, 1996

André LABROUQUERE, *Les idées coloniales des physiocrates*, Paris, PUF, 1927

Catherine LARRERE, *L'invention de l'économie au XVIIIe siècle. Du droit naturel à la physiocratie*, Paris, PUF «Leviathan», 1992

Serge LATOUCHE, «Marché et marchés», *Cahiers des Sciences Humaines*, vol. 30, Nos 1-2, 1994, pp. 35-52

— , «Marchand-non marchand», *Les Temps Modernes*, 461, décembre 1984

— , *L'occidentalisation du monde*, Paris, La Découverte, 1992

— (éd.), *L'économie dévoilée*, Paris, «Autrement», 1995

J. L. LECERCLE, «Utopie et réalisme politique chez Mably», *Studies on Voltaire and the 18th Century*, XXVI (1963), pp. 1049-1070

Thierry LETERRE, *Three Lectures on Citizenship, Individuals and Justice*, Le Cap, Presses de l'UWC, 1999

Darline Gay LEVY, *The Ideas and Careers of Simon-Nicolas-Henri Linguet*, Urban: University of Illinois Press, 1980

Vladimir LJUBLINSKI, *La guerre des farines. Contribution à l'histoire de la lutte des classes en France à la veille de la Révolution*, Grenoble, PUG, 1979

Louis de LOMENIE, *Les Mirabeau. Nouvelle étude*, Paris, Dentu, 1880

Robert E. LUCAS, «Nobel Lecture: Monetary Neutrality», *Journal of Political Economy,* 1996, vol. 104, No 4, pp. 661-682

M. LUFTALLA, *Aux origines de la pensée économique*, Paris, Economica, 1981

Donald N. MCCLOSKEY, «The Rhetoric of Economics», *Journal of Economic Literature*, vol XXI, June 1983, pp. 481-517

— , «The Literary Character of Economics», *Daedalus*, 113:3, Summer 1984, pp. 97-119

— , *The Rhetoric of Economics*, Madison, University of Wisconsin Press, 1985

James MCLAIN, *The Economic Writings of Du Pont de Nemours*, Newark, University of Delaware Press, 1977

David MCNALLY, *Political Economy and the Rise of Capitalism : a Reinterpretation*, Berkeley, University of California Press, 1988

C. B. MCPHERSON, *The Political Theory of Possessive Individualism. Hobbes to Locke*, Oxford, Clarendon Press, 1962

Uskali MÄKI, «Diagnosing McCloskey», *Journal of Economic Literature*, vol. 33, septembre 1995, pp. 1300-1318

Alfred MALABRE, *Lost Prophets : An Insider's History of Modern Economists*, Harvard School Press, 1994

John MARKOFF, *The Abolition of Feudalism. Peasants, Lords and Legislators in the French Revolution*, Penn State Press, 1997

John MARKOFF & Veronica MONTECINOS, «The Ubiquitous Rise of Economists», *Journal of Public Policy*, 13:1, Janvier 1993, pp. 37-68

Francine MARKOVITS, *L'ordre des échanges: philosophie de l'économie et économie du discours au XVIIIe siècle en France*, Paris, PUF, 1986

Karl MARX, *Le Capital. Critique de l'économie politique*, Paris, Editions sociales, 1977

— , *Théories sur la plus-value*, Paris, Editions sociales, 1974

B. MASSON, «Circuit et circulation chez Quesnay», *Cahiers d'économie politique*, 1984, 4, p. 19-38

M.A.U.S.S. (mouvement anti-utilitariste dans les sciences sociales), *Pour une autre économie*, Paris, La Découverte, 1994

Lewis A. MAVERICK, *China, a Model for Europe*, San Antonio, 1946

— , "Chinese Influence on the Physiocrats", *Economic History*, Feb. 1938, III, 13 (Supplement, Feb 1940, IV, 15)

Louis Philippe MAY, *Le Mercier de la Rivière (1719-1801). Aux origines de la science économique*, Paris, Ed. du CNRS, 1975

Ronald L. MEEK, *The Economics of Physiocracy*, Harvard University Press, 1963

Simone MEYSSONNIER, *La balance et l'horloge. La genèse de la pensée libérale en France au XVIIIe siècle*, Paris, 1989

— , «Aux origines de la science économique française: le libéralisme égalitaire» in Gérard GAYOT & Jean-Pierre HIRSCH (éd.), *La Révolution française et le développement du capitalisme*, Revue du Nord, No 5 hors-série, 1989, pp. 111-124

Philip MIROWSKI, «Introduction: Paradigms, Hard Cores and Fuglemen in Modern Economic Theory» & «Mathematical Formalism and Economic Explanation» in MIROWSKI (éd.), *The Reconstruction of Economic Theory*, Boston, Kluwer-Nijhoff, 1986

— , «Shall I compare thee to a Minkowski-Ricardo-Leontief-Metzler matrix of the Mosak-Hicks type? Or rhetoric, mathematics, and the nature of neoclassical economic theory» in Arjo KLAMER, Donald MCCLOSKEY & Robert SOLOW, *The Consequences of Economic Rhetoric*, Cambridge University Press, 1988, pp. 117-145

— , *More Heat than Light. Economics as Social Physics, Physics as Nature's Economics*, Cambridge University Press, 1989

— , (éd.) *Natural Images in Economic Thought. "Markets Read in Tooth & Claw"*, Cambridge University Press, 1994

Claude MORILHAT, *La prise de conscience du capitalisme : économie et philosophie chez Turgot*, Paris, Klincksieck, 1988

— , *Montesquieu. Politique et richesse*, Paris, PUF, 1996

Yann MOULIER BOUTANG, *De l'esclavage au salariat. Economie historique du salariat bridé*, Paris, PUF, 1998

Antoin MURPHY, *Richard Cantillon, entrepreneur and economist*, Oxford, 1986

— , «Le développement des idées économiques en France (1750-1756)», *Revue d'Histoire moderne et contemporaine*, tome XXXIII, oct-déc. 1986, pp. 521-541

James Bernard MURPHY, «The kinds of order in society» in MIROWSKI (éd.), *Natural Images in Economic Thought. "Markets Read in Tooth & Claw"*, Cambridge University Press, 1994, pp. 536-582

Milton MYERS, *The Soul of Modern Economic Man: Ideas of Self-Interest, Thomas Hobbes to Adam Smith*, Chicago, Chicago University Press, 1983

R. H. NELSON, *Reaching for Heaven on Earth. The Theological Meaning of Economics*, Savage: Rowman & Littlefield, 1991

August ONKEN, *Die Maxime "Laissez faire, laissez passer", ihr Ursprung, ihr Werden. Ein Beitrag zur Geschichte der Freihandelslehre*, Berne, Wyss, 1886

B. PASKOF, *Linguet. Eighteenth Century Intellectual Heretic of France*, Smithtown, Exposition Press, 1983

René PASSET, *L'économique et le vivant* (1979) Paris, Economica, 1996

Y. PELED, «Rousseau's Inhibited Radicalism: an Analysis of his Political Thought in the Light of His Economic Ideas», *American Political Science Review*, December 1980, 74 (4), pp. 1034-1045

Jean PERKINS, «The Physiocrats and the Encyclopedists», *Studies in eighteenth century culture*, vol 8, 1979, pp. 323-336

Jean-Claude PERROT, « Nouveautés: l'économie politique et ses livres» in H.J. MARTIN et R. CHARTIER, *Histoire de l'édition française*, Paris, 1984, Vol. II, pp. 240-257

— , «L'économie politique en France aux XVIIe et XVIIIe siècles. Vocabulaires, contenus, postulats», *Revue européenne des Sciences Sociales. Cahiers Vilfredo Pareto*, XXVI, 82, 1988, pp. 45-56

— , *Une Histoire intellectuelle de l'Economie politique (17e-18e siècle)* , Paris, Editions de l'Ecole Pratique des Hautes Etudes en Sciences Sociales, 1992

Riccardo PETRELLA, *Le bien commun. Eloge de la solidarité*, Bruxelles, Labor 1996

Marie-France PIGUET, «Terminologie scientifique: la nomenclature sociale des Physiocrates», *Cahiers de lexicologie*, No 54, I, pp. 57-97

— , *Classe. Histoire du mot et genèse du concept: des Physiocrates aux historiens de la Restauration*, Paris, Presses Universitaires de Lyon, 1996

— , «Quesnay, le langage et le langage de la science économique», *Histoire, Epistémologie, Langage*, 1999, 21/ii, pp. 123-147

Virgile PINOT, *La Chine et la formation de l'esprit philosophique en France (1640-1740)*, Paris, Geuthner, 1932

— , "Les Physiocrates et la Chine au XVIIIe siècle", *Revue d'histoire moderne et contemporaine*, tome VIII, 1906-1907, pp. 200-214

F. PIWNICA, «Les résistances à l'introduction du libéralisme en France: le témoignage des mémoires des corporations en 1776», *Revue d'histoire moderne et contemporaine*, Janvier-Mars 1993, 40 (1), pp. 30-48

Karl POLANYI, *La Grande transformation. Aux origines politiques et économiques de notre temps*, Paris, Gallimard, 1984

Eyal PRESS, «The Free Trade Faith. Can We Trust the Economists?», *Lingua Franca*, janvier 1998, pp. 30-39

Jacques RANCIERE, *Aux bords du politique*, Paris, Osiris, 1990

— , *La mésentente. Politique et philosophie*, Paris, Galilée, 1995

Pierre RETAT, «La jouissance physiocratique» in Gérard KLOTZ, *Ordre, nature, propriété*, Lyon, PUL, 1985, 179-191

— , «Luxe», *Dix-Huitième Siècle*, No 26 "Economie et Politique", 1994, pp. 79-88

John West ROGERS, *The Opposition to the Physiocrats: A Study of Economic Thought and Policy in the Ancien Régime, 1750-1780*, Baltimore, 1971

Hilton L. ROOT, *The Fountain of Privilege: Political Foundations of Markets in Old Regime France and England*, Berkeley/London, University of California Press, 1995

Pierre ROSANVALLON, *Le libéralisme économique. Histoire de l'idée de marché*, Paris: Seuil, 1989 (publié préalablement sous le titre *Le capitalisme utopique*, Paris, Seuil, 1979)

— , «Boisguilbert et la genèse de l'Etat moderne», *Esprit*, 1, 1982, pp. 32-52

— , *La crise de l'Etat-providence*, Paris, Seuil, 1981

Lionel ROTHKRUG, *Opposition to Louis XIV : the Political and Social Origins of the French Enlightenment*, Princeton, 1965

Rousseau: Economie politique, éd. Reinhard BACH, No spécial des *Etudes Jean-Jacques Rousseau*, No 11, 1999

Ambrose SARICKS, *Pierre Samuel Du Pont de Nemours*, Lawrence, University of Kansas Press, 1965

Gustave SCHELLE, *Dupont de Nemours et l'école physiocratique*, Genève, 1971

Thomas SCHLERETH, *The Cosmopolitan Ideal in Enlightenment Thought, its Form and Function in the Ideas of Franklin, Hume, and Voltaire, 1694-1790*, Notre Dame University Press, 1976

Joseph SCHUMPETER, *History of Economic Analysis*, New York, Oxford University Press, 1954

Jean-Michel SERVET, *Idées économiques sous la Révolution Française*, Lyon, PUL, 1989

Y. Ly SIOU, *Les grands courants de la pensée économique chinoise dans l'antiquité (du VIe au IIIe siècle avant J.C.) et leur influence sur la formation de la doctrine physiocratique*, Paris, 1936

George SOROS, «The Capitalist Threat», *The Atlantic Monthly*, février 1997, pp. 45-58

Henry William SPIEGEL, *The Growth of Economic Thought*, Durham: Duke University Press, 1971

Martin STAUM, «The Institute economists: from Physiocracy to entrepreneurial capitalism», *History of Political Economy*, 19:4, 1987, pp. 525-550

Francis STEEGMULLER, *A Woman, a Man and Two Kingdoms: the Story of Madame d'Epinay and the Abbé Galiani*, New York: Knopf, 1991

Philippe STEINER, «Le projet physiocratique : théorie de la propriété et lien social», *Revue économique*, Novembre 1987, 38 (6), pp. 1111-1128

— , «Demand, Price and Net Product in the Early Writings of F. Quesnay», *European Journal of the History of Economic Thought*, 1994

— , *La «Science nouvelle» de l'économie politique*, Paris, PUF, 1998

— , *Sociologie de la connaissance économique. Essai sur les rationalisations de la connaissance économique (1750-1850)*, Paris, PUF, 1998

Philippe STEINER & Loic CHARLES, «Entre Montesquieu et Rousseau. La Physiocratie parmi les origines intellectuelles de la Révolution française», *Etudes Jean-Jacques Rousseau*, 11, 1999, pp. 83-160

E. STRENSKI, «Diderot for and against the Physiocrats», *Studies on Voltaire and the Eighteenth Century*, vol 57, 1967, pp. 1435-1455

Studies in the History of French Political Economy, Londres, Routledge, 1998

René SUAUDEAU, *Les Représentations figurées des Physiocrates*, Paris, 1958

Pierre TEYSSENDIER DE LA SERVE, *Mably et les Physiocrates*, New York, Burt Franklin, (rééd.) 1971

Christine THÉRÉ, «Economic Publishing and Authors 1566-1789» in Gilbert FACCARELLO (éd.), *Studies in the History of French Political Economy*, Londres, Routledge, 1998, pp. 1-56

Edward P. THOMPSON, «L'économie morale de la foule dans l'Angleterre du XVIIIe siècle» in Florence GAUTHIER & Guy-Robert IKNI (éd.), *La Guerre du blé au XVIIIe siècle*, Paris, Editions de la Passion, 1988, pp. 31-92. Publication originelle dans *Past and Present*, No 50, février 1971.

James THOMPSON, *Models of Value. Eighteenth-Century Political Economy and the Novel*, Durham: Duke University Press, 1996

Gianni VAGGI, «The role of profits in Physiocratic economics», *History of Political Economy*, 17:3, 1985, pp. 367-385

— , *The Economics of François Quesnay*, Durham, Duke University Press, 1987

Franco VENTURI, «Galiani entre les encyclopédistes et les physiocrates» in *L'Europe des lumières — Recherches sur le 18e siècle,* La Haye, 1971, pp. 172-192

Paul VIDONNE, *La formation de la pensée économique*, Paris, Economica, 1986

Isabelle & Jean Louis VISSIERE, *La traite des Noirs au siècle des Lumières. Témoignages de négriers*, Paris, A.M. Métaillé, 1982

Immanuel WALLERSTEIN, *Le capitalisme historique*, Paris, La Découverte, 1989

Georges WEULERSSE, *Le Mouvement physiocratique en France (de 1756 à 1770)*, 2 vol., Paris, Alcan, 1910; Reprint Mouton Johnson, Paris/La Haye, 1968.

— , *La physiocratie à la fin du règne de Louis XV, 1770-1774*, Paris, PUF, 1959

— , *La physiocratie à l'aube de la Révolution, 1781-1792*, Paris, EEHESS, 1985

Frederick G. WHELAN, «Population and Ideology in the Enlightenment», *History of Political Thought*, vol. XII, No. 1, Spring 1991, pp. 35-72

INDEX

TABLE DES MATIERES

Collection **Questions Contemporaines**
dirigée par J.P. Chagnollaud, A. Forest, P. Muller, B. Péquignot et D. Rolland

Déjà parus

Henri-Géry HERS, *Science, non-science et fausse science*, 1998.
Jean-Paul MEYER, *Face au troisième millénaire*, 1998.
Jean-Paul GOUTEUX, *La foi : une histoire culturelle du mal,* 1998.
Jean TERRIER, *La dispersion de l'information,* 1998.
Charles DURIN, *L'émergence de l'humanisme démocratique,* 1998.
Lise DIDIER MOULONGUET, *L'acte culturel*, 1998.
Jean LECERF, *Chômage, croissance : Comment gagner ?* 1998.
Pierre FROIS, *Développement durable dans l'Union Européenne*, 1998.
Yann FORESTIER, *La gauche a-t-elle gagné trop tôt ?*, 1998.
Bruno GUIGUE, *Aux origines du conflit israelo-arabe,* 1998.
André TIANO, *Les pratiques publiques d'exclusion depuis la Révolution française*, 1999.
Robert BESSON, *Quelle spiritualité aujourd'hui ?*, 1999.
Olivier DURAND, *Le vote blanc,* 1999.
Patrick HUNOUT (éd), *Immigration et identité en France et en Allemagne*, 1999.
André MONJARDET, *Euthanasie et pouvoir médical*, 1999.
Serge MAHÉ, *Propriété et mondialisation*, 1999.
Georges KOUCK, *L'entreprise à l'école du non-lucratif*, 1999.
Bernard BARTHALAY, *Nous, citoyens des États d'Europe,* 1999.
Anne Marie GAILLARD et Jacques GAILLARD, *Les enjeux des migrations scientifiques internationales,* 1999.
ARTIFICES, *Art contemporain et pluralité : nouvelles perspectives*, 1999.
Pierre BERGER, *L'informatique libère l'humain*, 1999.

Collection Etudes d'Economie Politique
dirigée par Marc Flandreau

Depuis quelques années, les profondes mutations économiques et sociales qui bouleversent le monde ont mis en évidence le rôle central des institutions car elles sont tout à la fois les véhicules et les produits du changement : tout naturellement, l'étude des institutions occupe une place croissante dans l'analyse économique, tant dans les courants dominants que chez les "hétérodoxes". Si les méthodes d'approche ou l'angle d'analyse varient d'une "école" à l'autre, ces courants ont aujourd'hui en commun le souci de faire une place plus grande aux sciences sociales, à l'histoire ou aux sciences politiques.

L'objet de la collection Etudes d'Economie Politique est de servir de forum à un ensemble de monographies scientifiques qui participent de cette démarche, et qui s'attachent, au travers d'une réflexion tout à la fois théorique et empirique, à explorer les liens entre économie et institutions.

Déjà parus

Marc FLANDREAU, *L'or du monde : la France et la stabilité du système monétaire international 1848-1873*, 1995.
Cécile DAUBRÉE, *Marchés parallèles et équilibres économique : les cas des pays d'Afrique sub-saharienne,* 1995.
Gilles JACOUD, *Le billet de banque en France (1796-1803): de la diversité au monopole,* 1996.
Barry EICHENGREEN, *L'expansion du capital. Une histoire du système monétaire international*, 1997.
Jean-Pierre DORMOIS, *L'économie française face à la concurrence britannique à la veille de 1914*, 1997.
Pedro LAINS, *L'Économie portugaise au XIXᵉ siècle*, 1999.
Laure BAZZOLI, *L'économie politique de John R. Commons*, 1999.

Achevé d'imprimer par Book It !
sur rotative numérique
Dépôt légal : janvier 2001